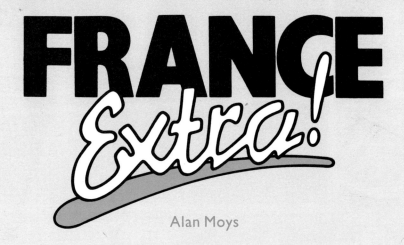

FRANCE Extra!

Alan Moys

A BBC second-stage radio course in French
to follow A vous la France!

Course writer
Alan Moys

Syllabus consultant
Carol Sanders
University of Sussex

Language consultant
Isabelle Grunberg

Production assistant
Amanda Turner

Producer
Nicole Church

A BBC second-stage radio course in French to
follow *A vous la France!*
First broadcast from September 1985

The course consists of
15 radio programmes
One course book covering the fifteen programmes
A set of 3 cassettes
A guide for teachers

Published to accompany a series of programmes in consultation
with the BBC Continuing Education Advisory Council

© The author and the British Broadcasting Corporation 1985
First published 1985.
Reprinted 1987, 1988 (twice), 1989, 1990 (twice), 1991, 1992
Published by BBC Books
A division of BBC Enterprises Ltd.
Woodlands, 80 Wood Lane, London W12 0TT
ISBN 0 563 21100 8

Printed and bound in Great Britain by
Butler & Tanner Ltd, Frome and London
Cover printed by Clays Ltd, St Ives plc

Contents

Introduction

The course

France Extra! is a course for people who already speak a little French – enough to cope with ordinary, everyday situations and who wish to extend their knowledge of the language, the country and its people. *France Extra!* is the follow-up to *A vous la France!*, the BBC course for beginners, and is suitable for all those who wish to communicate more fully (expressing feelings, exchanging opinions) with French speakers. The course is based on interviews with people who talk about such varied and topical issues as retirement, health cures, technology, problems of women with regard to employment, sport, the arts and dating agencies.

The course consists of:

15 radio programmes;
this book;
a set of 3 cassettes;
guide for teachers.

The radio programmes

The recordings were made in two very different parts of France: in the Basque region in the South West, where the interviewers were Ermi de Madariaga, François Perroy and Nicole Church and in the Auvergne in the Massif Central, where the interviewer was Nicole Church. The interviews form the core of the programmes and there are explanations and exercises which give you the opportunity to put into practice what you have learned.

Ermi de Madariaga

François Perroy

Nicole Church

4

The book
Each chapter of the book corresponds to an accompanying radio programme and contains texts of the interviews, explanations of grammar and vocabulary, information on France and the French and plenty of exercises. There is also a reference section at the back of the book with a grammar summary, solutions to the exercises, an index of all the background information and a glossary. Words not mentioned in the glossary can be found in a dictionary.

The cassettes
The three cassettes contain interviews and supplementary exercises, including the recording referred to in the section called *A l'écoute* towards the end of each chapter, and short documentaries called *Faits divers*, referred to in Chapters Seven to Fifteen.

Learning with France Extra!
The course has been designed with the home learner in mind and therefore caters for many different individual needs. Each chapter of this book is divided into sections, allowing you to learn at your own pace. The first five programmes and chapters provide substantial revision of *A vous la France!*.

All the recorded interviews are followed by a short comprehension exercise called *Avez-vous bien compris?* The main words with their translation in the context and the key phrases, called *Phrases clé*, are highlighted. Try to listen to the recorded material before looking at the text to see how much you can understand. Don't be put off if you understand very little at the first hearing – the comprehension exercise will help you to identify the main points to listen out for.

The section called *Pour en savoir plus* develops the grammar points raised in the *Phrases clé* and there are mini-exercises called *Essayez donc!*, which will enable you to test your progress at each stage. Any vocabulary requiring special explanation is covered under the heading *Le mot juste*, and a further section deals with pronunciation problems.

Each chapter is based on some aspect of French life and in order to give you a break from the rigours of language learning, the book is punctuated with pieces of background information on France and the French, some of which are in English, some in French. From Chapter Seven onwards there is an additional documentary section at the end of each chapter, called *Faits divers*, which, after a brief written introduction, continues on the cassette. At the same time as providing an enlightening and different angle on the theme of the chapter, it will also give you an opportunity to improve your understanding of both the written and spoken language. Don't worry if you don't understand every word at first. Just try to get the gist of what is being said and above all just enjoy listening to the French!

The section called *Activités* offers a wide variety of exercises which are designed to test what you have just learned in the chapter. Some 'open-ended' exercises might have a number of correct answers, and a range of possible answers can be found in the reference section at the back of the book. These exercises are to encourage you to widen your vocabulary, learning how to say the same thing in different ways. The last exercise in this section is called *A l'écoute* and is a listening comprehension exercise. The important words have been singled out and the questions are there to give you a guideline. Don't forget the pause button!

Whilst it may be possible to make some progress with the book alone it is essential to listen to the radio programmes to get the best from **France Extra!** and the cassettes offer a great deal more in the way of listening and speaking practice. Of course, if you can find another aspiring French speaker to practise with, or an adult education class to join, so much the better!

Achievement test

At the end of the broadcasts, you can if you wish enter for an Achievement Test which is organised by the University of Cambridge Local Examinations Syndicate. Details of this test, how to enter and how to get sample test papers will be given after the radio broadcasts.

The French Embassy in London will be offering travel bursaries to France for the most deserving candidates in the test.

And for those who want to take their knowledge of French further, BBC Radio will be broadcasting a third level course in French designed to follow on from **France Extra!**

1 Voici Biarritz

Expressing likes and dislikes
Comparing one thing with another

Biarritz means 'two rocks' in the Basque language, and this famous seaside resort in South West France is named after the two rocks which stand either side of the bay. Often referred to as 'La Reine des Plages et la Plage du Roi' ('The Queen of Beaches and the King's Beach'), Biarritz was a favourite holiday haunt of the Empress Eugénie of France as well as of Edward VII and later of the Duke of Windsor. Whereas in summer it is now one of the most crowded French resorts, in winter it is a quiet and sunny town where many elderly well-to-do people and Gascony fishermen enjoy their retirement.

La Grande Plage

Ermi et Nicole ont demandé à quelques passants ce qu'ils pensaient de Biarritz.

Ermi Qu'est-ce que vous aimez surtout à Biarritz?

Passante La plage par-dessus tout. La plage est très belle vous voyez. Il y a des vagues j'adore, je n'aime pas les mers plates. Alors j'aime beaucoup les vagues. Mes petits-fils font du surf, alors je viens tous

7

les jours, tous les jours quand il fait beau naturellement. Je vous dis à partir du mois de mai – avril, avril. J'aime beaucoup ce pays.

mes petits-fils	*my grandsons*
à partir de	*from (a stated time) onwards*

Nicole	Vous aimez la région?
Passante	Ah, j'adore! Je viens quatre mois de l'année.
Nicole	Qu'est-ce qui vous plaît ici surtout?
Passante	Eh ben, c'est surtout le monde qui est aimable, la sympathie des gens, l'accueil. Je trouve ça très très bien, quoi. J'aime – j'aime l'ambiance de Biarritz. Autrement j'habite Paris.
Nicole	Merci.
Passante	Avec plaisir.

la sympathie	*friendliness*
l'accueil	*welcome, hospitality*

Nicole	Bonjour madame. Je vous vois là en train de vous promener près de la mer. Est-ce c'est une région qui vous plaît beaucoup?
Passante	C'est la région où je suis née, c'est une très belle région, c'est la plus belle région de France.
Nicole	Vous travaillez ici?
Passante	Nous sommes retraités. Et moi je souhaite à beaucoup de gens de pouvoir venir passer leur retraite dans le pays basque.
Nicole	Merci.

souhaiter à quelqu'un	*to wish (as in to wish someone a happy birthday, etc)*
retraité(e)	*retired*
la retraite	*retirement*

*   *   *   *   *

Nicole	Est-ce que Biarritz vous a plu?
Passant	Ah, Biarritz me plaît énormément, oui.
Nicole	Qu'est-ce que vous aimez surtout à Biarritz?
Passant	Ce que j'aime surtout à Biarritz, ben, c'est la mer, les promenades, l'accueil du VVF sympathique, directeur très sympathique et tout est parfait ici, y compris le manger, la restauration, les chambres, tout est bien.

énormément	*very much*
VVF	*Villages Vacances Famille*
sympathique	*nice, friendly*
y compris	*including*
le manger	*food*
la restauration	*catering*

Avez-vous bien compris?

After listening to the four people interviewed, can you match these sentence halves so as to produce four true statements?

La première femme	est en vacances
La deuxième femme	est native de la région
La troisième femme	habite Paris huit mois de l'année
L'homme	est grand'mère

Phrases clé
Vous aimez beaucoup cette région?
Qu'est-ce qui vous plaît surtout ici?
J'aime surtout . . .
Ce que j'aime surtout, c'est l'accueil . . .
J'aime par-dessus tout . . .
J'adore . . .
La ville me plaît beaucoup.
C'est la plus belle région de France.

Ermi ne connaît pas Biarritz. Au syndicat d'initiative elle demande un plan de la ville. Suivez le plan avec elle.

Ermi	Bonjour madame. Est-ce que vous avez un plan de Biarritz?
Employée	Oui, le voici.

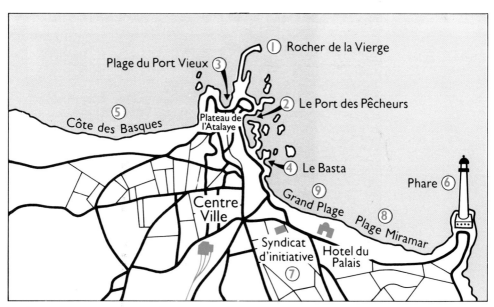

Nous sommes situés ici au numéro 7, qui est le centre de la ville et la cité administrative. Les points principaux à visiter sont, bien sur, l'Hôtel du Palais, ici dans le Centre. C'est un hôtel où l'impératrice Eugénie et l'empereur Napoléon III ont vécu, c'est devenu un hôtel quatre étoiles luxe, puis ensuite sur la droite vous avez le phare, puis les jardins du phare. Puis, en redescendant vous revenez dans le centre ville, vous avez la plage principale qui est la Grande Plage et la plage Miramar, puis le rocher du Basta, le Port des Pêcheurs qui est un petit port de plaisance mais réservé aux habitants de la ville seulement, puis le plateau de l'Atalaye d'où l'on domine toute la ville et où on peut voir également la chaîne des Pyrénées du côté espagnol, puis vous avez le Rocher de la Vierge, relié, c'est un rocher qui est sur la mer, enfin, dans la mer

et qui est relié à la côte par une passerelle métallique. Ce port à l'origine avait été prévu pour protéger les marins et protéger les bateaux de pêche, parce que la côte était un peu dangereuse pour les bateaux – il y a quelques rochers. Ensuite vous avez la plage du Port Vieux réservée aux enfants en particulier, on peut apprendre à nager, il n'y a pas de vagues; et la Côte des Basques où bien sûr tous les surfeurs viennent pour faire du surf.

le syndicat d'initiative	*tourist office*
la cité administrative	*municipal offices, government offices*
le phare	*lighthouse*
dominer	*to overlook, command a view of*
un port de plaisance	*marina*
également = aussi	*equally, also*
relié	*linked, joined*
une passerelle	*footbridge*
avait été prévu	*had been conceived*

Phrases clé
On peut voir les Pyrénées
On peut apprendre à nager
Vous avez la plage principale

Avez-vous bien compris?
1 Est-ce que la plage Miramar est réservée aux enfants?
2 Est-ce que le Port des Pêcheurs est idéal pour faire du surf?
3 Que peut-on voir du plateau de l'Atalaye?
4 Les enfants adorent quelle plage?

Pour en savoir plus

1 To express enthusiasm – or otherwise!

Enthusiastic	J'adore
	Je trouve ça très très bien
	J'aime beaucoup
	J'apprécie beaucoup
	La ville me plaît beaucoup
	Les plages me plaisent beaucoup
Only moderately enthusiastic	J'aime assez
	. . . me plaît assez
	. . . ne me déplaît pas
	C'est pas mal (du tout)
Not very keen	Je n'aime pas trop . . .
	tellement . . .
	Ce n'est pas terrible
Dislike	Je n'aime pas du tout . . .
	C'est triste
Total dislike	Je ne peux pas supporter . . .
	Je déteste . . .
	J'ai horreur de . . .
	Je trouve ça affreux

Attention!

Terrible in French is an awkward word for the English speaker. It can be used as an expression of enthusiasm to mean *terrific* or *super*. In other words it has the opposite meaning to what one would expect. It is no longer very widely used except in the expression *pas terrible* meaning *not much good*.

Ce film? Ce n'est **pas terrible** (*not much good*).
Ce restaurant? **Pas terrible** (*we'll go somewhere else*).

Many words or expressions to express enthusiasm are colloquial, or slang words, and so may go out of fashion quickly. Here are some currently popular expressions for 'It's great!'

C'est extra!
C'est sympa!
C'est génial!
C'est chouette!
C'est super!
C'est impeccable!

Essayez donc!

1 Imaginez:

| beaucoup d' enthousiasme | enthousiasme modéré | pas très enthousiaste | négatif | très négatif! |

Suivez les symboles pour répondre aux questions:

1 Vous aimez les grandes villes?	4
2 C'est un bon restaurant?	5
3 Vous aimez cette musique?	2
4 La danse moderne vous plaît?	3
5 Vous aimez les escargots?	(Choisissez!)

2 Comparatives and superlatives

La plage à Biarritz est belle.
 très belle.
 plus belle qu'à Calais.
 la plus belle de France.

To compare one person or thing with another you might wish to use a comparative, in the form:

plus ..... que	*more ..... than*
moins ..... que	*less ..... than*
aussi ..... que	*as ..... as*
pas si ..... que	*not as ..... as*

Biarritz est **moins** grand **que** Calais mais sa plage est **plus** belle. Les habitants de Biarritz (les Biarrots) sont **aussi** sympathiques **que** les Parisiens, mais **pas si** nombreux (**que** les Parisiens).

Essayez donc!

Le Port Vieux est pittoresque
  Say it's more picturesque than the town.
L'Hôtel du Palais est luxueux
  Say it's more luxurious than the Hôtel du Centre.
La plage du Port Vieux est calme
  Say it's quieter than the Grande Plage.
Les restaurants sont chers
  Say they're less expensive than in London (à Londres).
Les cinémas sont modernes
  Say they're as modern as in Paris.

If you put *le, la* or *les* in front of *plus* (or *moins*), it means the biggest, the best, the most expensive.

la plus grande ville	*the biggest town*
la plus belle plage	*the most beautiful beach*
les jardins **les plus** agréables	*the nicest gardens*
les restaurants **les moins** chers	*the least expensive restaurants*

The last two examples remind us that most adjectives in French come *after* the noun.

Notice these special forms:
bon – meilleur
  Jean-Paul? C'est un **bon** danseur.
  Juliette est une **meilleure** danseuse.
  Ils sont **les meilleurs** danseurs du groupe.

bien – mieux
  Il danse très **bien**
  Elle danse **mieux** que lui.
  Ils dansent **le mieux** de nous tous.

After superlatives, where we say:
  the best restaurant *in* town
  the longest bridge *in* the world
  the shortest stop *on* our journey

the French say:
  le meilleur restaurant **de** la ville
  le pont le plus long **du** monde
  l'arrêt le plus court **de** notre trajet

3 Talking impersonally – one does, doesn't one?
Think about these statements in English:

Starting from the pier, one crosses the promenade to the foot of
the cliffs. After climbing the cliff path one has a splendid view
over the estuary.
If one has a blown fuse, one either calls the electrician or repairs
the fault oneself.

While both sentences are perfectly correct English, to say 'one
calls the electrician' would seem slightly odd or even affected to
most people. So we avoid (or should it be *one avoids*?) doing so. In
French, the pronoun *on* has none of these overtones and is used all
the time. So in everyday French you (*one?*) would say:

En arrivant au phare, **on** a une vue magnifique sur la mer.

In addition to its impersonal use, *on* is widely used in France to
convey the idea of *nous*:

Aujourd'hui **on** est allé au cinéma.
(*Today we went to the cinema.*)

On is particularly useful for making suggestions or proposals:

On va manger? (Shall we eat?)
On passe chez nos parents? (Shall we call on our parents?)

Le mot juste
Ville – cité
Ville is the normal word for a town or city. *Cité* is used only in a
few very specific cases, for example to describe the oldest part of a
town or to describe a fortified town or village. It is also used for
collections of official buildings, eg *la cité administrative*, *la cité
universitaire*.

Plan – carte

Un plan – most frequently encountered in the sense of a 'street map'.

Une carte
A wide range of equivalents in English:

Card – As in *carte de visite*, *carte postale*, *carte d'identité*;

Map – *Cartes Michelin*, *cartes IGN* (*Institut Géographique National*).

Restaurant menu – as in many countries, restaurants in France
generally offer a choice between one or more set menus at fixed
prices and meals made up of separate dishes listed and priced
individually. The waiter will bring you *la carte* which contains both
the 'menus' at fixed prices and the *à la carte* items. Before detailing
your order you should say, for example:

Nous prenons tous le menu à 75 francs.
Moi je vais prendre un plat **à la carte**

Côte – Côté

La côte and *le côté* both have a number of different uses. Perhaps the easiest way of remembering them is to try to memorise the more common fixed phrases or expressions in which they are likely to occur:

sur la côte (basque, méditerranéenne, etc.)   *– on the coast*
une côte de boeuf   *– rib of beef*
côte à côte   *– side by side*

          *   *   *   *   *

du côté de la montagne   *– towards or in the direction of the mountains*
de l'autre côté de la rue   *– on the other side of the street*
à côté de Suzanne   *– next to Suzanne*
sur le côté est   *– on the east side*

Many vineyards are situated on hillsides. Hence the names of certain wines:

un Côtes du Rhône – un vin des côtes du Rhône

The Basque region

The 'pays basque' is an ancient and fiercely independent region, united by the common origins of its people, its history and its traditional language, but divided since the sixteenth century between France and Spain. Four of the original provinces are in Spain, and three (Labourd, Basse-Navarre and Soule) are in France.

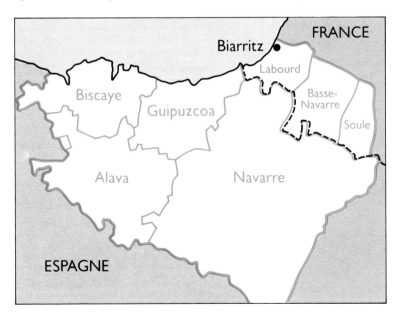

The Pyrenees, which divide the four 'Spanish' provinces from the three 'French' ones, are particularly tortuous and precipitous in places, making communication difficult. The Basque language (l'euskara) which for generations has been officially discouraged, has become a symbol – as in Brittany and Wales – of the revival of Basque nationalism. For the visitor, the Basque country is an enchanting, secret and beautiful country, rich in folklore and unique traditions.

Le saviez-vous?

Au début du 19me siècle, Biarritz était une petite ville sans importance, frequentée seulement par les habitants de Bayonne qui venaient en été profiter de ses plages pour se baigner. Ensuite, l'aristocratie espagnole a découvert Biarritz: la comtesse de Montijo venait chaque année avec sa fille Eugénie. C'est la même Eugénie qui, mariée avec Napoléon III, a encouragé son mari à venir lui aussi (en 1854). Ils ont fait construire une résidence, la 'villa Eugénie' (devenue maintenant l'Hôtel du Palais).

C'est ainsi que le Biarritz d'aujourd'hui est né, d'un mariage entre la France et l'Espagne, deux nations qui sont constamment présentes dans le pays basque.

Activités

1 I Match the pictures taken from a Biarritz brochure to the description below:

faire de la danse moderne	jouer au rugby
jouer au golf	faire du surf
faire de la natation	faire du windsurf
faire du yoga	(de la planche à voile)
faire du karaté	faire de la chasse
faire de la pêche	faire du cyclisme
faire du ski nautique	faire de la danse folklorique
faire de la voile	faire de la marche

Try to memorise these sports by covering the words and using the pictures as a prompt.

2 See how many statements you can make about yourself and your family by combining and re-combining the leisure activities in the list above with the prompts below:

For example:
Ma femme n'aime pas tellement la danse folklorique.

Here are the basic patterns:

Je (J') Mon mari Ma femme	aime	surtout assez en particulier	le golf
	n'aime pas	tellement du tout	le ski nautique
	adore déteste ne peux/peut pas supporter		(aller à) la chasse etc, etc

2 Qu'en pensez-vous? Le ski nautique, par exemple, pensez-vous que c'est un sport . . .

dangereux? violent? reposant?

A l'aide des adjectifs suivants, faites des phrases pour exprimer votre opinion:

violent(e)	cher (chère)	cruel(le)
dangereux (euse)	facile	amusant(e)
agréable	intéressant(e)	athlétique
tranquille	reposant(e)	

Modèle:

Je pense que la chasse est un sport cruel. Vous êtes d'accord?
(*Do you agree?*)
Non, je ne suis pas d'accord ...... **etc**

Maintenant, à vous!

3 Reportez-vous à la page 10 et complétez ces phrases avec **on peut**
ou **on ne peut pas**

1 .... faire du surf à la Côte des Basques.
2 .... aller voir le rocher de la Vierge.
3 Du plateau de l'Atalaye .... voir les Alpes
4 .... utiliser le Port des Pêcheurs si on habite Biarritz.
5 .... faire du surf à la plage du Port Vieux.

4 Here is an extract from a brochure about Biarritz. We have taken
out a few words and put them at the end, along with a few others
which may or may not be suitable. Can you reconstruct the
brochure?

Biarritz – la douceur de vivre
Biarritz, nom prestigieux qui évoque une des stations les plus
..............., un des sites les plus beaux .... monde. Biarritz, ayant
échappé à la fièvre des grands ensembles, garde intacts son
caractère et sa ....

Ce qui fait l'attrait .... cette ville, qui séduit, attire et
retient, c'est sans aucun doute sa .... incomparable, l'agréable
diversité de ses ...., le charme de son arrière-pays, mais
surtout son climat marin, le plus .... d'Europe, et ce, toute
l'année.

L'air y est vivifiant, stimulant; les conditions .... jouent un
grand rôle sur notre santé, tant physique que morale: le climat de
la côte basque vous conviendra parfaitement .... toutes saisons.

En été, il arrive parfois qu'une forte chaleur rende la journée
accablante, mais le soir, la brise de mer souffle légère, apportant sa
fraîcheur réparatrice, et il fait bon flâner.

L'automne est ...., c'est la douceur de vivre dans ce paysage
aux coloris chatoyants.

L'hiver est si ...., qu'il est souvent fini avant même d'avoir
commencé. Seul, le printemps ne nous apporte pas .... le soleil
tant souhaité.

Mais, fidèlement, chaque année, c'est Biarritz qui enregistre les
températures les plus douces de France. Choisir Biarritz, c'est
vouloir jouir de ce privilège pour .... longtemps heureux.

climatiques   affreux   de   tempéré

montagnes   toujours   court   célèbres

beauté   long   plages   vivre

hôtels   merveilleux   en   personnalité

du

A l'écoute

Ici, Raymonde Beaugendre, qui habite Biarritz explique à Nicole pourquoi elle a choisi de vivre dans cette ville. Ecoutez la cassette et faites une liste de ses raisons.

Modèle:

1 **ville très calme.**

A vous maintenant!

2

3

4

.

.

.

2 L'Auvergne

Saying where a place is situated
Talking about distances and directions
Describing where you live

Auvergne, in the heart of the volcanic Massif Central, is renowned
amongst other things for its traditional cheeses – Saint-Nectaire,
Cantal and, of course, the Bleu d'Auvergne. The area is divided
into four 'départements': l'Allier, le Cantal, la Haute-Loire and le
Puy-de-Dôme where the capital of Auvergne, Clermont-Ferrand,
is situated. With its abundance of mineral springs the area is one of
Europe's major centres for hydrotherapy. In Allier, to the north,
Vichy, a spa town whose prosperity dates back to Napoleon III, is
famous for its *cures* of liver and digestive ailments. Further south
in the Cantal, Chaudes-Aigues, which proudly boasts the hottest
spring waters in Europe at 82°C, specialises in rheumatic *cures*.
Still in the Cantal, the twin towers of the gothic cathedral rise high
above the grey, granite buildings of old St Flour, which perches on
a basaltic rock 100 metres above the 'ville basse'. An ancient

rivalry still exists between St Flour and Aurillac, a commercial and holidaying centre, each wishing to be recognised as the capital of the Cantal. To the west, Salers, famous for its liqueur of the same name, still retains its medieval charm with its black lava houses. In winter the rich green landscape of the mountains and valleys of the Haute Auvergne is completely transformed as the snows fall and the skiing season begins. The local people, or 'Auvergnats' flock to the resorts of Le Lioran to enjoy the winter sports.

Despite its geographical position in the centre of France, this region is rather isolated and therefore completely unspoilt by vast numbers of tourists. Yet the combination of a wide range of outdoor sports – water sports and rambling as well as winter sports – and the magnificent scenery make it an area which is attractive throughout the year.

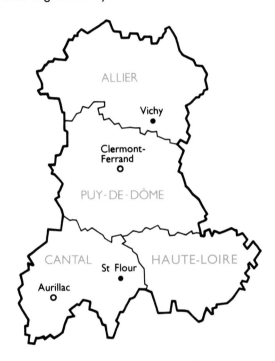

Les habitants de l'Auvergne (les Auvergnats), de quoi vivent-ils? Comment gagnent-ils leur vie? Que pensent-ils de leur région? Ecoutez d'abord Bruno Bonté, qui est chevrier:

Bruno   La région. Alors on vit en montagne, d'abord, on est à 900 mètres d'altitude. On est dans une petite vallée qui s'appelle la Vallée de Salilh, et qui tire son nom de 'soleil', parce qu'elle est tournée plein sud. Elle donne dans la vallée de la Serre dans les hauts monts du Cantal, autour du Plomb du Cantal. On est dans une région volcanique, riche donc.

Dès mai, juin, on est complètement envahi par l'herbe. C'est donc tres propre à l'élevage, et à l'agriculture. L'hiver, eh bien, l'hiver est long. On est dans la neige et la glace pendant pas mal de temps.

on vit (vivre)	*we live*
le Plomb du Cantal	*name of a mountain*
dès mai	*from May onwards*
envahi (envahir)	*overgrown*
l'élevage	*livestock rearing*
propre à	*suitable for*
pas mal de temps	*quite a long time*
attirer	*to attract*

Phrases clé
On vit en montagne
On est dans une petite ville

Avez-vous bien compris?
1 Bruno, pourquoi est-ce qu'il aime cette région?
2 Est-ce que les hivers sont plus doux qu'à Biarritz?

Nous avons parlé aussi avec le maire de St Flour. Ici il explique de quoi vivent les habitants de sa ville:

Maire   Les industries à St Flour tiennent une part relativement modeste, indépendamment de l'agro-alimentaire. Nous sommes le centre géographique et le centre social d'une région vaste en surface, et hélas peu peuplée. La ville vit de son milieu rural, de ses agriculteurs, de ses exploitants, des artisans et petits commerçants qui sont dans le monde rural. De moins en moins nombreux, hélas! Et la ville vit de ce monde rural particulièrement parce que leurs enfants sont éduqués chez nous, aussi bien dans l'enseignement public que l'enseignement privé. Et c'est une position tout à fait exceptionnelle dans ce domaine, dans la grande tradition d'ailleurs des religieuses et des religieux qui ont fait cela chez nous depuis 500 à 800 ans. Nous avons, Madame, dans une ville qui n'a pas 10 000 habitants, plus de 5 000 élèves dans nos écoles – 3 000 dans l'enseignement public, 2 000 dans l'enseignement privé. Et toute l'économie locale est basée sur la présence de ces élèves qui attirent leurs parents, lesquels parents utilisent nos services et font fonctionner notre commerce, qu'il soit de gros, de semi-gros ou de détail. Voilà l'essentiel. Le reste, c'est le tourisme, avec le fait que nous sommes à 500 kilomètres de Paris et de Barcelone, ville étape, et que nous vivons près de quatre mois en complément d'un tourisme international.

indépendamment de	*apart from*
l'agro-alimentaire	*the process and marketing of agricultural products*
peu peuplé	*thinly populated*

de moins en moins	*less and less*
un exploitant (agricole)	*farmer*
un artisan	*specialist tradesman (eg carpenter, electrician)*
un petit commerçant	*(small) shopkeeper*
religieuses et religieux	*members of holy orders*
de gros, semi-gros, ou de détail	*wholesale, cash-and-carry or retail*
ville étape	*staging post, stopping-off point*

Phrases clé
On est à . . . kilomètres de Paris
La ville vit de ses petits commerces

Avez-vous bien compris?
Vrai ou faux?

1 Il y a plus d'élèves dans les écoles privées
   que dans les écoles publiques à St Flour.   vrai/faux

2 Il y a beaucoup d'industries.   vrai/faux

3 Le nombre d'élèves est exceptionnel.   vrai/faux

4 Les élèves viennent de Paris et de Barcelone.   vrai/faux

Voici maintenant l'adjoint au maire (deputy mayor) d'une autre petite ville du Cantal, Chaudes-Aigues.

Adjoint au maire Au point de vue situation géographique de Chaudes-Aigues, Chaudes-Aigues se situe au coeur de la Haute Auvergne à proximité de l'Aveyron et à 30 kilomètres de St Flour. Chaudes-Aigues est située à 750 mètres d'altitude. Nous avons évidemment la chance d'avoir une source d'eau chaude qui fait 82 degrés. Pendant la période hivernale cette eau chaude sert surtout

au chauffage domestique .... des maisons qui sont situées en dessous de son niveau et nous avons aussi pendant la période estivale la station thermale qui fonctionne alors à plein rendement .... Nous traitons environ 1800 curistes par an et l'eau est bien chauffée et elle est bien chaude naturellement, pas par une chaudière!

Nous avons la chance d'avoir	*we are lucky to have*
la période hivernale	*the winter period*
la période estivale	*the summer period*
à plein rendement	*at full capacity*
les curistes	*people who come for a cure*

Phrases clé
Chaudes-Aigues se situe à . . .
Chaudes-Aigues est située à . . .
L'eau chaude fait 82 degrés

Avez-vous bien compris?
From your recollection of the description of Chaudes-Aigues, can you sort these words into pairs which make sense?

situation	thermale
station	chaude
chauffage	estivale
période	géographique
eau	domestique

Le saviez-vous?
Did you know that there is a connection between the Eiffel Tower and the Haute Auvergne?

Saviez-vous qu'il y a un rapport entre la Tour Eiffel et la Haute Auvergne? Gustave Eiffel (né en 1832) est responsable aussi de la construction de l'étonnant viaduc du Garabit au-dessus des magnifiques gorges de la Truyère, dans le Cantal. Avec 122 mètres de haut et 564 mètres de long, le viaduc est peut-être la réalisation la plus magistrale de Gustave Eiffel.

A noter: 678 768 = six hundred and seventy-eight thousand, etc
(written 678,768 in English)
564,69m = five hundred and sixty-four point sixty-nine
(564.69)

So gaps and commas can have quite different values in the two languages.

Try writing down, using English conventions, the following figures:

322 762 habitants
1,20 kilomètres

Pour en savoir plus

1 'To say how far a place is

Clermont-Ferrand	est situé à est à . . . se situe à . . .	382 kilomètres au sud de Paris

Numbers over 100

382 – trois cent/quatre-vingt/deux
100 – cent (NB: you don't say **un** cent)
200 – deux cents (cents has an s only for round hundreds)
201 – deux cent un
220 – deux cent vingt
1200 – douze cents, or
            mille deux cents (not **un** mille . . .)
2500 – deux mille cinq cents

2 To say where a place is in relation to another place

au sud de . . .   au sud-est de . . .
au nord de . . .   au sud-ouest de . . .
à l'est de . . .   au nord-est de . . .
à l'ouest de . . .   au nord-ouest de . . .

or as a region of a country (note the capitals):

dans le Nord
dans le Sud-Ouest
dans le Centre, etc.

3 Measurements

altitude
Chaudes-Aigues *est située* à 750 mètres d'altitude.
                    est à . . .
                    se situe à . . .
others
L'eau *fait* 82°.
It is very common to use the verb *faire* with numbers referring
to measurements (weight, length, height, etc).

For example:

Le viaduc de Garabit *fait* 564,69m de long et 127,20m de large.
Le paquet *fait* 3 kg.

4 Talking about dates in the past

1830	— mil huit cent trente
	dix-huit cent trente
1942	— mil neuf cent quarante-deux
	dix-neuf cent quarante-deux
1985	— mil neuf cent quatre-vingt cinq
in 1976	— en 1976 (mil neuf cent soixante-seize)
	or simply: en soixante-seize
the fifties	— les années cinquante

Le mot juste

nombre – numéro – chiffre
Nombre is a general word used when talking about quantity:

Il y a un certain **nombre** de possibilités.
Il a des enfants, mais je ne pourrais pas vous dire le **nombre**
exact.

Chiffre is quite specifically a 'figure' and is used as the word 'figure'
is used in English.

Je n'ai pas les **chiffres** pour le mois de février.
La plaque d'immatriculation (number plate) d'une voiture
française est composée de **chiffres** et de **lettres.**

Il y a un jeu télévisé en France qui s'appelle 'Des Chiffres et des
Lettres'. Tous les soirs (sauf les weekends) deux joueurs doivent
former le mot le plus long possible avec neuf lettres choisies au
hasard, et faire des calculs avec des chiffres tirés au sort.

Numéro is used exclusively where the number in question is for
identification, as with house or telephone numbers:

Quel est le **numéro** de votre maison?
Nous habitons au **numéro** 115.
Je cherche le **numéro** de téléphone du Syndicat d'Initiative.

Numéro is often abbreviated to N°.
Numéro and *nombre* cannot be used interchangeably, even though they both mean *number*.

1 La ville d'Aurillac
Our present interest in it lies in the fact that the phrase *ville d'Aurillac* illustrates a key feature of French pronunciation.
Generally *-ill-* in a French word is pronounced ee-y, rather as when the two English words *see you* are run together:

For example:

famille, travaille, brillant, Aurillac

However, there are a very small number of notable exceptions, where the *l* is pronounced as a single *l* normally is in French

**ville
mille
tranquille
village**

Just to remind you how exceptional the pronunciation of these words is, compare them with these close 'look-alikes' which are pronounced with the normal *y* sound:

**bille
fille
béquille
grillage**

2 Vingt
Normally the final *t* is not pronounced, except before a vowel.

So:

**Ça fait vingt francs.
J'ai vingt ans (before vowel).**

However, it is normal to pronounce the *t* on all numbers between 21 and 29.

So:

Il fait vingt-cinq degrés.

Somewhat confusingly, the *t* is not pronounced on the numbers 81 to 99, even though *vingt* is involved.

So:

Quatre-ving(t) dix-neuf.

3 Nord, est, sud, ouest

Nord – don't pronounce *d* even in *nord-est*.
Est – pronounce all three letters
Sud – pronounce *d*.
Ouest – rhymes with *est* above.

Essayez donc!

1 Essayez de prononcer les phrases suivantes:

Notre ville est à mille kilomètres de Paris.
Ma famille préfère une vie tranquille.
Sa fille est une brillante élève, mais elle ne travaille
pas beaucoup.
Aurillac n'est pas un village.

2 Try saying in French:

25 km
20 years ago
she is 86
20 figures
east; north-west; south-west; in the south of the Auvergne;
I live in the north-east.

Taking the waters

The Auvergne is especially rich in natural mineral water. Almost *three million* bottles of water are sold to the rest of France and the world every year. Bottled spring water is very popular in France and is consumed in huge quantities. The water contains minerals which are widely claimed to have therapeutic properties. (Incidentally, tap water is as safe in France as anywhere else, in spite of the occasional horror stories!) Of equal importance to the Auvergne are its many hot springs (remember this is a volcanic area, with underground temperatures much higher than elsewhere). Over the years a series of spa towns have grown up around the hot springs, with facilities for the treatment of various ailments, as well as hotels and recreational provision for the patients, who often come for several weeks. Much of the treatment is available under the French national health scheme.

The variety of minerals present in the different waters has led each spa town to specialise in different health problems: Vichy for the digestion, Royat for the heart and circulation, Chaudes-Aigues for rheumatism, Mont-Dore for asthma, and so on.

Le fromage de montagne

Saviez-vous que le mot 'fromage' vient de 'fourmage' ou 'fourme', le nom de la forme en bois (ou moule – *mould* en anglais) dans laquelle on met le fromage au moment de sa fabrication? Plusieurs fromages de cette région s'appellent toujours 'fourme', par exemple la Fourme d'Ambert.

Il faut le lait de 20 à 30 vaches pour faire un 'Cantal' de 40 kg. Une grande partie du lait de cette région est transformée en Bleu d'Auvergne un fromage de vache qui ressemble au très célèbre Roquefort, qui est un fromage de brebis (brebis = ewe).

Activités

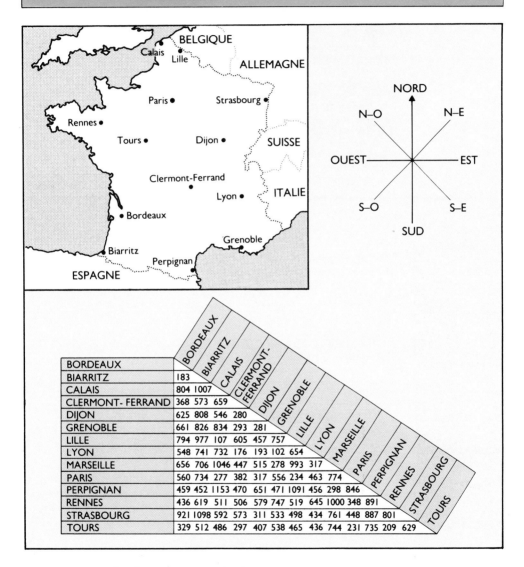

1 Quelle ville est située:

    1 à mille cent cinquante-trois kilomètres au sud de Calais?
    2 à deux cent trente-et-un kilomètres au nord-est de Tours?
    3 dans l'Est, à trois cent onze kilomètres de Dijon?
    4 dans le Sud-Ouest, à cinq cent soixante kilomètres de Paris?

2 Voici quelques détails sur les principales stations de sports d'hiver d'Auvergne:

Nom de la station	Le Lioran	Le Mont-Dore	Super-Besse	Laguiole	Le Falgoux
Altitude	1153	1050	1350	1004	930
Site agréable?	√	–	√	–	√
Ecole de ski?	√	√	√	√	–
Nombre de télésièges	24	17	18	9	9
Descentes faciles	20	12	12	14	12
Descentes difficiles	22	10	7	4	2
Gare la plus proche	Le Lioran	Le Mont-Dore	Le Mont-Dore	Espalian	Mauriac

Pouvez-vous faire une description de chaque station, en utilisant les renseignements donnés?

3 After looking at the table of information, find out which of the five statements are true and which are false.

Ville	Population	Altitude
Clermont-Ferrand	161 203	401 m
Aurillac	33 355	623 m
St Flour	8 831	881 m
Chaudes-Aigues	1 383	750 m
Mauriac	4 569	698 m

1 St Flour a une population de presque neuf mille habitants.
vrai/faux

2 Clermont-Ferrand est la plus grande ville du Cantal.
vrai/faux

3 Mauriac est à une altitude de presque huit cents mètres.
vrai/faux

4 La population de Clermont-Ferrand est de 161 millions.
vrai/faux

5 Il y a moins d'habitants à Aurillac qu'à St Flour.
vrai/faux

4 Ici nous vous présentons un extrait pris dans une brochure publicitaire de Chaudes-Aigues. Il y a quelques expressions nouvelles, mais essayez surtout de comprendre le sens général:

Sur la route qui mène à travers la Haute Auvergne de Paris au Midi, voici, blottie dans l'étroite vallée du Remantalou, avec ses maisons accrochées au flanc des collines, Chaudes-Aigues, station thermale et touristique.

C'est ici, au coeur de cette petite cité de 1300 habitants, que jaillissent un peu partout des sources d'eau chaude naturelles qui font la renommée de la station. . . . Connus depuis les premiers temps de l'ère chrétienne, les thermes de Chaudes-Aigues sont 'la Providence des Rhumatisants'.

En plus de leurs valeurs curatives, reconnues et appréciées, les eaux sont utilisées, depuis toujours, pour le chauffage des habitations. Des conduites générales, canalisant les eaux au départ de la source, passent sous les trottoirs. Elles passent ensuite sous les carrelages des maisons, au rez-de-chaussée, répandant une chaleur douce et agréable. Chaudes-Aigues est la seule ville d'Europe où les maisons sont chauffées à l'eau chaude naturelle.

blotti	*buried, lost, nestling*
accroché	*clinging to (literally hooked to)*
les sources . . . jaillissent	*springs . . . burst forth*
en plus de	*in addition to*
le chauffage	*heating*
les carrelages	*tiled floors*
répandant	*spreading*

A l'aide de la brochure et de l'interview avec l'adjoint au maire, pouvez-vous compléter la fiche:

CHAUDES-AIGUES

Altitude:

Population:

Nombre de curistes par an:

Température de l'eau chaude:

Gare SNCF la plus proche: St Flour (km)

5 Dans la brochure de Chaudes-Aigues on voit cette liste de distractions. Expliquez à un ami en français ce qu'on peut faire pour s'amuser dans cette ville.
(on peut . . . etc)

DISTRACTIONS

PISCINE CHAUFFEE : Piscine à eau tempérée naturelle

GOLF MINIATURE dans le magnifique cadre du jardin d'agrément

TENNIS : 2 courts à votre disposition

CHASSE : Société de chasse - Sangliers, lièvres, cailles, perdrix, carte obligatoire

PECHE (se munir d'une carte obligatoire délivrée chez MM. BOROWSKI, LACOMBE, TOULY) dans Le Remontalou, La Truyère, Le Bès, Les Taillades, Le Levandès, Le Lebon : truites, perches, tanches, brochets,...

BIBLIOTHEQUE à la mairie

JARDIN D'AGREMENT

SPORTS D'HIVER : Station de Super-Blaise à Saint-Urcize Foyer de ski de fond de La Trinitat et de Saint-Urcize.

SPORTS NAUTIQUES : Sur les retenues de barrages de Lanau, Grandval, Sarrans.

RANDONNEES PEDESTRES : Parcours balisés.

EXCURSIONS EN VOITURE : Propositions de circuits à votre disposition à l'Office de Tourisme.

RANDONNEES A VELO

CENTRE EQUESTRE : Lanau 5 km.

ANIMATION ESTIVALE.

A l'écoute

A tourist goes to the syndicat d'initiative in St Flour to enquire about places to visit in the area. Listen to the guidance given to Olivier, and see how much you can grasp. The questions are designed to help you in your task.

1 Make a note (in English or French) of as many as possible of the things to see in St Flour itself.

2 Can you put the remaining places on the proposed circuit into their correct sequence:

Chaudes-Aigues
Loubaresse
Viaduc du Garabit
St Chély
Le lac de Grandval
La Margeride

3 What is special about Loubaresse?

4 How long will this trip take? What word does the guide use for a trip? (the word in question is also used for *a walk*)

3 Un jour comme les autres

Saying what you do each day
Saying what you have to do
Talking about time

Would you describe your lifestyle as routine or varied? Is one day very much like another? How far will tomorrow resemble today?

Nous avons posé ces questions à plusieurs personnes que nous avons rencontrées en Haute-Auvergne et dans le Sud-Ouest. Tout d'abord, à un jeune homme qui s'appelle Christophe, et pour qui la vie n'est pas très compliquée.

Ermi	A quelle heure tu te lèves le matin?
Christophe	Je me lève à sept heures.
Ermi	Et ensuite qu'est-ce que tu fais? Dis-moi ce que tu fais pendant toute une journée.
Christophe	Alors, je me lève, je m'habille, bon, je déjeune, après ça je prépare mon sac, je m'en vais en cours, bon, après l'école est passée, je reviens à midi pour manger, je repars à deux heures ou à trois heures, ça dépend à quelle heure j'ai cours, et puis à cinq heures, à la fin des cours, je donne des rendez-vous à mes copains puis on va faire du tennis, un peu de tout.

je déjeune	*I have breakfast*
je m'en vais en cours	*I go off to school*
j'ai cours	*I have lessons*

Phrases clé
Je me lève à sept heures.
Après ça je prépare mon sac.

*Voici Isabelle, qui est plus âgée que Christophe. Elle va à l'école à
Bayonne, mais elle n'habite pas cette ville.*

Ermi Combien de temps vous mettez pour faire le parcours entre votre
village et Bayonne?
Isabelle 25 minutes, à peu près.
Ermi Et l'école est à – commence à quelle heure?
Isabelle L'école commence à huit heures.

Ermi Ça vous fait lever vers quelle heure?
Isabelle Je me lève vers six heures du matin.
Ermi Et vous rentrez à la maison vers quelle heure?
Isabelle Ça dépend à quelle heure on finit, quoi.
Ermi Est-ce que vous êtes très fatiguée le soir?
Isabelle Surtout le jeudi, parce qu'on finit à sept heures – non, à six heures
et j'arrive chez moi à sept heures. Alors je suis très fatiguée.

Ermi	Et le lendemain vous repartez à l'école?
Isabelle	Oui, je me lève – ce jour-là je me lève à sept heures du matin.
Ermi	Je vous remercie beaucoup. Au revoir Isabelle. Au revoir.

Combien de temps vous mettez?	*How long do you take?*
le parcours	*the journey*
à peu près	*roughly, about, approximately*
le lendemain	*the next day*

> **Phrases clé**
> Vous mettez combien de temps pour . . . ?
> 25 minutes, à peu près.
> Je me lève vers six heures.
> Le jeudi, on finit à sept heures.

Avez-vous bien compris?

1 Isabelle se lève-t-elle avant Christophe le matin?
2 Est-ce qu'elle se lève tous les jours à la même heure?
3 Et est-ce qu'elle rentre toujours à la même heure?

Ecoutez maintenant Raymonde Beaugendre, qui, comme beaucoup d'autres femmes, travaille à la maison et à l'extérieur:

Nicole	Est-ce que vous pourriez peut-être nous décrire votre vie quotidienne?
Raymonde	C'est une vie bien remplie, comme la vie de toutes les femmes qui ont à la fois une activité de femme d'intérieur, et une activité professionnelle à l'extérieur, parce qu'il faut s'occuper de la maison, naturellement. Il faut naturellement faire les courses, gérer la maison, et en plus de ça assumer ses activités professionnelles.

C'est à dire passer environ huit ou neuf heures quelquefois à son bureau dans la journée.

quotidien	*daily*
à la fois	*at the same time*
femme d'intérieur	*housewife*
gérer la maison	*run the house (gérer = to manage)*
s'occuper de	*to look after, concern oneself with*
environ (= à peu près)	*about, approximately*

Phrase clé
Il faut s'occuper de la maison

Avez-vous bien compris?
Can you match the English translations against the French expressions taken from the interview?

à l'extérieur	*in addition*
en plus de ça	*very full*
faire les courses	*in the outside world*
bien remplie	*of course one has to*
il faut naturellement	*do the shopping*

Antoine et Antoinette sont propriétaires d'une fabrique d'espadrilles, sur la route de Guéthary.

Nicole	Quels sont vos horaires de travail?
Antoinette	Nous n'avons pas d'horaires, parce que nous commençons de bonne heure le matin, nous finissons le soir, mais si un jour je dois m'absenter, bien, je m'absente.
Nicole	Et pour les congés, vous prenez des vacances?

Antoinette   Nous prenons seulement une semaine de congé. Mais là vous pouvez croire, nous ne nous rappelons pas qui nous sommes.

un horaire	*timetable, schedule, programme*
de bonne heure	*early*
le congé	*leave from work*
nous ne nous rappelons pas	*we don't remember*

> **Phrase clé**
> Si un jour je dois m'absenter, bien, je m'absente

Pour un boulanger, le rythme de la journée est bien particulier et plutôt difficile:

Ermi   Est-ce que vous pourriez nous décrire votre journée type?
Boulanger   Ben, oui, la journée type commence à deux heures du matin, on se lève, on travaille ensuite – tout dépend de la fabrication qu'il y a à

faire – jusqu'à neuf heures et demie, 10 heures ou 11 heures – tout dépend du travail. Ensuite, nous mangeons aux environs de 12 heures, 12 heures 30. L'après-midi est consacré au repos jusqu'à 19 heures du soir. Nous reprenons notre repas le soir et nous nous couchons jusqu'à l'heure de rattaquer le travail le lendemain matin. Voilà la journée type du boulanger.

Ermi   Est-ce que par ce rythme vous n'êtes pas un peu déréglés?

Boulanger   Oui, entièrement. Nous sommes entièrement déréglés. Pourquoi? On peut dire ça parce que quand nous prenons des congés – quatre semaines ou cinq semaines par an – nous reprenons la vie normale d'un Français, et au bout de ces quatre ou cinq semaines, nous sommes entièrement déréglés. Pourquoi? Parce que nous dormons la nuit, le jour on se promène, ou on fait n'importe quoi, et c'est là où l'on voit que nous ne sommes pas comme les autres. Et pour reprendre ce rythme d'un Français moyen, j'estime qu'il nous faudrait au moins six mois.

une journée type	*a typical day*
la fabrication	*manufacture, production*
consacré à	*devoted to*
rattaquer (= attaquer une deuxième fois)	*get back to the grindstone*
déréglé	*disorientated*
n'importe quoi	*anything (at all)*
j'estime	*I reckon, I think*
un Français moyen	*an average Frenchman*

Phrase clé
Nous dormons la nuit, le jour on se promène.

Avez-vous bien compris?
Faites une liste des choses qui caractérisent la vie quotidienne du boulanger.

Il se réveille à . . .
etc.

Pour en savoir plus

The people we've met so far have talked about what they do and, occasionally, about what they have to do.

1   Saying what you do each day
For this you use the present tense.

Je me lève à sept heures du matin.
Je rentre à six heures du soir.
Je dîne à huit heures du soir.

Notice how often the French use r(e) as a prefix to a verb in order to express the idea of resuming or repeating an action:

reprendre la vie normale
r attaquer le travail

2 Saying what you have to do each day
There are several ways of saying you have to do something:

Je dois faire les courses.
Il faut faire les courses.
Il faut que je fasse les courses.

Je dois is the present tense of the verb *devoir* and is easy to use. It is equivalent to *I must* or *I have to/I've got to* in English:

Je dois prendre le train de 23 heures.
Quand est-ce que **tu dois** partir?
Combien est-ce que **je dois** payer?

As you can see, it is followed by the infinitive form of the verb used with it.

The forms of the verb are worth memorising:

je **dois** partir
tu **dois** partir
il/elle/on **doit** partir
nous **devons** partir
vous **devez** partir
ils/elles **doivent** partir

Essayez donc!
Try saying:

I must eat at seven o'clock.
You must arrive before midnight.
We have to get up early.
They must finish this evening.

Note the position of the pronoun where reflexive verbs are used in the infinitive form:

Je dois **me** lever   – I have to get up
Elle doit **se** reposer   – She has to rest
Nous devons **nous** coucher – We must go to bed

Il faut
The other way of saying what you have to do is to use *il faut*. This is what is known as an impersonal verb (that is, it exists only in the *il* form, the *il* in this case being equivalent to *it*). So *il faut* literally means *it needs* or *it is necessary*. It is a very commonly used

expression and one which you will find very useful to learn. Look at these examples which show the two basic patterns involved:

Il faut terminer à six heures
Il faut payer pour entrer
Il faut faire les courses

or:
Il faut que je termine à six heures
Il faut que nous payions pour entrer
Il faut qu'elle fasse les courses

Both forms are widely used, but it can be seen that the second type *il faut que* . . . indicates clearly on whom the obligation falls (*il faut que je*, etc), while the first type is vague about this and relies on the context to convey the sense, which it generally does. So if the hedge needs trimming you can say in French:

Il faut absolument **tailler** la haie.

without committing yourself to doing it. If, on the other hand, you know that *you* will have to do it, you can say:

Il faut absolument **que je taille** la haie.

After *il faut que* . . . , and in a variety of other situations which you will meet later, a distinct form of the verb, known as the *subjunctive*, is used. Whatever your recollections of the subjunctive may be (from school examinations?) it is in fact a simple form to produce. It's also easier to see than to explain!

3rd person plural present	subjunctive
ils *travaill*ent	Il faut que je travaille
	que tu travailles
	qu'il travaille
	que nous travaill*ions*
	que vous travaill*iez*
	qu'ils travaill*ent*
ils *finiss*ent	que je finisse
	que tu finisses
	etc.
ils *vienn*ent	que je vienne
	etc.

It's simple:
    because the endings are those of -er verbs, except that an *i* is added to the *nous* and *vous* forms to produce the endings -*ions* and -*iez*.

It's simple:
    because the endings are added to the stem of the *ils/elles* form (3rd person plural) of the present tense of the verb.

It's simple:
    because there aren't many exceptions.

Since we tend to use the subjunctive most frequently in the *je, tu* and *il* forms, nine times out of ten the subjunctive has the same sound as the *ils/elles* form of the present tense:

Il faut que je **prenne** le train de huit heures.
(same sound as ils *prennent*)

Il faut que mes parents **partent** demain.
(same sound – and spelling – as present tense)

So who's afraid of the subjunctive?

Even the few irregular forms are quickly learned:

aller	que j'aille (rhymes with *travaille*)
avoir	que j'aie
être	que je sois
faire	que je fasse
pouvoir	que je puisse
savoir	que je sache
vouloir	que je veuille

For more forms of the subjunctive, see verb tables, pages 276–280.

Essayez donc!
Qu'est-ce qu'on vous demande de faire dans les cas suivants?

Venez à midi!	(Il faut que je vienne à midi)
Tournez à droite!	(Il faut . . .)
Faites les courses!	
Allez avec Catherine!	
Finissez maintenant!	
Ne partez pas tout de suite!	(Il ne faut pas que . . .)

3 Times and link words
Putting together all the activities which describe one's daily lifestyle involves talking about the time and using words which link events into a sequence.

To ask about the time when things happen:

A quelle heure commencez-vous?
Vous commencez à quelle heure?

To be less precise:

Vers quelle heure . . . ?

In certain specific cases, where a timetable or schedule is involved:

Quel est votre horaire?
Quel est l'horaire du bureau?

2 To say when things happen:

A Vers	quatre heures une heure dix heures	dix quarante et quart quinze et demie trente moins le quart moins dix	du matin de l'après-midi du soir

A partir de 8h   *– from eight o'clock onwards*
Entre 9h et minuit *– between nine o'clock and midnight*

24-hour clock

The 24-hour clock is used more widely in France than in Britain, but mainly in visual presentations (timetables, radio and television broadcast schedules and posters) rather than in everyday speech.

NB: 22.30 (22h30) is always pronounced *vingt-deux heures trente.*

Putting events into sequence:

tout d'abord
à partir de . . .
puis
après (ça)
ensuite

jusqu'à . . .
à la fin de . . .
pour terminer
finalement
enfin

To ask how long you take to do something:

Combien de temps mettez-vous . . . ?
Combien de temps vous mettez . . . ?

To say how long you take to do something:

Je mets deux heures pour faire le parcours.
I take two hours . . .

Exactly or approximately?

Il est trois heures précises.
Il est exactement trois heures dix.   *(exactly)*
Je mets à peu près deux heures.
Je vais arriver vers quatre heures.   *(approximately)*

Always or sometimes?

Je me lève toujours à sept heures.
Le magasin ouvre tous les jours à neuf heures, sauf le lundi
(every day . . . except).

| Je pars | habituellement | vers huit heures. | (generally) |
| | d'habitude | | |

J'arrive souvent avant mes collègues.   (often)
Je m'absente quelquefois.   (sometimes)

Je dors	le matin.	
	l'après-midi.	(always)
	le soir.	
	la nuit.	

Le mot juste

Journée – matinée – soirée

Journée (f) and jour (m) both mean day, but have quite distinct uses and are not generally interchangeable.

Journée means a day spent doing something, a day's activities, with an emphasis on the time available and how it is used. It occurs mainly in the singular:

Nous avons passé la **journée** à la plage.
La **journée** a été très agréable.
Bonne **journée!** (Have a good day!)

Jour means a day as distinct from a week or a month, and is used when specifying or counting:

Le jour de mon anniversaire nous sommes allés à la plage
Quel **jour** sommes-nous? (What day is it?)
Trois **jours** après, il est reparti.

Jour also means daylight, as in:

Il fait **jour** ou il fait nuit?   (Is it daylight or is it dark?)

Matinée/matin and soirée/soir follow the same pattern of use and meaning as journée/jour.

So:

Ce **soir** nous allons au cinéma et après au restaurant.
Nous allons passer une **soirée** très agréable.

Il ne fait pas encore **jour** quand je commence ma **journée** de travail.

Demain **matin** je ne peux pas vous téléphoner, j'ai une **matinée** très chargée (busy morning).

What about *année/an*? Are they used in the same distinct ways to mean *year*? The answer is only a partial yes, since there are more occasions when their use is interchangeable. However, use *année* with expressions denoting a quantity: *quelques, beaucoup, peu d(e), un grand nombre d(e)* or any qualifying word.

Example:

Bonne **Année**!
la première **année**
de longues **années**

But when talking about age always use *an*:

Il a trois **ans.** (You could not use *année*.)

But you can say both in these cases:

l'an dernier	l'année dernière	*last year*
l'an prochain	l'année prochaine	*next year*

Essayez donc!

Choisissez la forme appropriée:

Demain (matin/matinée) nous allons au marché de Bayonne.
Merci pour (ce soir/cette soirée) si agréable!
Il va arriver dans trois (jours/journées).
C'est un enfant de quatre (ans/années).
Nous allons passer (le jour/la journée) à la plage.

La vie quotidienne en France
Pour la plupart des gens, la journée de travail commence tôt. Les enfants doivent être en classe pour 8h ou 8h30 (ils peuvent aussi aller en classe le samedi matin). Les employés sont souvent au travail à 8h, et relativement peu de personnes ont la chance de commencer à 9h ou plus tard. La pause-café du matin n'existe pratiquement pas, comme d'ailleurs dans de nombreux pays d'Europe. Cependant, la plupart des magasins et établissements publics ferment pour le déjeuner à midi ou midi et demi, même dans les grandes villes, et ne rouvrent pas avant 14h ou plus tard. Entre 12h30 et 2h de l'après-midi, les rues se vident, mais c'est l'heure de pointe pour cafés et restaurants. Vous trouverez toujours de quoi boire ou manger en arrivant dans une ville, même s'il est très tôt ou très tard. La plupart des magasins restent ouverts le soir jusqu'à 19h ou 19h30 (et certaines grandes surfaces jusqu'à 22h). Mais les magasins sont presque tous fermés le lundi matin, sauf les boulangeries-pâtisseries, qui sont d'ailleurs aussi ouvertes le dimanche. Ce jour-là, en effet, comme c'est la tradition, on mange des patisseries en famille.

La journée d'une famille peut donc être longue, mais il arrive encore qu'on se retrouve à a maison pour le repas de midi.

Pourtant c'est de moins en moins le cas, surtout dans les grandes villes, où l'on adopte de plus en plus la 'journée continue'. Beaucoup de Français dînent tard (entre 20h et 21h), très souvent en regardant les informations télévisées de 20h, qui sont diffusées sur les deux chaînes principales. En conséquence, les cinémas ont une séance à 21h ou 22h. Vous êtes avertis: les Français sont des couche-tard!

Activités

1 Imagine you're going to interview people in the street in a French town, about their weekday routines. Make a list of questions which you would ask to find out:

– at what time they get up;
– whether they always get up at the same time;
– at what time they leave;
– how long they take to get to work or school;
– where they eat at midday;
– how many hours they work in a day;
– at what time they usually get home;
– what they do in the evening.

If you know someone who is learning French, you can, of course, both prepare questions, then try them out on each other. Try devising questions about weekend routines as well if you have time.

2 Qu'est-ce que je dois faire?
Are there things you have to do? See how many true statements you can make about yourself by combining the elements below:

Aujourd'hui	je dois	écrire à des amis.
Demain		téléphoner à ...
La semaine prochaine		prendre un rendez-vous avec
Un de ces jours		le dentiste.
		aller chez le coiffeur.
		m'occuper du jardin.
		me lever plus tôt que
		d'habitude.

Try saying the same things using *il faut que je* . . .

For example:

Aujourd'hui **il faut que je téléphone** au médecin.

3 The French person you're staying with in Biarritz has gone off for the day but has left his/her business diary behind by mistake.

He/she telephones to find out what he/she should be doing. Can you deal with the request? Try using expressions like:

Tu as/vous avez rendez-vous avec . . .
Tu dois/vous devez aller à . . .
être à . . .
Il faut que tu/vous . . .

13 octobre 1985	
lundi	
rendez-vous	**mémo**
10·30	Aéroport
12·45	Claudine, restaurant du Palais
14·15	Hôtel de Ville
	(l'adjoint au Maire)
18·30	Apéritif aux Colonnes
	Téléphoner – médecin
	Fleurs pour T.

4 Complétez, utilisant les mots en face (page 47):

La journée type d'un retraité? Eh bien, voilà comme ça se .... chez nous. Tout d'abord on se .... tard. Pour les jeunes, bon, ils .... se lever tôt, mais nous, c'est autre chose. Nous passons la .... au jardin, ou à la maison, jusqu'à midi. S'il y a des courses à faire, nous les .... ensemble, et là il faut naturellement que j'................................ avec ma femme pour transporter les provisions. Nous mangeons .... midi et demi, une heure, toujours chez nous. Nous prenons notre temps, nous .... d'habitude au moins deux heures pour manger. L'après-midi on .... une petite sieste, puis il .... qu'on fasse un peu d'exercice, peut-être une promenade sur la plage. Le ...., un petit souper très léger – à notre âge, il ne faut pas exagérer – puis on s'installe au séjour, on .... de la musique, ou on .... la télévision .... 10 heures et demie, 11 heures. Nous nous couchons plus tôt si nous .... nous lever de bonne heure le lendemain.

faisons	fait	soir	lève
matinée	regarde	passe	aille
écoute	doivent	vers	jusqu'à
devons	mettons	faut	

A l'écoute

Bruno et Françoise Bonté

Dans le second chapitre Bruno Bonté nous décrit la vallée où il est chevrier. Ici, Bruno décrit sa journée type. Avant d'écouter la cassette, regardez bien les mots nouveaux et les expressions difficiles, présentés ici:

soigner	– to look after, see to
les chevreaux	– kids (young goats)
allaiter	– to feed with milk
un bidon	– churn
le matériel	– equipment
la traite	– milking
traire	– to milk
entreprendre	– to undertake
soit . . . soit	– either . . . or
une clôture	– a fence
une tournée	– a round
à nouveau	– again
le fourrage	– fodder
les travaux	– jobs, work
le foin	– hay

47

1 En écoutant la cassette, mettez en ordre chronologique cette liste des activités du début de la matinée de Bruno:

	Il attache les chèvres
	Il monte en haut du village
	Il redescend
	Il s'occupe des chevreaux
	Il prend son petit déjeuner
1	Il se lève
	Il trait les chèvres
	Il prend un petit café
	Il prend le tracteur
	Il donne à manger aux chèvres

2 Quels jours vend-il son fromage?

3 A quelle heure fait-il la traite le matin et le soir?

Biographies

Telling people about your life and your job

Do you enjoy meeting people? If you were to meet a French
person, what would you talk about? Maybe you would want to find
out what his/her job is.

Voici cinq personnes à qui nous avons posé cette question:

Ermi	Quelle est votre profession, je vous prie?
Gérard	Et bien, moi, je suis directeur commercial, mais exactement je tiens un grand établissement sur la Côte d'Azur, de restaurant.

        *   *   *   *   *

Françoise	Qu'est-ce que vous faites dans la vie habituellement?
Eric	Habituellement je suis mécanicien.

        *   *   *   *   *

Ermi	Qu'est-ce que vous faites dans la vie?
Chantal	Aide-soignante.
Ermi	Où? Dans quel endroit?
Chantal	A l'hôpital.
Ermi	A l'hôpital de Bayonne?
Chantal	Oui.

☆　　☆　　☆　　☆　　☆

Ermi	Quelle est votre profession?
Jean-Pierre	Cadre commercial dans un grand magasin.

☆　　☆　　☆　　☆　　☆

Françoise	Vous êtes au standard. Est-ce que vous pourriez m'indiquer votre rôle ici?
Simone	Je suis employée comme surveillante.

une aide-soignante	*auxiliary nurse*
au standard	*on the switchboard*
un/une standardiste	*switchboard operator*
un/une surveillant(e)	*supervisor*
un/une cadre	*executive*

Phrases clé
Qu'est-ce que vous faites dans la vie?
Quelle est votre profession?
Je suis mécanicien.
Je suis employé(e) comme . . .

Avez-vous bien compris?

Faites une phrase avec chaque groupe de mots:
1 grand – je – directeur – un – suis – d' – magasin.
2 moi – profession – monsieur – quelle – excusez – votre – est?
3 comme – suis – hôpital – à – standardiste – je   l' – employée.

Ici, d'autres personnes interviewées nous ont parlé d'eux-mêmes:

Nicole	Paulette, vous travaillez dans l'entreprise depuis combien de temps?
Paulette	Bon, ça va faire douze ans au mois de septembre.
Nicole	Vous étiez la première employée?
Paulette	Oui.

☆　　☆　　☆　　☆　　☆

Serge	Je suis né ici. J'ai fait pratiquement toutes mes études ici. Ensuite, je suis parti en faculté. J'y suis resté deux ans et je suis revenu ici. J'ai fait de l'enseignement pendant deux ans, j'ai arrêté, je me suis installé comme agriculteur. L'enseignement ne me plaisait pas et j'ai trouvé dans l'agriculture des conditions qui m'étaient favorables.

en faculté	*to/at university*
l'enseignement	*teaching*

* * * * *

François	Comment t'appelles-tu?
Marie-Christine	Je m'appelle Marie-Christine.
François	Tu es basque?
Marie-Christine	Ben, je suis née à Bayonne.
François	Ce qui veut dire que tu as vécu tout le temps ici?
Marie-Christine	Oui, depuis que je suis née.
François	Alors, que fais-tu, là, maintenant?
Marie-Christine	Je suis en terminale D, maths, physique, et sciences naturelles.

Ce qui veut dire . . .	*which means . . .*
terminale D	**'terminale': final year in school programme before Baccalauréat exams. 'D': science/maths option.**

* * * * *

Nicole	Est-ce que vous travaillez toujours, monsieur?
Mineur	Ah que non, je suis en préretraite depuis sept ans déjà. C'est à dire que la mine dans laquelle j'ai travaillé a été fermée, ensuite j'ai été muté à l'usine, cette usine qui fait partie – même, de la même société et j'y ai travaillé pendant cinq ans et au bout de cinq ans, à 57 ans et huit mois, on m'a demandé de rester à la maison.

en préretraite	*early retirement*
(en retraite	*in retirement*)
muté	*transferred, posted*
la société	*the company*
au bout de ...	*after ...*

Phrases clé
Vous travaillez depuis combien de temps?
Je suis en préretraite depuis sept ans.
Ça va faire 12 ans ...
J'ai fait de l'enseignement pendant deux ans.

Avez-vous bien compris?

Find the corresponding French phrases in the dialogues:

I was asked to ......
Are you still working?
I stayed there two years.
Ever since I was born ......
After five years ......

Pour en savoir plus

1 To ask what somebody does for a living:

Qu'est-ce que vous faites dans la vie?
Quelle est votre profession?
Quel est votre métier?

To say what one's job is:

| Je suis coiffeur | *I'm a hairdresser* |
| Je suis fonctionnaire | *I'm a civil servant* |

Remember When referring to your job, leave out the article *un/une* before the noun. When talking about a third person, you have a choice of:

Elle/Il est médecin
or C'est un médecin   *She/He's a doctor*

Not everyone has an easily described job. You may find it more straightforward to say:

Je suis employé(e)	dans	une banque
Je travaille		un magasin
		un bureau
	chez	un coiffeur
		un dentiste

You will already know (or can guess) the meaning of most of the jobs listed here. Have you noticed how many look like their English equivalents? Notice too that the majority have a feminine version, far more than in English. To help you identify those you don't know, the English versions are listed overleaf, but in a different order:

Masculin	Féminin
douanier	douanière
chauffeur	chauffeuse
pompiste	pompiste
facteur	factrice
boulanger	boulangère
charcutier	charcutière
pharmacien	pharmacienne
cordonnier	cordonnière
vendeur	vendeuse
médecin	médecin
dentiste	dentiste
garagiste	garagiste

Masculin	Féminin
professeur	professeur*
musicien	musicienne
aide-social	assistante-sociale
avocat	avocate
cultivateur	cultivatrice
électricien	électricienne
mécanicien	mécanicienne
architecte	architecte
journaliste	journaliste
photographe	photographe
moniteur	monitrice
(eg ski, auto-école)	

shoe-repairer, dentist, baker, photographer, social worker, postman/woman, driver, electrician, butcher, barrister, (dispensing)chemist, customs officer, petrol-pump attendant, farmer, driving instructor, doctor, pork butcher/delicatessen, shop assistant, teacher, garage man, architect, mechanic, instructor (ski), journalist, musician

*Si vous travaillez dans l'enseignement (teaching), vous êtes *instituteur* ou *institutrice* (enseignement primaire), ou *professeur* – le mot n'existe pas au féminin – si vous enseignez dans le secondaire ou le supérieur. Vous êtes tous des *enseignants*.

Note commonly used abbreviations:
Il est prof.   Elle est instit.

Here are some more words or expressions which you might find useful when talking about yourself or listening to others:

Masculin	Féminin	
stagiaire	stagiaire	*trainee*
ouvrier	ouvrière	*worker, workman*
cadre	cadre	*executive*
directeur	directrice	*director*
PDG (président directeur général)		*Managing Director*
propriétaire	propriétaire	*owner*
chômeur	chômeuse	*unemployed*
(also: en chômage)		
retraité	retraitée	*retired*
(also: à la retraite)		

Reliez:

Elle est institu	iste
Il est ouvri	trice
Elle est profess	e
Elle est chôm	ière
Il est garag	ienne
Elle est douan	teur
Elle est pharmac	euse
Il est mécanic	er
Elle est boulang	ien
Il est cultiva	ère
Elle est avocat	eur

2 Answering the question 'For how long . . . ?'

Look closely at these questions and answers in French, and particularly at the way the French words in bold type are expressed in English:

Vous travaillez ici **depuis** combien de temps?
*You've been working here **for** how long?*
or: ***How long** have you been working here?*

Vous habitez Biarritz **depuis** longtemps?
*Have you lived in Biarritz **(for)** long?*

Depuis quand attendez-vous?
***How long** have you been waiting?*

Depuis trois heures et demie.
***Since** half past three.*

All of these sentences in French use *depuis*; all convey the same idea of *time spent* running up to the present. Yet what is clearly a single idea is expressed in English in several different ways (*for*, *since*, or nothing at all!)

Pendant also expresses the idea of time passing, but this example will show how its use differs from *depuis*.

J'ai travaillé dans les mines **pendant** cinq ans.
*I worked in the mines **for** five years* (but I no longer do).

Compare with:

Je travaille dans les mines **depuis** cinq ans.
*I've been working in the mines **for** five years* (and still am).

Il y a, *ça fait* and *voilà* are all multi-purpose expressions. When referring to time, they frequently double for *depuis*.

Il y a
Ça fait │ déjà huit jours que nous sommes en vacances.
Voilà
(= Nous sommes en vacances **depuis** huit jours déjà.)

In case you're tempted to use them all the time as an easier option than *depuis*, be warned that it won't work with specific dates, days or clock times, where you have to say:

Je suis à la retraite **depuis** 1962.

Note especially:

Il a pris sa retraite **il y a** cinq ans.
He retired five years ago.

Elle s'est installée à Biarritz **il y a** 20 ans.
She settled in Biarritz 20 years ago.

Essayez donc!

Complétez:
J'habite Biarritz 1972
Avant, j'ai habité Paris .... sept ans.
.... 15 ans que je suis dans le pays basque.
J'ai pris ma retraite .... six mois.
.... ma retraite je passe beaucoup de temps au jardin.

3 How perfect was the past?

The most commonly used tenses for talking about the past are the perfect and the imperfect tenses. You may already know that the title 'perfect' comes from the Latin 'perfectus' and means 'finished' or 'completed'. So broadly speaking the perfect tense is used for completed events, while the imperfect suggests events unfinished or incomplete.

Try it! See if you can distinguish which of the verbs in this passage in English represent completed events and which are imperfect:

'I opened the door quietly and crept inside. The room was in darkness. A clock ticked steadily in the hall beyond. I switched on my torch and immediately located the window. Thick velvet curtains hid the night sky beyond.'

What happened? I opened the door. What happened next? I crept inside. What happened next? I switched on my torch. What about 'the room was in darkness' and 'a clock ticked steadily ......'? As you can see these are not completed events, but continuing situations (unless the clock only ticked once) and so are examples of the imperfect tense, as is 'hid' later.

By way of a reminder, here is a quick revision of the principal features of these two tenses in French.

Perfect tense: check list

J'ai oublié mon passeport	– *I've forgotten my passport.* or – *I forgot my passport.*
Je n'ai pas oublié mon passeport	– *I haven't forgotten . . .* or – *I didn't forget . . .*

To produce the perfect you need to know (or guess) the past participle. Here are some:

travaillé, marché, tombé, *(-er verbs)*
parti, fini, sorti *(-ir verbs)*
vendu, perdu, voulu *(-re, -oir verbs)*

plus a number which behave irregularly (generally very common verbs) such as:
fait *(faire)*, **dit** *(dire)*, **né** *(naître)*.

If it's any comfort, learning English past tenses can be just as bad: 'I hitted him on the back and he falled in the water!'

Most perfect tenses use:

J'ai
Je n'ai pas $+$ *past participle*

Example:

J'ai terminé à 15 heures. Le patron **n'a pas** remarqué.
I finished at three o'clock. The boss didn't notice.

However, a dozen or so very common verbs, mostly verbs of moving (coming and going) use: *je suis* + past participle.

Example:

Je **suis parti** en faculté; il **est revenu** des Etats-Unis.

All verbs which are reflexive in form use *être*:

Example:

Je **me suis installé** comme agriculteur.
I set up business as a farmer.

Imperfect tense: check list
Easy to form. Start from the *nous* form of the present tense, remove *-ons* ending, and add endings of the imperfect:

(nous)
partons   je partais
finissons   je finissais
avons   j'avais
écrivons   j'écrivais
voulons   je voulais
(only exception: *nous sommes – j'étais*)

Easy to say. Four of the six persons of the verb sound the same:

je dormais
tu dormais
il dormait
ils dormaient
$+$ nous dormions
$+$ vous dormiez

Easy to use if you remember that *imperfect* means *unfinished*:

Je prenais ma douche quand le téléphone a sonné.
I hadn't finished my shower . . .

Je dormais encore à neuf heures du matin.
I was still asleep . . .

Je partais toujours en vacances avec mes parents.
I always used to go . . .

Essayez donc!

Complétez:

Ecrire	Hier soir j'................ à mes parents. Hier soir j'................ à mes parents quand Jean-Jacques a téléphoné.
Faire	J(e) .... mes courses, et voilà que j'ai rencontré Cécile. J(e) .... mes courses, puis je suis passé chez Michèle.
Arriver *Regarder*	Ils .... au moment où je .... 'Dallas' à la télévision.

Le saviez-vous?

Consulter un médecin ne se fait pas de la même façon en France qu'en Grand Bretagne. On n'a pas besoin de s'inscrire chez un docteur, et on peut le choisir dans n'importe quel quartier. C'est lui qui vous envoie, si c'est nécessaire, consulter un spécialiste. Dans tous les cas les honoraires sont remboursés en grande partie par la Sécurité Sociale.

Avez-vous remarqué que *médecin* n'a pas de féminin? On dit *une femme médecin*.

Il y a aussi un nom populaire pour un médecin: *le toubib*.

Activités

1 You're on a visit to France and you get into conversation with Monsieur Moreau who is staying in the same hotel in Biarritz.

Ask him if he was born here.

M.Moreau   Ah non, je suis né à Paris.

Ask him if he lives in Paris now.

M.Moreau   Oui, dans la région parisienne.

Ask him if he has always lived there.

M.Moreau   Ah non, c'est que quand j'avais sept ans, je suis parti avec mes parents au Canada, et j'ai vécu là-bas pendant 15 ans. Ensuite je suis revenu à Paris

Ask him if his parents came back as well.

M.Moreau   Non, ils se sont installés définitivement à Montréal. Mon père est mort il y a cinq ans, mais ma mère y habite toujours. Ça fait 40 ans. Et vous, vos parents sont toujours vivants?

Tell him.

M.Moreau   Et vous apprenez le français depuis longtemps?

Tell him.

M.Moreau   Mais je vous félicite sur votre français.

Say:

Vous êtes très gentil, Monsieur.

2   Imaginez que vous êtes une de ces personnes et décrivez votre vie à voix haute. Ensuite complétez le tableau avec vos détails personnels.

Nom	Lemoine	Fabre	Dewitte	Vous
Prénom	Patrick	Marie-Louise	Ida	
Age	37	24	72	
Né(e) à	Vichy	Bayonne	Lille	
Domicilié(e) à	Clermont-Ferrand	Bayonne	Biarritz	
Depuis quand?	11 ans	24 ans	12 ans	
Domicile précédent	Vichy	–	Valenciennes	
Profession	instituteur	photographe	retraitée	
Depuis quand?	5 ans	2 ans	12 ans	
Célibataire	–	Oui	–	
Marié(e)/divorcé(e) veuf/veuve	M	–	V	
Depuis quand?	12 ans	–	13 ans	
Enfants	2 fils 1 fille	– –	4 filles (et 11 petits-enfants!)	

3   Choisissez le mot approprié: Je suis boulanger (depuis/pendant/ il y a) 17 ans, et c'est un métier qui me plaît beaucoup. (J'ai commencé/ Je commençais) comme apprenti en 1968. Deux ans après (je rencontrais/j'ai rencontré) Françoise, qui (était/a été) coiffeuse, et nous nous sommes mariés en 1972. En '74 (nous avons décidé/nous décidions) de nous installer à St Flour, pour être plus près de ma mère. (Pendant/ Voilà) onze ans que (nous habitons/nous avons habité) cette ville. Nos deux enfants sont nés en '74 et '76, et Françoise (reste/est restée) à la maison (pendant/ depuis) quatre ans pour être avec les petits. Mais (elle a repris/elle reprenait) son travail de coiffeuse (il y a/depuis) sept ans, en 1978.

4   Racontez votre voyage dans le Sud-Ouest en utilisant vos notes de voyage:

7/7/85   10h30 Arrivée à Bordeaux par Air France ...... taxi jusqu'au centre ville ...... banque ...... restaurant 'la Grillade' ...... courses en ville l'après-midi ...... cinéma le soir ...... nuit à l'Hôtel de la Gare.

8/7/85   Départ pour Biarritz 7h14. Arrivée à B. avec 15 minutes de retard. Pluie. Après-midi soleil, plage, baignade dans la mer. Monté(e) voir le phare, vue splendide sur les Pyrénées.

9/7/85   Visite de Bayonne (voyage en car). Temps très chaud. Acheté quelques cadeaux. Biarritz 18h00. Soir: promenade jusqu'au Rocher de la Vierge. Nuit – Hôtel du Palais. Beaucoup de touristes anglais et américains.

5   A l'écoute

Nous avons parlé à une dame qui ne veut pas prendre sa retraite. Elle est employée dans une agence d'excursions touristiques. Ecoutez la cassette et répondez aux questions.

1   Elle est employée dans l'agence depuis combien de temps?
2   Est-ce qu'elle aime son travail?
3   Est-elle mariée?
4   Qui a monté l'entreprise?
5   Pourquoi avait-elle honte (*was ashamed*) quand elle était jeune?

5 A votre service

Asking for help
Giving directions
Giving instructions

Whether you are visiting France for the first or fifty-first time, there will be occasions when you need to ask someone for assistance. Asking for help isn't usually too much of a problem, but understanding the reply is an entirely different matter and requires a good deal of concentration!

A Bayonne, Ermi cherche une cabine téléphonique. Elle demande à un piéton.

Ermi Bonjour Monsieur – ce serait pour un petit renseignement. Où se trouve la cabine téléphonique la plus proche?

Piéton La cabine téléphonique la plus proche, je suis incapable de vous la situer, mais je peux vous dire où se trouve la poste qui n'est pas très loin d'ici.

Ermi Je veux bien la poste.

Piéton A l'endroit où nous sommes, vous prenez la première à droite, et c'est à environ 500 mètres; lorsque vous verrez la Société Générale, la banque, vous tournez à droite et c'est à 50 mètres de la Société Générale.

Ermi Je vous remercie beaucoup, Monsieur.

Piéton Mais c'était vraiment un plaisir pour moi.

Un peu plus loin, Ermi s'adresse à une autre personne, cette fois une dame.

Ermi Bonjour Madame. Vous pourriez m'indiquer la poste, je vous prie?

Piéton Bien sûr. Vous la trouvez – vous allez tout droit là, et c'est là, juste en face de vous.

Ermi Je peux pas me tromper?

Piéton Non, non. C'est tout droit devant vous.

Ermi Merci.

A la poste, voilà Ermi qui arrive au guichet.

Ermi Bonjour Madame. J'aimerais envoyer une lettre en Angleterre, et il faut qu'elle arrive le plus rapidement possible. Qu'est-ce qu'il faut que je fasse?

Employée	Vous l'affranchissez à 2 francs 30. C'est automatiquement par avion. 2 francs 30 jusqu'à 20 grammes.
Ermi	Et si c'est vraiment urgent, avec 2 francs 30 ça suffit?
Employée	Ça suffit. C'est le tarif urgent.
Ermi	Et une autre question: je veux appeler en Angleterre et comme je connais pas les cabines, comment faut-il que je m'y prenne?
Employée	Alors, je vous donne une cabine et vous composez le numéro vous-même, le 19, ensuite après la tonalité, le 44 et l'indicatif plus le numéro de votre abonné et vous payez la communication après.
Ermi	J'ai pas très bien compris. Vous pouvez me répéter plus lentement?
Employée	Vous faites le 19, le 44, l'indicatif de la ville, plus le numéro de votre abonné, et une fois que vous avez obtenu la communication vous me réglez la communication à la sortie de la cabine.

un endroit	*a place*
un(e) piéton (ne)	*a pedestrian*
s'adresser à	*approach (someone) for information*
je peux pas me tromper	*I can't go wrong*
un guichet	*counter, window*
affranchir	*to pay postage (by putting on stamps)*
ça suffit?	*is that enough?*
la tonalité	*dialling tone*
un abonné	*telephone subscriber*
l'indicatif	*dialling code*
la communication	*call*
régler	*pay, settle up*
à la sortie de ...	*on leaving ...*

Phrases clé
Vous pourriez m'indiquer ... ?
Qu'est-ce qu'il faut que je fasse?
Comment faut-il que je m'y prenne?
Vous affranchissez la lettre à 2 francs 30.
Vous faites le 19, le 44 ...

Avez-vous bien compris?
Trouvez dans les dialogues l'équivalent de ces phrases en anglais.

I can't go wrong.
I couldn't say where it is.
You dial the number.
You pay for the call.
I want to make a call to England.

Ermi essaie d'appeler d'une cabine téléphonique. Elle a des problèmes!

Ermi	Bon, voyons cette machine, si elle marche. Oh la, la! quelle histoire. Bon ça marche pas hein. . . . S'il vous plaît, Monsieur.
Passant	Oui.
Ermi	Cette machine, qu'est-ce qu'elle a? Elle marche pas du tout.
Passant	Ah, mais si, elle marche.
Ermi	Mais j'ai mis une pièce de 50 centimes . . .
Passant	Non, non, écoutez, cette machine, elle marche. Il faut mettre une pièce d'abord, vous décrochez et vous attendez la tonalité. Et après, une fois que vous avez entendu la tonalité, vous . . . vous répondez.
Ermi	C'est ce que j'ai fait, j'ai mis une pièce de 50 centimes, et la machine, elle m'a bouffé la pièce et il y avait pas de tonalité. Vous trouvez ça normal?
Passant	Non, c'est pas normal, mais vous avez sûrement décroché trop vite, hein? Vous rappuyez sur le petit bouton noir, la pièce doit tomber en bas. Et vous recommencez.
Ermi	Vous pouvez me le montrer, parce que moi, je l'ai fait à plusieurs reprises, et ça a pas l'air de marcher.
Passant	Oui, je vais vous le montrer. *(Il entre dans la cabine.)* Pardon. Alors voilà, vous décrochez, vous mettez la pièce, là, vous avez mis la pièce, voilà, la tonalité, et voilà, là c'est bon.
Ermi	Vous – vous voulez pas faire le numéro pour moi?
Passant	Mais bien sûr, je vais faire le numéro pour vous. Alors là, je raccroche, je décroche, je mets une pièce, j'attends et effectivement, voilà la tonalité. Voilà, alors je fais le numéro. Voilà.
Ermi	Vraiment je suis confuse parce que j'ai mis ma pièce, elle m'a bouffé la pièce et il n'y avait pas de tonalité. *(Il sort de la cabine.)* Je vous remercie infiniment, je suis vraiment désolée de vous avoir dérangé. Merci.
Passant	Il n'y a pas de mal. Au revoir.

(Cette machine,) qu'est-ce qu'elle a?	*what's wrong with it?*
Elle ne marche pas	*it doesn't work*
bouffer (colloquial)	*to eat, swallow*
à plusieurs reprises	*several times over*
ça (n')a pas l'air de . . .	*it doesn't seem to . . .*
je suis désolé(e)	*I'm very sorry*
déranger	*to bother, to inconvenience*

Phrases clé

Il faut mettre une pièce d'abord . . .
Vous pouvez me le montrer?
Mais si, elle marche.
Une fois que vous avez entendu la tonalité, vous . . .

Avez-vous bien compris?

Regardez le modèle:

Vous voyez le bouton noir?	Vous le voyez?
Vous trouvez la poste.	Vous la trouvez.
Vous connaissez les cabines?	Vous les connaissez?
Tu as la pièce?	Tu l'as?

A vous de trouver dans les textes le mot qui correspond
à *le, la, les, l'*.

Vous l'affranchissez.
Vous le composez.
Vous la payez.
Vous l'entendez.
Elle l'a bouffée.
Je le fais pour vous.

Pour en savoir plus

1 Asking for help

When approaching someone for help, don't forget a polite
opening phrase:

Pardon	monsieur
S'il vous plaît	madame
Bonjour	mademoiselle

plus (optional):

ce serait pour un petit renseignement
(if it's information you want)

To ask where the nearest . . . is

Où se trouve **la** cabine téléphonique **la** plus proche?
Vous pourriez m'indiquer **le** dentiste **le** plus proche?

So: the nearest

supermarket	– **le** supermarché **le** plus proche
hotel	– **l'**hôtel **le** plus proche
baker's	– **la** boulangerie **la** plus proche
toilets	– **les** toilettes **les** plus proches
bank	– ?
cinema	– ?

To give directions

Saying where it is:

C'est	tout droit
	à gauche
	à droite
	en face
	à (environ) 50 mètres

Saying what to do:

Vous continuez tout droit	
Vous allez	à gauche/à droite
Vous tournez	

Vous prenez	la première rue à gauche, etc
	la deuxième
	la troisième

To say you would like to do something:

J'aimerais envoyer une lettre en Espagne.
Je voudrais téléphoner en Angleterre.
I should like to . . .

To ask what one has to do;
to ask how to do something:

Qu'est-ce que je dois faire?
Qu'est-ce qu'il faut que je fasse?
Que faut-il que je fasse?
Comment faut-il que je m'y prenne?

To give instructions:

The simplest (and most commonly used) way to give instructions is to use the *vous* or *tu* form of the present tense:

'Pour téléphoner en Angleterre, **vous composez** le 19, **vous attendez** la tonalité, **vous faites** le 44, puis l'indicatif de la ville, etc'

NB: The imperative, or command form of the verb, is probably not as useful as *vous composez le 19*, which is as effective and more polite.

First one thing then another:

Here is another useful phrase to express a sequence of events:

Une fois que vous avez entendu la tonalité, vous faites le numéro.
(Once you have heard/as soon as you hear . . .)

Essayez donc!
Suivez le modèle:

— **Entendre la tonalité**	— **faire le numéro**

Une fois que vous avez entendu la tonalité, vous faites le numéro.

— Décrocher	— mettre une pièce de 50 centimes
— Faire le 19	— attendre la tonalité
— Entendre la tonalité	— faire le 44 pour l'Angleterre
— Faire le 44	— composer l'indicatif de la ville et le numéro de votre correspondant

If you don't understand (instructions or anything else) try to avoid saying simply *'je ne comprends pas'* – at least if you wish to convey politeness. It is better to say one of the following:

Je n'ai pas très bien/tout à fait compris.
Je n'ai pas tout à fait saisi ce que vous me dites là.
I didn't quite catch/grasp what you just said.
Il y a un mot/quelque chose que je n'ai pas compris.

Why not ask to hear it again?

Vous pourriez me répéter (plus lentement)?

2 Pronouns as objects

The order in which words are put together in French is in several cases different from English.

Look at these examples:

Je peux vous dire.
I can tell you.

Je vous remercie beaucoup.
I thank you very much.

Pourriez-vous m'indiquer la poste?
Could you direct me to the post office?

Me and *vous* as used here are examples of a series of pronouns known as object pronouns. The full list is as follows:

me	— *me*
te	
vous	— *you*
nous	— *us*
le, lui	— *him*
la, lui	— *her*
les, leur	— *them*

You will notice that there are two words for him *(le, lui)*, her *(la, lui)* and them *(les, leur)*. These pairs are not interchangeable, even though in English we do not distinguish very clearly between their different uses. However, these examples may help to make the differences clearer:

Pierre? Je l'ai envoyé à la poste.
*I've sent **him** to the post office.*

Jacques? Je **lui** ai envoyé un télégramme.
*I've sent **him** a telegram.*

(In the second sentence, *him* really means *to him*, but *to him* would not fit the meaning in the first case.)

Les touristes? Je **les** aime beaucoup.
*I like **them** very much.*

Je **leur** donne toujours les meilleurs chambres.
*I always give **them** (= to them) the best rooms.*

Catherine? Je **la** vois presque toutes les semaines, et je **lui** écris très souvent.
*I see **her** almost every week and I often write **to her.***

The *to me* and *to him* (etc) forms are known as *indirect object pronouns*, and the *me*, *him* forms as *direct object pronouns*. If the difference is still not clear, try the exercise which follows the next paragraph.

Le, la, les

As object pronouns, *le*, *la* and *les* are used to refer to English we would use *it*, *them*.

Tu prends **la voiture**? Oui je **la** prends.
As-tu **les clés**? Oui, je **les** ai.
Tu fermes **le garage**? Oui, je **le** ferme.

As in other situations, *le* and *la* change to *l'* before a vowel:

Tu as vu **ce film**? Oui, je l'ai vu deux fois déjà.

Essayez donc!

Complétez les phrases:

1 J'envoie le télex à mon directeur.
  Je .... envoie à mon directeur.
  Je .... envoie le télex.

2 J'offre les plus belles fleurs à ma mère.
  Je .... offre à ma mère.
  Je .... offre les plus belles fleurs.

3 Tu transmets mes amitiés aux Duclerc.
  Tu .... transmets aux Duclerc.
  Tu .... transmets mes amitiés.

4 Vous me passez la lettre?
  Vous me .... passez?

5 Elle n'entend pas la tonalité?
  Elle ne .... entend pas.

6 Tu as mis les 50 centimes?
  Tu ....?

7 Vous avez téléphoné à vous amis?
  Vous .... téléphoné?

8 Elle a envoyé le document à ses employeurs?
  Elle le .... envoyé?

3 Negatives

It is very common in the spoken language to miss out the *ne* from
ne . . . pas in the negative. You may have spotted these examples in
the extracts so far in this chapter:

Je peux pas me tromper? (Je ne peux pas . . .)
Je connais pas les cabines. (Je ne connais pas . . .)
J'ai pas très bien compris. (Je n'ai pas . . .)

More on negatives
If you want to answer 'yes' to a negative statement or question,
you use the emphatic form *si* instead of *oui*:

Le téléphone ne marche pas?
Mais si, il marche.

La banque n'est pas ouverte aujourd'hui?
Si, si elle est ouverte.

Vous ne connaissez pas l'Angleterre?
Si, un peu.

Essayez donc!

Following the two examples below, give both *yes* and *no* answers to these questions:

Vous connaissez le pays basque?

Oui, je le connais.
Non, je ne le connais pas.

Vous **ne** connaissez **pas** cette ville?

Si, je la connais.
Non, je ne la connais pas.

1 Vous connaissez le Cantal?
2 Vous ne connaissez pas la région?
3 Vous ne connaissez pas les fromages du Cantal?
4 Vous connaissez Ermi?

Le mot juste

les faux amis:

Désolé, dérangé
alas, mean neither *desolate* nor *deranged*. *Désolé* is used mainly in certain kinds of apology, for example:

Je suis (vraiment) désolé

which you will often hear in shops, hotels, etc. A shopkeeper who has not got your size in jeans, or a hotel receptionist who has no rooms left, will probably say:

(Je suis) désolé.

Dérangé occurs mainly in phrases such as:

Je suis désolé(e) de vous avoir dérangé(e).
I'm terribly sorry to have bothered you.

Ça ne vous dérange pas?
You don't mind?

Ça ne me dérange pas du tout.
Not at all.

or when you have to interrupt someone:

Excusez-moi de vous déranger, mais . . .

Pièce – monnaie – change

When talking money

une pièce	– coin
de la monnaie	– change
le change	– currency exchange, exchange rate
de l'argent	– money.

Prononciation

Try to distinguish the difference between the vowel sounds in the following pairs:

tu tout   *vu* vous   *pu* pou   *nu* nous   *bu* bout

The sound **u** as in *tu*, etc, does not exist in English. You will need to work at it, preferably in front of a mirror. To produce this **u**, make an **oo** sound as in **moon**. Then, keeping the lips in the same rounded position, push the tongue forward as if to try to fill the mouth. The **oo** should change to a French **u**! Try it!

Plus – plus
Pronounce the **s** only
1 before a vowel (of course!)
   for example:

   il est plus âgé que moi (s is pronounced **z)**

2 whenever the word means *plus* ($+$)
   for example:
   nous sommes 13, plus ma soeur si elle vient (s is pronounced **s)**

3 whenever it is followed directly by *que* to produce *plus que –*
   more than
   for example:

   il parle plus que moi (s is pronounced **s)**

   But remember, the above uses are not very frequent. In most cases the final **s** is not pronounced, for example:

   Ce train est plus rapide.
   Je n'ai plus de pièces pour téléphoner.
   Il est plus de 10 heures.

'Le printemps' du téléphone et du parcmètre en France
Dans le années 50 et 60, le réseau téléphonique était tout à fait inadéquat en France. Il était souvent difficile d'obtenir une communication même sur de courtes distances. Maintenant tout a changé. Le réseau s'est modernisé, et aujourd'hui il y a plus de Français que de Britanniques qui ont le téléphone chez eux. De plus, il y a enfin partout en France des cabines téléphoniques très modernes, ce qui n'existait pratiquement pas il y a 10 ans.
     Alors qu'au Royaume-Uni, le stationnement au centre ville est depuis longtemps strictement réglementé, il y a moins de restrictions en France, et le parcmètre est loin d'être universel. Dans les grandes villes, on trouve souvent des 'zones bleues' où il faut laisser derrière le pare-brise, bien visible, un disque qui indique l'heure de son arrivée, car la durée de stationnement est limitée.
     Autrefois, il fallait prendre garde aux 'aubergines', des femmes chargées de contrôler le stationnement et vêtues d'un uniforme de couleur aubergine. Mais, maintenant, gare aux pervenches! (*periwinkles*) car elles portent à présent un uniforme bleu . . .
     C'est le 'printemps' du téléphone, mais aussi celui du parcmètre et des pervenches!

COMMENT TELEPHONER VERS L'ETRANGER DEPUIS LA FRANCE ?

Le Ministère des PTT a rassemblé sur cette fiche les principales informations vous permettant de téléphoner en automatique depuis la plupart des téléphones publics, des bureaux de poste et des hôtels :

C'est facile d'appeler à l'étranger
- décrochez le combiné et attendez la tonalité,
- composez le "19" et attendez la seconde tonalité,
- composez ensuite l'indicatif du pays désiré, celui de la ville et le numéro de votre correspondant.

| 19 | ~ | Indicatif du pays | Indicatif de la zone ou de la ville | Numéro de l'abonné |

NB : pour certains pays, il n'y a pas d'indicatif de ville.

EXEMPLES
- pour Abidjan : 19, tonalité, 225 et le numéro de l'abonné,
- pour Bruxelles : 19, tonalité, 32.2 et le numéro de l'abonné,
- pour Genève : 19, tonalité, 41.22 et le numéro de l'abonné,
- pour Montréal : 19, tonalité, 1.514 et le numéro de l'abonné.

C'est direct et encore moins cher pendant les heures à tarifs réduits (heure française):
- tous les jours de 21 h à 8 h pour tous les pays de la C.E.E.,
- de 22 h à 10 h pour le Canada et les États-Unis,
- de 20 h à 8 h pour Israël,
- et, pour ces mêmes pays, les dimanches et jours fériés français toute la journée.

PTT Télécommunications

724 259 A/T DACT SDCP CP 172 183   Imp I ALSACE 13, av de Suisse, 68110 ILLZACH MODENHEIM.

Pays	Indicatif	Pays	Indicatif	Pays	Indicatif
Alaska		Canaries		Mexique	52
Algérie	213	États-Unis (1)		Monaco (2)	93
Allemagne R.D.A.	37	Finlande	358	Mozambique	258
R.F.A. (1)	49	Gabon	241	Nicaragua	505
Andorre (2)	078	Gibraltar	350	Niger	227
Angola	244	Grèce (1)	30	Nigéria	234
Antilles néerlandaises	599	Guatemala	502	Norvège	47
Arabie Saoudite	966	Haïti	509	Nouvelle-Zélande	64
Argentine	54	Haute-Volta	226	Oman	968
Australie	61	Hawaï		Paraguay	595
Autriche	43	Honduras	504	Pays-Bas (1)	31
Bahamas		Hongkong	852	Pologne	48
Bahrein	973	Hongrie	36	Porto-Rico	1
Barbade		Indonésie	62	Portugal	351
Belgique (1)	32	Irak	964	Qatar	974
Bénin	229	Iran	98	Royaume-Uni (1)	44
Bermudes		Irlande du Sud (1)	353	Sénégal	221
Brésil	55	Islande	354	Singapour	65
Cameroun	237	Israël (1)	972	Sud Africaine (Rép.)	27
Canada (1)		Italie (1)	39	Suède	46
Chili	56	Jamaïque		Suisse	41
Chypre	357	Japon	81	Swaziland	268
Colombie	57	Kenya	254	Taiwan	886
Corée (République de)	82	Koweit	965	Tchécoslovaquie	42
Costa-Rica	506	Lesotho	266	Thaïlande	66
Côte-d'Ivoire	225	Liban	961	Trinité-Tobago	1
Danemark et îles Féroé (1)	45	Libye	218	Tunisie	216
Djibouti	253	Liechtenstein	41	Turquie	90
Dominicaine (République)		Luxembourg (1)	352	U.R.S.S.	7
El Salvador	503	Madagascar	261	Venezuela	58
Émirats arabes unis	971	Mali	223	Vent (Île du, île sous le)	1
Équateur	593	Malte	356	Vierges (Îles U.S.A.)	1
Espagne	34	Maroc	212	Yougoslavie	38

(1) Tarif réduit suivant les jours ou les horaires. (2) Composez le 16 et non le 19 avant l'indicatif.

QUELQUES CONSEILS PRATIQUES :

- Avant d'appeler votre correspondant, faites attention aux éventuels décalages horaires par rapport à la France.
- Munissez-vous de pièces de monnaie française (essentiellement celles de 5 F, 1 F et 1/2 F).
- Après avoir fait le 19, attendez la tonalité. Composez à la suite l'ensemble des indicatifs et du numéro désiré.

- par "O" ne le composez pas. Exemple : pour Bruxelles, faites le 2 et non 02 comme en Belgique.
- Après composition du numéro, l'acheminement de l'appel demande parfois plusieurs secondes sans tonalité.
- Si l'indicatif de la ville appelée commence

PTT Télécommunications

1 Regardez cette fiche qui explique comment il faut s'y prendre pour appeler l'Angleterre (ou d'autres pays) quand on est en France.

1 When are the off-peak rates in operation for phoning England? What about weekends?
2 Are there any countries for which one doesn't start by dialling 19?
3 What must you miss out when telephoning to England?

2 Dans votre hôtel à Biarritz, il y a des touristes étrangers qui parlent assez bien le français, mais qui ont du mal à le lire. Pouvez-vous leur expliquer en français comment téléphoner dans leur pays?

1 Monsieur Ochida, qui veut appeler sa femme à Tokyo.
2 Une Grecque, Madame Koussis, qui habite Athènes.
3 Un étudiant polonais qui doit téléphoner à ses parents à Varsovie (Warsaw).

3 Regardez le plan. Vous êtes ici.* Quelqu'un vient vous demander son chemin. Que lui répondez-vous?

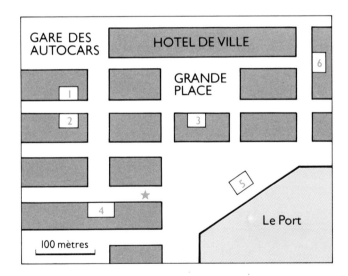

1 Cinéma Rex
2 Boulangerie
3 Hôtel du Vieux Comte
4 BNP (Banque Nationale de Paris)
5 Station-service
6 Syndicat d'Initiative

Pardon, monsieur/madame/mademoiselle, ce serait pour un petit renseignement. Pourriez-vous m'indiquer . . .

1 La banque la plus proche?
2 Le cinéma le plus proche?
3 La boulangerie la plus proche?
4 L'hôtel le plus proche?
5 La station-service la plus proche?
6 Le bureau de tourisme?

4 Prenez le rôle d'André qui est sur le point de partir en vacances avec son épouse, Françoise.

A l'écoute

Nicole demande à Ermi comment fonctionnent les parcmètres.
Ecoutez la cassette, et ensuite répondez aux questions.

1 Quelles pièces faut-il mettre?
2 Est-ce que ça marche avec d'autres pièces?
3 Vous avez combien de temps pour quatre francs?
4 Est-ce qu'il y a une limite?

6 Quand le choix est difficile

Explaining your needs
Making choices

Quand vous achetez des vêtements, des chaussures, des articles pour la maison ou un cadeau à offrir, est-ce que d'habitude vous choisissez tout seul? Ou avez-vous besoin de l'aide de vos amis ou de votre famille pour vous décider? En France vous trouverez souvent les employés des magasins prêts à vous aider à faire votre choix. Alors n'hésitez pas à leur demander conseil! Faites comme Ermi, qui veut s'offrir des espadrilles.

Ermi	Bonjour madame. Je cherche une paire d'espadrilles un peu bleu-ciel. Qu'est-ce que vous avez à me conseiller?
Employée	Alors, j'ai ce modèle d'espadrilles plates bleu-ciel comme ceci.
Ermi	Et vous n'avez pas une autre couleur dans les bleus ou dans les verts parce que ce bleu ne me plaît pas trop.
Employée	Non, après, j'ai un bleu-marine, ou alors un vert-émeraude, vert-bouteille, dans les verts.
Ermi	Oui, et au niveau des bariolées?
Employée	Des bariolées? Alors j'ai avec la dominance verte avec plusieurs coloris sur le devant, dont violet et jaune, à dominance jaune avec bariolé le dessus, également alors en fuchsia et en groseille, et après dans le turquoise avec le dessus jaune-citron, turquoise, orange.
Ermi	Oui, et est-ce que ces bariolées sont plus souples que les autres?
Employée	Non, c'est exactement pareil. La différence se situe simplement au talon.
Ermi	Lesquelles sont plus confortables?
Employée	Il y a des personnes qui préfèrent sans talons, les espadrilles sans talons, alors que d'autres au contraire ne supportent pas le plat et préfèrent donc un talon compensé.
Ermi	Bon, je crois que finalement je vais prendre une paire d'espadrilles rouges à talon plat.
Employée	Vous voulez quelle pointure?
Ermi	Entre le 37 et 38.
Employée	Alors nous n'avons pas de demi-pointure, donc je vous conseille de prendre le 37 étant donné que ça va se détendre. Alors, les voici.

plat	*flat*
dans les bleus	*in blue*
bariolé	*variegated, splashed with colour*
avec la dominance verte	*mainly green*
un coloris	*colour, shade*
le devant	*the front*
une groseille	*red-currant (in this case, the colour)*
un talon compensé	*a wedge heel*
la pointure	*size (of a shoe)*
étant donné que	*given that*
se détendre	*to stretch*

Phrases clé
Je cherche une paire d'espadrilles.
Qu'est-ce que vous avez?
Vous n'avez pas une autre couleur?
Lesquelles sont les plus confortables?
Je vous conseille de prendre . . .
(Je crois que) je vais prendre . . .

Avez-vous bien compris?

1 Does Ermi have a clear idea of the colour she wants?
2 What size does she take?
3 What size does she buy?
4 With or without wedge heels?

Nous retrouvons Ermi dans une librairie (a bookshop). Cette fois elle doit choisir un cadeau. Elle demande conseil à une employée.

Ermi	Je suis bien embêtée. C'est l'anniversaire de mon frère et puis j'aimerais lui acheter un cadeau, et j'avais pas d'idées. Alors finalement j'aimerais lui acheter un livre. Il a à peu près seize ans. Il aime bien les sports, il aime bien l'histoire. Qu'est-ce que vous me conseillerez?
Employée	Vous voulez quelque chose, auteur un petit peu classique, roman plus facile?
Ermi	Non, j'aimerais quelque chose de plus nouveau parce que les classiques, il a dû les faire à l'école et . . .
Employée	Oui.
Ermi	Quelque chose de plus contemporain.
Employée	Oui, bon, on va rechercher quelque chose. Je peux vous proposer celui-ci qui est un ouvrage d'aventure comme vous pouvez le voir au verso. Il s'agit d'une aventure. Voilà. Ce sont des missions de guerre un petit peu sur commande, donc de l'aventure déjà assez masculine. Sinon, celui-là qui est un ouvrage de fiction plutôt, qui correspond à 16 ans, je pense. Celui-ci qui est une espèce de légende, une espèce de légende, roman-légende, mer, bateaux, mer, ça se passe dans un port de Bretagne. Sinon, celui-là. Ce sont les souvenirs d'enfance de l'auteur un petit peu . . . ce qu'il a connu, ce qu'il a vu dans sa rue. C'est un peu plus lent que les autres, mais très intéressant. Ou celui-ci encore, c'est une enquête faite avec des prédélinquants, ou des jeunes délinquants, par un prêtre qui s'occupe d'eux. Et encore ceci qui est une aventure au

Pérou et il est aussi très vivant et très intéressant.

Ermi	Est-ce que celui-ci, ce livre, est plus facile à lire que celui-là?
Employée	Je pense qu'il n'y a de difficulté de lecture pour aucun des deux. Les deux sont d'une lecture très facile.
Ermi	Et celui-ci, est-il plus facile?
Employée	Je pense qu'il y a plus de lenteur et peut-être une légère difficulté supplémentaire.
Ermi	Lequel d'entre ces livres préférez-vous?
Employée	Et bien, je les ai tous aimés plus ou moins, mais je suis une femme et donc c'est un petit peu difficile selon la personnalité de votre frère et je ne sais, disons que ces deux sont typiquement plus masculins. J'aime moins celui-ci qui est de la fiction, et mon goût personnel ne va pas à la fiction.
Ermi	Alors que moi, je crois que je vais préférer la fiction finalement.

Je suis embêté(e)	*I've got a problem.*
un roman	*a novel*
un ouvrage	*a work (eg of literature)*
au verso	*on the back (of a document or a book)*
Il s'agit de . . .	*it's about, it concerns . . .*
la lecture	*reading*
selon	*according to*

Phrases clé

J'aimerais acheter un cadeau à . . .
Qu'est-ce que vous me conseillez?
J'aimerais quelque chose de plus/moins . . .
Je peux vous proposer celui-ci.
Sinon, celui-là.
Lequel préférez-vous?

Avez-vous bien compris?

Vrai ou faux?

1	Ermi cherche un cadeau pour son père.	vrai/faux
2	Elle préfère quelque chose de classique.	vrai/faux
3	L'employée lui propose une légende du Pérou.	vrai/faux
4	Ermi achète un livre sur le sport.	vrai/faux
5	Le choix final d'Ermi correspond au goût personnel de l'employée.	vrai/faux

Nicole est bien embêtée elle aussi, mais pour une autre raison. Elle explique son problème à l'employée du magasin.

Nicole	Bonjour madame.
Employée	Bonjour madame.
Nicole	Je vous ai acheté une robe de plage pour ma mère l'autre jour, mais elle l'a essayée et vraiment ça ne lui plaît pas.
Employée	Bon, et bien, on va voir autre chose, hein?

Nicole	Oui, je pense qu'il me faudrait une autre robe . . . qui soit peut-être moins décolletée.
Employée	Oui, oui, oui, oui. On va voir ça. Vous avez – je vais vous montrer plusieurs modèles et vous allez chercher celle qui peut convenir à votre maman.
Nicole	Oui. Qu'auriez-vous à me proposer? En couleur par exemple, les coloris. Quels sont les coloris pour cette année?
Employée	Tout dépend de ce que porte votre maman. Il y a des personnes âgées qui se mettent à mettre couleurs très tendres, d'autres non, portent des couleurs foncées.
Nicole	Elle est brune, alors j'aimerais bien que vous me conseilliez un petit peu là.
Employée	Bon, pour les brunes le rouge est très très très bien. Maintenant on peut mettre du blanc aussi alors, elle ressortira davantage dans le blanc.
Nicole	Et est-ce que vous auriez une robe en rouge et blanc, bariolée, peut-être?
Employée	Oui, certainement, oui. J'aurais des robes dans ce sens-là.
Nicole	Et quelles sont les formes des autres robes?
Employée	Tout dépend. Si la personne est forte, on prend une robe qui soit pas arrêtée à la taille, voyez, un petit peu vague, comme ça on ne voit pas les formes. Et si elle est mince, si elle est menue on peut lui mettre une robe serrée à la taille et c'est, ce sont les formes actuelles.
Nicole	Oui, je pense qu'il vaut mieux qu'elle ne soit pas serrée à la taille.
Employée	Bon, eh bien alors, ce sont des robes assez larges qui vont bien à ces personnes qui sont un petit peu en chair.
Nicole	Oui, alors, comme taille – la taille, oui, c'était la bonne taille, mais c'était plutôt la forme décolletée qui ne lui allait pas. Auriez-vous la même taille?
Employée	Oui, oui, oui, oui, oui, on peut vous donner la même taille dans des modèles moins décolletés.
Nicole	Oui, alors pourriez-vous me montrer ce que vous avez en rouge et en blanc? Moins décolleté évidemment.
Employée	Oui, certainement. Je vais vous montrer ce que j'ai en rouge et en blanc.
Nicole	Merci.
Employée	Voici, j'ai ces deux robes. Celle-ci certainement ira très bien. Elle est rouge, assez large. Et celle-ci est blanche qui est aussi le modèle qui peut se porter, soit pour une personne un peu plus forte, soit une personne un peu plus mince.
Nicole	Oui, j'aime bien la première, mais je pense que ma mère préférerait la seconde. Combien coûte-t-elle?
Employée	195 F.
Nicole	Oui, c'est le prix que je voulais mettre, donc c'est parfait. Vous pouvez me faire un paquet-cadeau, s'il vous plaît?
Employée	Certainement, je vous ferai un paquet-cadeau tout de suite.
Nicole	Merci.

Je vous ai acheté	I bought **from** you (or I bought **for** you according to context)
décolleté	with a low neckline
convenir à quelqu'un	to suit someone
se mettre à	to start
une couleur foncée	a dark colour
elle ressortira davantage	she will stand out more
fort	heavily built, on the plump side
arrêté	gathered in, fastened
la taille	waist; size
menu	small and slim
serré	close fitting
actuel	present
être en chair	to be plump
il vaut mieux	it is better
évidemment	obviously
large	wide

Phrases clé

Il me faudrait une robe avec . . .

qui soit . . .

Qu'auriez-vous à me proposer?

Tout dépend de . . .

Pourriez-vous me montrer ce que vous avez en . . . ?

Avez-vous bien compris?

Pourquoi Nicole veut-elle changer la robe?

parce que la robe est trop grande pour sa mère?
parce qu'elle est trop petite?
parce que sa mère ne l'aime pas?

Finalement elle choisit une robe

rouge?	Oui/non
blanche?	Oui/non
bariolée?	Oui/non
plus décolletée?	Oui/non
de la même taille?	Oui/non

Size conversion chart	Men's Suits and Coats						
	British	36	38	40	42	44	46	48
	French	46	48	50	52	54	56	58
	Men's Shirts						
	British	14	$14\frac{1}{2}$	15	$15\frac{1}{2}$	16	$16\frac{1}{2}$	17
	French	36	37	38	39/40	41	42	43

Size conversion chart	Men's Shoes						
	British	7	8	9	10	11	12	13
	French	$40\frac{1}{2}$	42	43	$44\frac{1}{2}$	$45\frac{1}{2}$	47	48
	Women's Dresses and Suits						
	British	8	10	12	14	16	18
	French	—	38	40	42	44	46
	Women's Shoes						
	British	4	$4\frac{1}{2}$	5	$5\frac{1}{2}$	6	$6\frac{1}{2}$	7
	French	37	$37\frac{1}{2}$	38	39	$39\frac{1}{2}$	40	$40\frac{1}{2}$

Pour en savoir plus

1 To say what you are looking for or what you need:

Je cherche . . .
J'aimerais acheter . . .

Essayez donc!

Say you are trying to obtain the following items:

a red dress
black espadrilles
some chocolates
a bunch (un bouquet) of white flowers

To give more detail:

J'aimerais Il me faudrait Je voudrais	quelque chose de	plus moins	classique moderne cher (chère) décolleté(e)
	une robe un livre qui soit		

or:
Pourriez-vous me montrer ce que vous avez en . . . ?

Choosing

Lequel?
Laquelle?
Lesquels?
Lesquelles?

When asking 'which one?' or 'which ones?' you use one of the
forms of *Lequel?* according to the noun in question:
Lequel (des livres) préférez-vous?
Laquelle (des robes)
Lesquels (des chocolats)
Lesquelles (des espadrilles)

or:
Vous préférez *lequel?* etc

When choosing, remember that 'this one' and 'that one' are
expressed:

celui-ci	celui-là	*(for masculine nouns)*
celle-ci	celle-là	*(for feminine nouns)*
ceux-ci	ceux-là	*(for masc. plural)*
celles-ci	celles-là	*(for fem. plural)*

Essayez donc!

Modèle:
Lequel des parfums préfères-tu? Celui-ci? Ou celui-là?

Posez la même question pour les articles de cette liste:

costumes (masc.)	*(suits)*
chemises (fem.)	*(shirts)*
chemisiers (masc.)	*(blouses)*
chaussures (fem.)	*(shoes)*
disques (masc.)	*(records)*
lunettes de soleil (fem.)	*(sunglasses)*
espadrilles (fem.)	

Don't forget, however: the pronouns above are just as useful
for talking about people, as well as things:

'Tu le connais, celui-là?' *'Do you know that chap?'*

And don't be surprised if you hear s'*ui-ci, s'ui-là!*

2   Talking about your ideas

Often when you are in search of something, you say what it
should be like, even without necessarily knowing whether it
exists, for example:

**The car I am looking for should be luxurious, durable, economical,
sporty and inexpensive.**

In French the subjunctive is required after any expression of wish
or preference followed by *que*, such as *je voudrais que . . .*, or even
in cases where the wish relates to the qualities or features
something should have, in such expressions as:

Je voudrais une voiture qui . . .
J'aimerais une maison qui . . .
Je cherche une robe qui . . .

Examples:
Je voudrais une voiture **qui soit** luxueuse, durable, économe,
sportive et pas chère.

Je cherche des chaussures **qui aillent** avec ma robe rouge.

J'aimerais un parfum **que je puisse** mettre en hiver et en été.

Essayez donc!

Complétez les phrases avec les mots donnés:

puisse / peut / ait / a / va / aille

1 Tu voudrais une robe qui .... avec la couleur de la voiture?
2 J'ai une voiture qui .... servir aussi de camionnette.
3 Tu as une robe qui .... très bien avec tes yeux.
4 Il me faudrait une voiture que je .... revendre facilement.
5 Il a une voiture qui .... été fabriquée en France.
6 Je préfère que ma prochaine voiture .... quatre portes.

Le mot juste

Faux amis

Actuel	– means *present* (in time), so *actuellement* means *at the present time*, as does the frequently heard expression *à l'heure actuelle*.
Large	– means *wide*, not large, which will be generally expressed in French by *grand(e)*. **Cette robe est trop large** *(too wide)*. **Cette robe est trop grande** *(too large)*.
Librairie	– means *a bookshop*. Someone who runs a bookshop is *un(e) libraire*. *Library* in French is *une bibliothèque* and *a librarian* is *un(e) bibliothécaire*.
Evident/ évidemment	– much stronger than *evident/evidently* in English, these words mean *obvious/obviously*. The idea of supposition which *evidently* has in English would be expressed in French by *apparemment*.
Supporter	– most frequently means *to put up with* or *to tolerate*. So: **Je ne peux pas supporter son parfum** *(I can't stand it)*. **Il y a des gens qui ne supportent pas les talons plats.** *(There are some people who can't wear flat heels.)*

3 **Les couleurs de l'arc-en-ciel** (the colours of the rainbow)

Couleur (fem.)	– *general word for colour*.
Coloris (masc.)	– *a more technical/commercial word, used when distinguishing between different shades, for example on a colour card.*
Une couleur foncée	– *a dark colour*.
Une couleur claire	– *a light colour*.

Since colours are often used as adjectives, one expects them, in common with other adjectives in French, to agree with the noun (masculine, feminine, singular, plural). However, with many colours no agreement is needed. So if you find it difficult to remember your agreements, you will be pleased to discover that a large number of colour words have a single fixed form.

So, to start with the easy part:
All colour combinations, colours borrowed from words which have other meanings, and colours qualified by words like 'light' or 'dark' have a fixed, invariable form, for example:

des espadrilles	bleu-ciel	
	bleu-vert	crême
	bleu clair	orange
	fuchsia	rose
	vert-émeraude	argent
	jaune-citron	
	beige pâle	

In addition, the following colours – in common with many adjectives – have only one form in the spoken language, although their spelling may change for agreements:

rouge(s)	noir(e)(s)
jaune(s)	bleu(e)(s)
mauve(s)	beige(s)

The only colours which change in sound and spelling are:

blanche	– blanc	brune	– brun
verte	– vert	violette	– violet
grise	– gris		

which all drop the final consonant sound in the masculine.

Brune and *Violette* also change the sound of the final vowel.

Attention!
Brun(e) is used almost exclusively for describing the colour of someone's hair or complexion. For most objects, use *marron*, which is an invariable form like most colours.

Les espadrilles et le shopping
In English we do not have a word for *'espadrilles'* so we borrowed the French one. Borrowings of words are à normal part of the way a language evolves. Among the words we have adopted in this way during the last century are *garage, cafe, souvenir,* and many others, some of which are now scarcely recognisable (did you know that soldiers from the 1914–18 war brought back the phrase *'à toute à l'heure'* as 'toodle-oo'?). Then there are those words which we still think of as French, but which are used for social effect or other reasons, such as *après-ski, apéritif, faux pas,* and so on.

None of this presents a problem unless it gets out of hand, which is precisely what has happened in France. Since the 1960s the invasion of French by English and American words has become a flood, as part of the invasion of anglo-american 'culture'. In 1964, Etienne Etiemble coined the word *le franglais* when he wrote a lengthy book on the subject *'Parlez-vous franglais?'* Ever since, the battle has raged between the French government, which has even felt obliged to draw up and implement laws banning the unnecessary use of borrowed English, and the commercial and other pressures which have given France *le fast-food, le long drink, le snack bar, le pull (over), le barman, le babyfoot, le 22 long rifle, le sweat shirt*, and thousands more, mostly pronounced somewhere between French and English. Some of these words, including a few which date back many years, have acquired meanings which have little to do with their original sense, such as *le scotch* (sellotape), *le footing* (running, jogging), *un crack* (a star performer), *un smoking* (dinner jacket) and *le ball-trap* (clay pigeon shoot).

In a few instances the French have successfully managed to produce new words for new items, such as *l'ordinateur* (computer). But a glance at any newspaper, television publicity, or street sign underlines just how many people are concerned by the problem. We may think it *chic* to borrow here and there, but to be swamped by *le franglais* cannot be easy. *Après tout, l'anglais n'est pas un bouldozeur!*

Activités

1 Think of a person for whom you would like to buy a luxury gift from the perfume counter of a French store or the duty-free shop in a French airport.

In the shop:

You	*greet the shop assistant (a woman) and say you would like to give a present to . . .*
Vendeuse	Oui, alors, je peux vous proposer plusieurs eaux de cologne, ou des eaux de toilette qui sont évidemment un peu plus chères; et puis il il y a les parfums pour les femmes surtout.
You	*Say you think you would like to choose a toilet water.*
Vendeuse	Excusez-moi, vous m'avez dit que c'était pour un homme ou pour une femme?
You	*Tell her.*
Vendeuse	Bon, donc j'ai celle-ci qui est très appréciée, si vous voulez bien l'essayer. Voilà.
You	*Say you prefer something lighter* **(light – léger)**.
Vendeuse	Oui, dans ce cas-là je peux vous proposer celle-ci qui est très très fraîche, idéale pour l'été.
You	*Say you like it. Ask how much it is.*
Vendeuse	Celle-là fait 160 francs.
You	*Ask if they have anything smaller.*

Vendeuse   J'ai la même eau de toilette en petit atomiseur à 85 francs. Voilà.
You   *Say it's the price you wanted to pay. Ask if she can gift-wrap it for you.*

2   *You are buying a record in a shop in Bayonne.*

How would you:

ask what they've got in rock from the 1960s (*le rock* in French)?
ask which are the cheapest cassettes?
ask if they have anything you can listen to in the car?
say you prefer something more classical?

3   *Décoration d'une pièce*

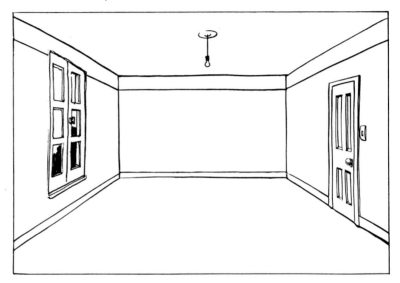

Quelles couleurs choisiriez-vous pour

le plafond
les murs
les rideaux
la moquette
la porte et le bois peint

dans votre chambre idéale?
dans votre salle de séjour idéale?

A l'écoute
François cherche quelque chose de beaucoup plus important
qu'une robe ou un livre. Le voici qui demande conseil à Claudine,
qui est propriétaire d'une agence matrimoniale.

Ecoutez d'abord la cassette, puis essayez de répondre aux
questions suivantes:

1   Est-ce que François adore sortir?

2 Est-ce qu'il préfère les femmes brunes?

3 Est-il musicien?

4 Essayez de trouver et d'écrire l'équivalent en français de ces termes anglais:

birth certificate
a copy of your salary/wages slip
a sworn statement
your state of health
a statement of one's (absence of) criminal record.

7 Que de changements dans la vie...

Contrasting past and present

A notre époque, celle du premier pas sur la lune, nous avons l'habitude des changements, non seulement sur le plan technologique mais aussi au niveau politique, social, commercial et culturel. Mais si actuellement cette évolution va de plus en plus vite, n'oublions pas que depuis toujours les gens disent 'la vie n'est plus ce qu'elle était quand nous étions plus jeunes'.

*l'Hôtel
du Palais*

Nous avons demandé à quelques habitants du Pays Basque en quoi leur vie d'aujourd'hui était différente de celle d'il y a vingt ans. Henri est employé à l'Hôtel du Palais de Biarritz. Qu'est-ce qui a changé d'après lui?

Nicole   Henri, vous travaillez au Palais depuis quand?

Henri   Depuis 1963.

Nicole   Vous avez beaucoup de souvenirs de ce Palais d'il y a 20 ans donc?

Henri   Oui, oui, j'ai des souvenirs, oui. C'est exact.

Nicole   Est-ce que le Palais a beaucoup changé depuis?

Henri   Ben l'établissement par lui-même, non, mais nous avons fait – enfin l'hôtel a fait énormément de travaux dans les chambres et ainsi que dans les différents salons, les salles de restaurant, mais c'est surtout au niveau de la clientèle, où il y a énormément de changements.

Nicole   Décrivez-moi un peu ce changement et les clients.

Henri   Ben, autrefois, il y avait les lords, mesladies, duchesse de Windsor, le duc de Windsor, il y avait toute la haute société anglaise qui venait à l'hôtel, alors que maintenant ce sont surtout des hommes d'affaires, c'est à dire des personnes dans les banques, dans l'industrie, ce sont des hommes d'affaires. Alors qu'autrefois c'était la haute société qui se déplaçait avec leur personnel, c'est à dire chauffeur, femme de chambre, gouvernante, mais cela petit à petit malheureusement disparaît.

Nicole   Est-ce que l'ambiance pour vous qui travaillez donc est moins sympathique, peut-être, y a t-il moins de contacts personnels?

Henri   Bien, c'est à dire que autrefois on connaissait les clients mieux que nous ne le faisons maintenant parce que autrefois c'étaient des clients fidèles qui revenaient d'une année sur l'autre. Alors que maintenant nous avons également beaucoup de clients, mais ce sont de courts séjours. Les clients restent moins longtemps qu'autrefois. Donc les contacts sont moins faciles actuellement qu'ils ne l'étaient autrefois, car autrefois nous connaissions tous les désirs des clients. Avant qu'ils n'arrivent à l'hôtel nous savions les journaux qu'ils désiraient, la personne qui s'occupait de leur linge, la personne qui s'occupait de leur promener les chiens, alors que maintenant nous travaillons tout sur de nouveaux clients.

Nicole   Mais ces nouveaux clients ont quand même leurs petites habitudes, non?

Henri   Oui, ils ont leurs habitudes, mais pour nous il faut tout repartir sur du neuf, c'est à dire que, un client, il faut qu'il s'habitue à l'hôtel, il faut qu'il s'habitue aux employés, il faut qu'il sache où nous nous trouvions, alors qu'avant le client revenait à l'hôtel comme s'il ne nous avait jamais quittés. Il connaissait l'hôtel aussi bien que nous.

Nicole   Est-ce que vous regrettez un peu ce temps?

Henri   Ben, c'est à dire que il faut vivre avec son temps. Ça, c'est passé maintenant et il faut aller vers l'avenir. On peut pas revenir en arrière.

énormément de . . .	*a lot of . . .*
ainsi que	*as well as*
au niveau de	*at the level of*
c'est-à-dire	*in other words*
se déplacer	*to move from place to place*
également	*also*

donc	so, therefore
un court séjour	a short stay
car	because
le linge	linen, laundry
repartir sur du neuf	start again from scratch
regretter quelque chose	regret the loss of something
l'avenir	the future
revenir en arrière	to turn the clocks back

Phrases clé

Autrefois il y avait toute la haute société.

Alors que maintenant ce sont des hommes d'affaires.

Avez-vous bien compris?

Trouvez une phrase pour remplir chaque case:

Maintenant	Autrefois
Les clients, ce sont des hommes d'affaires	?
On ne connaît pas les clients	?
?	Le client se déplaçait avec son personnel
Ce sont des courts séjours	?
?	Nous connaissions tous les désirs des clients
?	Le client connaissait l'hôtel aussi bien que nous

Aller au marché, 'faire son marché', c'est quelque chose de très important pour les Français. Même s'il y a de plus en plus d'hypermarchés, le marché traditionnel reste un lieu d'animation et de couleur dans toutes les villes. Mais à Bayonne, les marchands ne sont pas heureux. Pour eux, le mouvement nationaliste basque leur pose de gros problèmes.

Ici, deux marchands donnent leur opinion à Ermi. Tout d'abord un marchand de miel.

Ermi   Bonjour monsieur.
Marchand   Bonjour.
Ermi   Est-ce que vous venez souvent au marché de Bayonne?

Marchand	Tous les samedis.
Ermi	Et comment trouvez-vous?
Marchand	Le marché lui-même? De plus en plus triste.
Ermi	Pourquoi de plus en plus triste? Si vous dites que c'est de plus en plus triste, ça veut dire que vous l'avez connu autrement avant.
Marchand	Ah oui, moi, je l'ai connu ici, ça fait trente ans que je le connais, alors, je sais comment le marché de Bayonne a évolué. Disons que le samedi actuel que l'on voit ici au marché, bon, c'était le mardi d'il y a vingt ans. Alors, c'est pour ça que, bon, vous pouvez venir ici le mardi il n'y a plus personne. Le jeudi, c'est pareil, il n'y a plus personne. Les gens ne viennent plus sur les marchés.

Comment trouvez-vous . . .?	How do you find . . .? What do you think of . . .?
de plus en plus	more and more . . .
autrement	otherwise, different
Disons que	Let's say that . . .
il n'y a plus personne	there's no one left

Ermi a parlé ensuite à une marchande de poisson.

Ermi	Est-ce que vous avez constaté une évolution dans la clientèle à Bayonne?
Marchande	Oui, parce que depuis qu'il y a eu ces manifestations c'est plus pareil, non, non, non, c'est plus du tout pareil. En plus, je viens le samedi et puis, c'est là que ça se passe souvent. Alors ça a fait beaucoup de mal dans les commerces. Avant, il y avait de l'animation en ville et tout ça, et maintenant ça a vraiment . . . coupé beaucoup, eh. Faudrait que ça reprenne bien, oui, moi, je trouve, c'est dommage. Parce que c'était très gai Bayonne, c'était tres gai avant. Et depuis qu'il y a eu tout ça, ça a beaucoup changé, beaucoup.
Ermi	Vous croyez que c'est dû uniquement aux manifestations?
Marchande	Oui, pour moi, oui, oui, parce que quand même, moi je vois, quand ils veulent vraiment quelque chose ils achètent, les gens. Voyez maintenant il y a des nouveaux petits pois et tout ça, et ils achètent. Donc quand même je pense que c'est dû à ces manifestations, que ça a fait beaucoup de mal. Et j'entends autour de moi les clientes même qui le disent. 'C'est pareil, ça coupe tout'. Moi, je vois, avant je vendais quelques huîtres. Dès qu'il y avait les manifestations, automatiquement, tout s'arrêtait. J'étais obligée de reprendre mes paniers, de les remettre dans ma camionnette, et puis le commerce, c'était cassé carrément. Et pour tout le monde c'était pareil, je vois pour le café, tout, vraiment ça faisait mal à tout le monde.

constater	notice, observe, admit
une manifestation	political demonstration

c'est plus pareil (= ce n'est plus pareil)	*it's no longer the same*
en plus	*what's more*
beaucoup de mal	*a lot of harm*
il faudrait que ça reprenne bien	*it needs to get going again*
c'est dommage	*it's a shame*
c'est dû à . . .	*it's due to . . .*
uniquement	*solely, exclusively*
des huîtres	*oysters*
une camionnette	*van*
cassé carrément	*completely ruined*

Phrases clé
Ce n'est plus pareil
Depuis qu'il y a eu les manifestations . . .
C'est dû à . . .

Avez-vous bien compris?

Il y a un marché à Bayonne une fois
deux fois | par semaine?
trois fois |

Le marchand de miel connaît le marché de Bayonne
depuis vingt ans?
depuis trente ans?

La conversation avec la marchande de poissons, elle se passe
en hiver?
au printemps?
en été?
en automne?

Les fêtes de Bayonne

Changements dans la société, dans le commerce, dans la politique.
Changements aussi dans ce qu'il y a de plus traditionnel à Bayonne,
c'est à dire les fêtes. Les fêtes de Bayonne, qui ont lieu au mois
d'août et qui durent six jours, existent depuis 1932. A cette
époque-là les jeunes Bayonnais avaient l'habitude d'aller tous les
ans au mois de juillet participer aux fêtes (beaucoup plus anciennes)
de Pampelune, en Espagne. Ils ont décidé d'organiser le même
genre de fête chez eux en France, avec danses et chants dans les
rues – un vrai carnaval. Alors qu'à Pampelune il y a les célèbres
courses de taureaux, à Bayonne ce sont des courses de vaches! Les

fêtes de Bayonne sont devenues si importantes que jusqu'à 200 000 personnes y viennent, alors que la population de la ville ne fait même pas 50 000 habitants.

Un spectacle aux Fêtes de Bayonne

Ecoutez le président du comité des fêtes de Bayonne:

Président   Ceux qui ont connu les fêtes autrefois disent donc que l'on a changé, que la fête n'est plus ce qu'elle était, en général, et pas seulement pour celle dont nous parlons. En réalité bon, il faut considérer que oui, on ne s'amuse plus peut-être de la même manière qu'autrefois. Ce sont les plus anciens, qui disaient, 'ah, de notre temps c'était beaucoup mieux.' Mais enfin il est certain qu'autrefois les gens s'amusaient bien à 30 et 40 ans comme des jeunes, tandis que maintenant ceux qui s'amusent dans la rue, c'est de plus en plus jeune. Et on voit des gamins de 15 ans, n'est-ce pas, alors qu'autrefois ils en avaient 25 ou 30, bon, mais ça ne veut pas dire pour autant qu'il n'y a plus d'ambiance. Moi, je crois que c'est même encore de ces fêtes qu'il faut maintenir parce qu'elles apportent quelque chose, une façon de s'amuser, qu'il ne faut pas laisser parce que il y a tellement de façons de s'amuser, bien pires, n'est-ce pas, que nous connaissons et on voit bien tous les – dans les faits divers, tous les dimanches, tous les lundis ce qui s'est passé les samedis à des sorties de bal etc, pour dire que, mon dieu, que quand on s'amuse dans la rue tous ensemble, c'est peut-être mieux que de se bagarrer à la sortie d'un petit bal du samedi soir.

tandis que	whereas
un gamin	kid, youngster
pour autant	for all that
tellement de	so many
les faits divers	news items, reports
à des sorties de bal	outside dance-halls; after dances
se bagarrer	to brawl

> **Phrases clé**
> La fête n'est plus ce qu'elle était
> Ceux qui s'amusent dans la rue . . .
> C'est mieux que de . . .

Avez-vous bien compris?
Pouvez-vous trouver dans les textes les expressions françaises
équivalentes à:
1 a way of enjoying oneself
2 it was much better in our day
3 every Sunday
4 that doesn't mean for all that . . .

Pour en savoir plus

Le bon vieux temps – talking about how things used to be.

The good old days they may have been, even perfect, but it's the
imperfect you need in French to talk about things as they used to
be. In Chapter Four we looked at the use of the imperfect tense
mainly for expressing an unfinished action, such as:

Je prenais mon bain – *I was having a bath.*

But the same tense is also used in French to express the idea of
repeated, regular actions or situations in the past.
So:

Je prenais mon bain

could also mean

I used to have my bath.

Often, however, the imperfect tense in English is disguised under a
different form of words. These three sentences use different forms
of verb but with the same meaning in this case:
1 I used to leave every morning at 7.
2 I left every morning at 7.
3 Every morning I would leave at 7.

In French, *one* form only expresses this idea:

Je partais tous les matins à 7 heures.

So it's better to try to think of the value or intention of what you want to say rather than the precise form of words in English, which may lead you astray.

2 Using negatives – especially for contrast
The following negative forms can be very useful for contrasting the past and the present:

I Quand j'étais jeune les jeunes gens **ne** se bagarraient **jamais** mais maintenant . . .

2 Avant de nous installer en ville nous **n'allions jamais** au théâtre, alors que maintenant . . .

3 Depuis ma retraite je **ne** vais **plus** au cinéma, et je **ne** sors pratiquement **pas**. Je **ne** vois **personne**.

(ne) . . . jamais	– *never*
(ne) . . . plus	– *no longer, no more*
(ne) . . . personne	– *nobody*
(ne) . . . rien	– *nothing*

These negatives may be combined:

Il **n**'y a **plus personne** au marché le mardi.
(No one comes any more . . .)

Notice that in French you can pile negatives on top of each other to strengthen the effect, whereas in English you cannot say 'There isn't nobody no more.' It is very important to be aware of this difference. It means that words like the negatives in the list above have one form in French but two in English:

Jamais	– *never or not ever*
Plus	– *no more or not any more*
	no longer or not any longer
Personne	– *nobody or not anybody*
Rien	– *nothing or not anything*

So the English
I saw nobody = I didn't see anybody

has only one equivalent in French:

Je **n**'ai vu **personne**

Here are some more examples:

I A l'école je **ne** travaillais **jamais**. Et maintenant je suis chômeur, je **ne** travaille **plus**, je ne fais **plus rien**!

2 L'année dernière tout le monde mangeait au restaurant 'Delphos'. Maintenant c'est triste, les clients **ne** viennent **plus**, il **n**'y a **personn**

1 Say you used to go to the cinema often.
2 Say you watched television every evening when you were young.
3 Say you used to meet your friends in the market.
4 Now say you don't go to the cinema any more.
5 . . . and you never watch television;
6 . . . and you never meet anyone in the market.

Note also:

Qui as-tu invité? **Personne** *(no one)*
Qu'est-ce que vous buvez? **Rien** *(nothing)*
Tu vas souvent à Paris? **Jamais** *(never)*

and

Personne n'a téléphoné – *No one (has) phoned.*
Rien ne change ici   – *Nothing changes here.*

3   Using the pronoun y

The word **y** is very useful in that it saves you repeating phrases like *au cinéma, dans les Pyrénées* and *sur la plage*:

Autrefois j'allais deux fois par semaine au cinéma, alors que maintenant je n'y vais plus.

In fact you can use *y* to replace any directional or positional phrase beginning with *à/au/à la/à l'/aux*; or any other phrase introduced by a 'positional' word (such as: *sur, sous, derrière, chez, dans,* etc)

Je travaille │ chez Leblanc
              │ derrière le théatre
              │ à Londres
              │ au marché

or j'y travaille

Attention:
The pronoun **y** cannot be used to replace phrases referring to people:

Je pense à ma mère – *Je pense **à elle***
Je téléphone à Agnès – *Je **lui** téléphone*

Répondez aux questions, suivant le modèle:

1 Tu vas à la plage cet après-midi? Oui, j'y vais.
2 Tu passes chez les voisins? Oui, . . .
3 Tu ne vas pas au café après? Non, . . .
4 Dis, est-ce que tu joues au billard? Non, . . .
5 As-tu jamais travaillé aux Etats-Unis? Non, . . .

4 The same but different

Here is a quick check on some of the meanings of that useful word *même*:

1 Henri **lui-même**   *himself*
   L'établissement **lui-même**   *itself*
   La duchesse **elle-même**   *herself*

Other forms:

moi-*même*   nous-*mêmes*   eux-*mêmes*
toi-*même*   vous-*même(s)*   elles-*mêmes*

Use these forms to add emphasis to people or things you are talking about:

2 Ils ne s'amusent pas **de la même** façon – *in the same* way.
   Autrefois c'étaient **les mêmes** gens qui venaient tous les ans à l'hôtel – *the same* people.

3 Le fast food a **même** pénétré en France.
   *It has **even** penetrated France.*
   J'y ai **même** mangé une fois **moi-même**.
   *I **even** ate there **myself** once.*

4 Quand même – even so, nonetheless
   Je n'aime pas les hypermarchés, mais j'y vais **quand même**
   *I don't like hypermarkets, but I go **nonetheless**.*

Also: **tout de même** – same meaning as **quand même**.

Le mot juste

neuf – nouveau
neuf, neuve – generally means *brand new*, for example:

Ta voiture, elle est neuve?
Non, elle avait déjà dix mille kilomètres quand je l'ai achetée.

nouveau, nouvelle – generally means *new* in the sense of *fresh, different, recent*:

Je vois que tu as une nouvelle voiture: elle est neuve?

(Very useful in this context is *d'occasion*, which means *second hand*. You will often see the label OCCASION on the windscreen of a car for sale outside a garage).

Attention
Note these fixed phrases which don't conform to the distinction between *neuf* and *nouveau* above:

Quoi de neuf?
Quoi de nouveau?   *– What's new (with you)?*
Rien de neuf
Rien de nouveau   *– Nothing new (to tell you).*

regretter has two distinct uses:

to be sorry (used frequently in apologising):

Je regrette, nous n'avons plus de chambre avec salle de bains

to look back with nostalgia:

Je regrette les fêtes d'il y a vingt ans.

époque – temps
époque is much more widely used than the English *epoch*. In the following fixed expressions *époque* and *temps* have the same value:

A notre époque	*– nowadays*
A cette époque (-là) / **En ce temps-lá**	*– in those days*
De mon temps	*– in my day*
De notre temps	*– in the old days*
Le temps des moissons	*– harvest time*

Activités

1925   Aujourd'hui

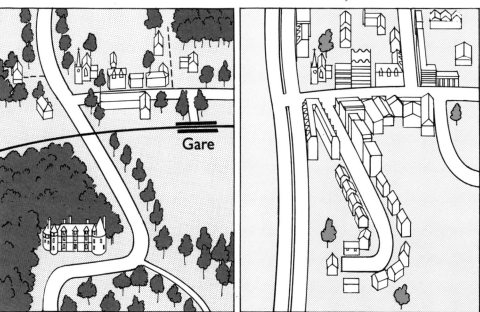

1 Voici le plan d'un village en 1925 et aujourd'hui. Quelles différences voyez-vous entre les deux époques?

2 Décrivez la différence entre

la télévision en 1950 et aujourd'hui;
l'agriculture en 1900 et maintenant;
le téléphone en 1950 et maintenant;
le sport en 1900 et aujourd'hui.

3 t = toujours (here in the sense of 'still')
j = jamais
s = souvent
p = plus (négatif)

Modèle:
Tu vas souvent à la plage? (j)
Non, je n'y vais jamais.

Tu ne te promènes jamais au bord de la mer? (s)
Si, je m'y promène souvent.

A vous maintenant:

1 Sophie travaille toujours au même bureau? **(t)**
2 Les enfants dorment toujours dans cette chambre? **(p)**
3 Tu vas au théâtre? **(j)**
4 Ils habitent toujours à St Flour? **(p)**
5 Ils vont toujours au restaurant de l'Europe? **(t)**
6 Vous ne passez jamais chez vos parents? **(nous) (s)**
7 Tu descends à la cave? **(p)**
8 Tu voyages souvent en Angleterre? **(p)**
9 Tu passes souvent devant l'église? **(j)**
10 Elle ne travaille plus dans le jardin? **(s)**

4 **A l'écoute**

Une ferme basque

L'agriculture en France a connu une évolution très importante depuis les années 50. Voici une grand'mère basque qui décrit ce

qu'elle a connu à la campagne. **Ecoutez la cassette et répondez aux questions.** Voici une liste des mots et expressions les plus difficiles:

soigner	– to care for
le(s) foin(s)	– hay
la récolte	– harvest
le maïs	– maize
le blé	– wheat
la moitié	– half
faner	– to make hay
un rateau	– rake
ballotter	– to toss
une moissonneuse-batteuse	– combine-harvester
faucher	– cut with a scythe
une pioche	– pick
un outil	– tool
une fourche	– fork
le fumier	– farmyard manure
l'apparition	– appearance
peiner	– to labour, struggle
un(e) esclave	– slave
l'aisance	– ease
l'aîné	– the eldest
punir	– punish

1 Est-ce qu'elle est pour ou contre les machines?

2 Pour elle, l'hiver était plus facile que l'été?

3 Pourquoi dit-elle qu'elle ne sait pas s'exprimer en français?

4 Quand elle était jeune, elle parlait toujours français?

Voici un extrait de la conversation sur cassette. Complétez-le en écoutant la cassette.

La ferme, c'est toujours ...., les .... de saison, l'été c'est plus dur que .... L'hiver on soigne que les ...., l'été il .... faire les foins, et on .... les récoltes de ...., le blé, la vigne, on faisait............. Et c'était beaucoup plus dur que ...., quoi, les travaux.

Faits divers

Le visiophone (videophone)
Le visiophone est un téléphone à images. Un jour nous pourrons voir le visage de nos interlocuteurs. Certains redoutent ce moment et d'autres en rient. Enfin on pourra comprendre cette expression 'Je vois ce que tu dis' . . .

Mais l'introduction du visiophone n'est pour le moment qu'une expérience limitée à quelques quartiers de Biarritz. Les abonnés,

tous des volontaires, participent à cette expérience avec
enthousiasme et, entre-temps, ils se feront peut-être de nouveaux
amis grace au visiophone qui leur permettra de rencontrer
d'autres Biarrots sans sortir de chez eux.

La parole est aux jeunes

Talking about hopes, expectations and intentions
Making a date
Accepting and declining an invitation

La jeunesse est à la fois l'âge de l'optimisme et de l'incertitude, de l'énergie et de l'angoisse, de la liberté et des contraintes. Les jeunes d'aujourd'hui, qui vivent dans une époque d'évolution rapide dans tous les domaines, doivent remettre en question beaucoup de valeurs et de certitudes.

Mais la jeunesse c'est aussi le temps des amis . . .

Ici, quelques élèves du lycée de Bayonne nous parlent de leurs ambitions:

François	Comment t'appelles-tu?
Cécile	Je m'appelle Cécile.
François	Et tu es dans quelle classe?
Cécile	En Terminale A2.
François	Donc tu prépares ton bac activement?
Cécile	Enfin activement, c'est beaucoup dire, hein.
François	Pourquoi tu . . . tu sors beaucoup?
Cécile	Non, c'est pas que je sors beaucoup, mais je travaille pas beaucoup non plus!
François	Tu espères avoir ton bac?
Cécile	Oui, quand même j'espère, hein, je pense.
François	Quand tu l'auras, qu'est-ce que tu feras?
Cécile	Ben, je vais bien profiter de mes vacances, et puis après je vais en fac à Paris. En fac de Lettres Modernes.
François	Que veux-tu faire alors pendant l'été? Tu vas prendre du repos? sortir?
Cécile	Ben, je vais aller passer quelques jours à Paris. Et puis, ensuite je vais profiter de la plage et des fêtes, enfin de la région, avant de la quitter.

*   *   *   *

Nicole	Est-ce qu'il te tarde que ton examen soit derrière toi?
Sylvie	Oui, parce qu'après il y a les vacances.
Nicole	Qu'est-ce que tu feras pour tes vacances cette année?
Sylvie	Et bien, je vais rester ici, je vais profiter de la plage, des copains, des fêtes et puis voilà.

*   *   *   *

Nicole	Qu'est-ce que tu veux faire si tu réussis à ton bac?
Virginie	Si je réussis à mon baccalauréat, je préparerai une université de droit qui m'amènera ensuite par la magistrature.
Nicole	Et où vas-tu faire du droit?
Virginie	Je vais faire du droit à la faculté de Bayonne, c'est-à-dire dans cette région.

préparer	to study for . . .
Enfin activement, c'est beaucoup dire	I wouldn't go so far as to say actively
profiter de	to take advantage of, make the most of
Est-ce qu'il te tarde que . . .	Are you looking forward to . . .
réussir à	to succeed, to pass (an exam)
amener à	to lead to
le droit	law

Phrases clé
Tu espères avoir ton bac?
Quand tu l'auras qu'est-ce que tu feras?
Je vais profiter de mes vacances.
Si je réussis à mon bac, j'irai en fac.

Avez-vous bien compris?
1 Est-ce que Cécile passe tout son temps à préparer son bac?
2 Va-t-elle rester dans la région pour faire ses études universitaires?
3 Et Virginie, est-ce qu'elle va quitter la région?
4 Laquelle des trois a la possibilité d'être avocate?

Les vacances terminées, voilà Cécile et Virginie qui se rencontrent par hasard dans les rues piétonnes de Biarritz.

Cécile	Tiens! Salut Vivi!
Virginie	Ah Cécile, comment vas-tu?
Cécile	Ça va, et toi?
Virginie	Très bien, très bien.
Cécile	Ça fait longtemps que je t'ai pas vue.

Virginie	Ben ouais, ça fait longtemps, tu sais, j'ai beaucoup de travail en ce moment, là.
Cécile	Et qu'est-ce que tu comptes faire l'année prochaine? Toujours du droit?
Virginie	Bien, toujours du droit, oui. Juste à côté de chez moi, il y a la fac, pas très très loin.
Cécile	Oui, je me rappelle bien.
Virginie	Ça me fait beaucoup de plaisir de te voir là.
Cécile	Ah moi aussi. Dis-moi – quand est-ce que tu es libre la semaine prochaine? On pourrait peut-être se revoir?
Virginie	Ben, la semaine prochaine, non, parce que je pars en voyage là, mais dans deux semaines si tu veux dans deux semaines.
Cécile	Euh, oui, bon en deux semaines, bon, ben, ché pas. Où c'est qu'on pourrait se donner rendez-vous?
Virginie	Voyons, je cherche – on peut peut-être aller au cinéma, toutes les deux ou? . . .
Cécile	Bon, ben, si tu veux. J'ai revu Manu aussi. Elle viendra peut-être avec nous.
Virginie	Et ton petit copain, tu l'amènes avec nous? Tu es toujours avec lui?
Cécile	Ben, je suis toujours avec lui, mais, non, je l'amènerai pas, on va se retrouver les anciennes là. Et dis-moi, bon, je viendrai te chercher?
Virginie	Si tu veux, oui. Tu es en voiture?
Cécile	Oui.
Virginie	Ah, mais très bien. Bon, ben, écoute, Cécile, je te quitte et puis bon, ben, alors, je te passe un coup de téléphone et puis on décidera ça.
Cécile	Bon, ben, d'accord. Adieu.
Virginie	Et je te fais un gros bisou. Au revoir.

compter faire quelque chose	to expect to do something
un gros bisou (colloquial)	a big kiss

Phrases clé
Ça fait longtemps que je t'ai pas vu(e)
Qu'est-ce que tu comptes faire?
Quand est-ce que vous êtes libre?
On pourrait peut-être se donner rendez-vous?

Vous souvenez-vous du passant qui avait aidé Ermi à faire marcher le téléphone? Ils ont sympathisé. Biarritz est petit . . .

Ermi	Salut Robert!
Robert	Tiens! Salut Ermi! Tu vas bien?
Ermi	Oui, ça va, mais ça fait longtemps qu'on ne t'a pas vu. Qu'est-ce que tu deviens?
Robert	Qu'est-ce que tu veux? Je travaille. Alors, on ne me voit pas beaucoup, hein. Je traîne pas beaucoup à la plage, je travaille, hein.
Ermi	Ce serait possible de se voir un jour, un de ces quatres?
Robert	C'est possible, c'est possible.
Ermi	Il faut que je te téléphone, ou bien, il vaudrait mieux qu'on aille prendre un pot quelque part, non?
Robert	Ben, oui, si tu veux, on n'a qu'à y aller vendredi soir. Pourquoi pas?
Ermi	Vendredi soir, mais où? Je ne vois pas tellement. A Chiberta.
Robert	A Chiberta, pourquoi à Chiberta? On peut aller très bien à la Chambre d'Amour. Vers les cinq heures de l'après-midi comme ça.
Ermi	Non, je préférerais plus tard, parce que cinq heures j'ai des trucs à faire, tu comprends. Alors, il vaudrait mieux vers huit heures, neuf heures.
Robert	Huit heures si tu veux, huit heures – c'est bon. Huit heures.
Ermi	Bon, ben, d'accord. Huit heures on se voit là-bas, hein? C'est sûr. Allez, à la prochaine alors, hein?
Robert	OK, au revoir.

Qu'est-ce que tu deviens?	what's been happening to you lately?
(devenir	to become)
Qu'est-ce que tu veux?	What do you expect?
traîner (à la plage)	to hang around (the beach)
un de ces quatre (matins) (colloquial)	one of these days
il vaudrait mieux	it would be better
prendre un pot (colloquial)	to go for a drink
quelque part	somewhere
un truc	a thing, a whatsit
là-bas	there

Phrases clé
Ce serait possible de se revoir?
Il vaudrait mieux qu'on aille prendre un pot?
Je préférerais plus tard.

Avez-vous bien compris?
Reconstruisez ces phrases:
1 aller / on / les / restaurant / peut / au / peut-être / deux / toutes.
2 prochaine / est-ce / libre / tu / semaine / quand / la / que / es?
3 quelque / jour / pot / serait / prendre / ce / part / un / possible / voir / se / pour / un / de.
4 huit / préférerais / tard / vers / je / plus / heures.

Pour en savoir plus

1 Expressing hopes, expectations and intentions

These three expressions are particularly useful:

espérer	– to hope
compter	– to expect
avoir l'intention de	– to intend

J'espère passer mon permis de conduire le mois prochain.
I hope to take my driving test next month

J'espère l'avoir.
I hope to pass it

Ils comptent partir avant vendredi.
They expect to leave before Friday

Je compte être absent une quinzaine de jours.
I expect to be away a fortnight

J'ai l'intention de passer au bureau avant de partir.
I intend to call at the office before leaving

Elle a l'intention de continuer ses études en fac.
She intends to pursue her studies at university

Note
There is no verb *intendre* in French, though not surprisingly many English speakers learning French have coined one in the heat of the moment!

Essayez donc!

Suivez le modèle:

Je reste ici (ESPERER) – *J'espère rester ici.*

1 Je pars demain (COMPTER) –
2 Je vais en Normandie (INTENTION) –
3 François passe la nuit à l'hôtel (INTENTION) –
4 Nous arrivons sans bagages (COMPTER) –
5 Ils vont à la plage demain (ESPERER) –

2 Talking about the future

Hopes, expectations, intentions – talking in these terms means, of course, talking about the future. It goes without saying (in French *cela va sans dire*) that it is useful to learn how to employ the future tense. At the same time, however, it is worth your knowing that in a surprisingly large number of cases, people talk about the future without using the future tense. For example, you will often hear:

Samedi prochain **nous mangeons** au restaurant

or
L'année prochaine **nous partons** en vacances au mois de mai.

Both these statements clearly express a future action, but just as in English, they are in the present tense. (We are eating out on Saturday; we are taking our holidays in May.) Another way in which future action is expressed without a future tense is by using **je vais** *(I am going to . . .):*

Je vais profiter de la plage.

Elle va partir à Paris.

Nous allons nous baigner.

Ils vont arriver demain?

On va se revoir vendredi.

The future tense is also widely used, of course, and could be employed equally well in many of the above examples. You will find it particularly useful:

with **Quand** sentences of this type:

Quand je verrai Martine je lui ferai un bisou de ta part.
When I see (shall see) Martine, I'll give her your love.

Quand j'aurai terminé, je te dirai.
When I've finished (shall have finished), I'll tell you.

with **If** sentences, for example:

S' il part demain, je partirai avec lui.
If he leaves tomorrow, I'll leave with him.

Si elle ne vient pas, je lui téléphonerai.
If she doesn't come, I'll phone her.

S'il fait beau demain, nous ne resterons pas à la maison
If it's fine tomorrow, we won't stay indoors.

Si is reduced to **s'** before **il** and **ils** but not before any other words, even those beginning with vowels. So:

       S'il fait ...
but   **Si** elle ...
       Si Edouard, etc.

How to form the future tense

You produce the future tense by combining two forms you already know. With a few exceptions, you start with the infinitive:

travailler	– Je travaille*rai*
partir	– Je parti*rai*
prendre	– Je prend*rai*

The endings consist of the present tense of *avoir*: slightly modified in the *nous* and *vous* forms:

J'*ai*	– J'arrive*rai* à midi.
tu *as*	– tu fini*ras* demain.
il/elle/on *a*	– elle téléphone*ra* jeudi.
nous av*ons*	– nous parti*rons* ensemble.
vous av*ez*	– vous passe*rez* chez nous?
il/elles *ont*	– ils continue*ront* après.

These endings never vary.

However, a number of commonly used verbs do not follow the pattern of basing the future tense on the infinitive. Here are the most useful of these exceptions:

aller	– j'irai
avoir	– j'aurai
devoir	– je devrai
être	– je serai
faire*	– je ferai
pouvoir	– je pourrai
savoir	– je saurai
venir*	– je viendrai
voir*	– je verrai

*includes derivatives such as *refaire*, *devenir*, and *revoir*.

Essayez donc!

Suivez le modèle:

arriver le 10   *– J'arriverai dans trois jours.*
téléphoner le 8   *– Je téléphonerai demain*

1 passer mon permis le 9
2 partir pour Rome le 17
3 venir vous voir le 8
4 aller voir le médecin le 11
5 écrire le 14
6 te donner ma réponse le 8
7 voir mes amis le 21
8 rentrer d'Espagne le 17

3   How to make a date

To arrange a meeting with a friend you would probably say:

On pourrait peut-être se donner rendez-vous?
   Perhaps we could fix a date to meet?

On pourrait peut-être prendre un pot ensemble?
   Perhaps we could have a drink together?

Ça (Cela) t'intéresserait d'aller au cinéma?
   Would you be interested in going to the cinema?

Notice that proposals of this sort are often in the tense known as the conditional:

On pourrait   *– we could (would be able to . . .)*
intéresserait   *– would interest . . .*

One of the main uses of the conditional is to add politeness to what otherwise might be too direct a proposal. And once you know the future tense of any verb, the conditional is very easy to form, by replacing the future tense endings by those of the imperfect tense:

Future	Conditional
Je terminer*ai*	Je terminer*ais*
tu partir*as*	tu partir*ais*
on ir*a*	on ir*ait*
nous manger*ons*	nous manger*ions*
vous aur*ez*	vous aur*iez*
ils travailler*ont*	ils travailler*aient*

The conditional tense endings are different in sound from those of the future tense in all persons except the *je* form, where the −*ai* and −*ais* endings are generally indistinguishable.

4   **To accept or decline an invitation or proposal.**

To accept, you would probably use a conditional:

Oui, j'aimer*ais* bien (prendre un pot avec toi).

Oui, ça me fer*ait* très plaisir . . .

Oui, ça me plair*ait* énormément . . .

Oui, je voudr*ais* bien . . .

Similarly, if you want to suggest an alternative or a preference:

Je préférer*ais*	aller au cinéma.
Il vaudr*ait* mieux	qu'on aille au cinéma.
	que nous allions au cinéma.

Verbs expressing wish or preference (such as the ones above) may be followed by an infinitive (*je préférerais* **aller**) or by **que** + subjunctive (*je préférerais* **que nous allions**). You will find it helpful to look back to Chapter Three, where this is fully explained for the use of *il faut*.

When declining an invitation, instead of saying 'I would love to but . . .' you will probably say 'I would have loved to but . . .'. Do the same in French:

J'aurais bien aimé, mais je ne peux pas, j'ai un autre rendez-vous ce soir-là.

Cela m'aurait fait très plaisir, mais la date ne me convient pas.

Ça m'aurait plu énormément, mais samedi soir je suis invité(e) chez mes parents.

J'aurais bien voulu, mais je ne suis pas libre la semaine prochaine.

Of course, as its name suggests, the conditional tense has other uses, as well as the polite forms we have just seen:

Si j'avais le temps, **je passerais** toute la journée à la plage.

If I had the time I ***would spend*** the whole day on the beach.

Si le temps **était** meilleur, **je ferais** du surf avec toi.

If the weather ***were*** better, ***I would go*** surfing with you.

Note that the pattern is usually **si** + imperfect + conditional.

Say you would do the following things if you had the time.
(. . . si j'avais le temps):

1 Ecrire à vos amis.
2 Aller passer le weekend au bord de la mer.
3 Travailler au jardin.
4 Passer plus de temps avec votre famille.
5 Dormir 10 heures sur 24.
6 Jouer de la guitare.
7 Laver la voiture.
8 Lire le journal.
9 Consacrer tous les soirs à apprendre le français . . . !

Faux amis

Enfin, le succès!
'To succeed', in the sense of being successful, is *réussir* in French.
There is a verb *succéder*, but it is only used to express the other
meaning of 'succeed', as in a family succession:

Il a succédé à son père   – *He succeeded his father.*

Arriver is also used with much the same value as *réussir*, but often
conveys the idea of 'succeeding but with difficulty':

Je ne sais pas comment ils arrivent à joindre les deux bouts.
I don't know how they succeed in making ends meet.

Une réussite – a success
The word *succès* is also used for 'success'. So

Le visiophone est une réussite pour la technologie française.
Ce film a eu un succès fou.
(a great success)

Passer

Passer un examen	– *to take an examination*
Réussir à un examen	– *to pass an examination*
Etre reçu à un examen	

Profiter de
means 'to take advantage of' or 'make the most of . . .'
**Nous allons profiter de notre séjour à Biarritz pour aller voir les
Pyrénées.**

Ancien, ancienne
The meaning of *ancien* depends on its position.
BEFORE the word it describes, it means *former*:

C'est un ancien militaire.
He's an ex-army man.

Elle est ancienne élève de cette école.
She's a former pupil.

AFTER the word it describes it means *ancient, old.*

C'est une ville ancienne.
It's a very old town.

J'adore les meubles anciens.
I love antique furniture.

Prononciation

The words we find hardest to say in a foreign language are generally those which contain sounds which don't exist in our own. So a French person speaking English will often have difficulty with words like *happy* or *the* because our pronunciation of 'h' and 'th' do not occur in French. There are many such problems, both for French people speaking English and for English-speakers using French. For example, the French use a group of vowel sounds called 'nasal vowels', such as *matin, faim, pont, penser,* and *dans.* Where vowels are pronounced nasally, the 'n' or 'm' is not pronounced, but simply causes the vowel to be pronounced differently. Try contrasting the pronunciation of:

an	année
bon	bonne
faim	femme
matin	matinée
vient	viennent
prochain	prochaine
ancien	ancienne

The words on the left are pronounced with a nasal vowel, those on the right with no nasal. The difference is very marked. But how do you know when to 'nasalise'? Well, the best way is by listening and imitating without trying to learn a rule, but there is a rule which you may find helpful, especially if you have to rely heavily on the book. Generally a nasal pronunciation is required where a vowel (a/e/i/o/u) plus 'n' or 'm' occurs at the end of a word:

bien, mon, matin, an, brun;

or elsewhere within a word whenever the 'n' or 'm' is immediately followed by a different consonant:

enfant, montagne, danse, impossible.

If on the other hand, the vowel plus 'n' or 'm' is followed by a vowel or a second 'n' or 'm', the pronunciation is not nasalised, *inoubliable, immobile, cinéma.* So when you make some words feminine by adding an 'e', the sound will change markedly, as we have seen with words like *prochain/prochaine.*

Although there are a number of spellings of nasal sounds in French, their pronunciation falls largely into three sound groups.

Practise pronouncing them, bearing in mind that in the lists below, all the 'nasals' in any one column are the same, regardless of the different spellings – but there are important differences between the three groups:

matin	pont	dans
hein!	on	centre
examen	mon	pense
copain	oncle	temps
prochain	monstre	vendredi
vient	plonge	demande
ancien	donc	branche
bien	correspond	ancien
faim	sont	boulanger
impossible	bon	tellement

There is, in fact, a fourth group, which contains only a small number of words, the sound of which is close to the 'matin' group above:

un
brun
emprunter
chacun
lundi

Activités

1 **Quelle est votre ambition?**

obtenir votre permis de conduire?
être riche?
vivre jusqu'à 80 ans?
faire un voyage dans l'espace?
battre le record du monde du 1500 mètres?
faire du ski de descente?
voir toute l'Afrique?
devenir alpiniste?
parler allemand?
aller en Chine?

Choisissez votre réponse à chaque question, en utilisant les formules que vous connaissez, par exemple:
J'ai déjà / Je suis déjà . . .
J'aimerais bien . . .
J'ai l'intention de . . .
Je vais . . .
J'espère . . .
J'aurais bien aimé . . . mais . . .
Je préférerais . . .

2 Acceptez ces invitations/propositions, en utilisant l'expression indiquée.

Modèle:
1 *On pourrait peut-être aller voir le viaduc de Garabit?* (aimer)

Oui, j'aimerais bien.

A vous maintenant:
2 Cela t'intéresserait d'aller faire un circuit dans les Pyrénées? (plaire)
3 Est-ce que je peux vous proposer un apéritif, à vous et à votre collègue? (faire plaisir)
4 Tu voudrais aller voir le Port Vieux? (vouloir)
5 On pourrait dîner ensemble au restaurant ce soir? (aimer)

Et maintenant, refusez poliment ces mêmes invitations – à vous de trouver les prétextes!

3 Vous êtes à Biarritz pendant quelques semaines en voyage d'affaires. Voici une page de votre agenda avec vos rendez-vous de la semaine:

Madame Desseignet, directrice d'une entreprise qui est en relation avec votre compagnie, vous téléphone pour proposer quelques rendez-vous. Qu'est-ce que vous répondez?

	MATIN	APRES-MIDI	SOIR
LUNDI	0900 Philippe L	1500 Interview (presse)	
MARDI	PARIS		
MERCREDI	(bureau)		20h Dîne chez les Duclerc
JEUDI	(bureau)		19h Tennis (Michel)
VENDREDI		BORDEAUX	
SAMEDI			
DIMANCHE	départ Londres?		

Mme D Vous m'avez dit la semaine dernière que vous aimeriez bien aller voir le barrage (*un barrage – a dam*) que nous construisons dans les Pyrénées. J'allais vous proposer vendredi prochain – il faudrait compter à peu près huit heures pour l'aller-retour. Vous seriez libre ce jour-là?

You *Say you would have liked to, but explain why you can't.*

Mme D Ah, c'est dommage. Il n'y a qu'une autre possibilité pour moi – ce serait mercredi. Ce serait possible pour vous?

You *Yes, you've no meetings. Accept.*

Mme D Justement, est-ce que vous êtes libre ce soir-là? Mon mari et moi nous aimerions vous inviter à dîner chez nous.

You	*You would have loved to but . . .*
Mme D	Ce n'est pas de chance. Voyons, peut-être vendredi ou samedi soir alors?
You	*You'll be free both evenings. Accept.*
Mme D	Parfait. Vous êtes sûr que vous n'auriez pas de préférence entre vendredi et samedi?
You	*You hope to be back from Bordeaux by 7 on Friday, but you can't be sure. Perhaps it would be better to choose Saturday.*
Mme D	Très bien, cela nous arrange aussi, parce que nous sommes souvent très fatigués le vendredi soir. Vers 7h30 alors. Et pour la visite de mercredi, je passerais vous chercher au bureau vers 8h15. Ça va?
You	*Say it's fine.*
Mme D	A mercredi, donc. Bon weekend.
You	*Wish her the same.*

4 Joignez les deux bouts!

Si vous n'avez pas le permis . . .
Si vous réussissez votre permis . . .
Si vous aviez l'argent . . .
Si j'avais une voiture . . .
Si j'achète une voiture . . .

. . . je voyagerais beaucoup plus.
. . . vous achèteriez sans doute une petite voiture.
. . . vous pourrez partir tout seul pour la journée.
. . . je l'achète neuve ou d'occasion?
. . . il vaudrait mieux que je conduise.

A l'écoute

Ermi cherche un job pour l'été et elle décide de se renseigner pour un poste de réceptionniste dans un hôtel. Ecoutez la cassette, et

1 précisez les qualités qu'on demande à une réceptionniste;
2 décrivez ce que Ermi doit faire pour poser sa candidature;
3 indiquez combien de temps elle aura à attendre.

Faits divers

L'emploi et le chômage

En France, le chômage atteint 10,6% de la population active (contre 11,7% en Grande-Bretagne). Ce sont surtout les jeunes qui sont touchés: parmi les moins de 24 ans, 21% étaient au chômage en 1983.

De plus, les jeunes qui viennent de sortir du système scolaire et qui n'ont jamais travaillé ne reçoivent aucune allocation.

Pour eux, le gouvernement a prévu différents stages de formation professionnelle, ainsi que des mesures fiscales pour encourager les employeurs à les embaucher (les 'pactes nationaux pour l'emploi', à partir de 1977).

Plus récemment, on a créé des emplois 'd'utilité publique' (pour les mairies, les associations) destinés aux 16–18 ans.

C'est l'ANPE (Agence Nationale Pour l'Emploi), qui verse l'allocation de chômage, et qui centralise les offres et demandes d'emploi.

Cet organisme a à faire face, de plus en plus, au problème des chômeurs de longue durée, qui sont 'en fin de droit', c'est-à-dire qui ne reçoivent plus aucune subvention. Ils étaient 30000 à Paris en 84, et deviennent souvent ceux que l'on appelle les 'nouveaux pauvres'.

9 A votre santé

Giving reasons for doing things
Explaining your motives
Talking about your health and how you feel

Vous êtes fatigué? déprimé? Vous souffrez des suites d'un accident ou d'une opération? Si vous voulez vous soigner de façon naturelle, vous avez en France la possibilité de 'faire une cure' dans une des nombreuses villes d'eau situées le plus souvent dans des régions montagneuses ou au bord de la mer. Nous avons profité de notre séjour à Biarritz et en Auvergne pour découvrir les centres de soins de ces villes.

De toutes les stations thermales, Vichy est peut-être la plus célèbre. L'eau de Vichy se vend partout en France et plus loin encore. La ville elle-même accueille beaucoup de visiteurs et de curistes.

Hall des Sources à Vichy

Ici Françoise parle avec un curiste qui est en train de faire des exercices à la piscine.

Françoise	Pour quelles raisons êtes-vous venu à Vichy?
Victor	Parce que j'ai des problèmes, disons, d'ordre digestif. C'est ma seconde cure et j'ai eu des résultats très positifs, donc je continue. Je souffre peut-être d'un mal de société actuelle. C'est à dire une certaine immobilité, un manque d'activités physiques.
Françoise	Vous restez combien de temps ici?
Victor	La cure dure 21 jours.
Françoise	Est-ce que vous faites votre cure pendant vos congés annuels ou est-ce que vous prenez des congés de maladie?
Victor	On peut appeler ça des congés de maladie, c'est à dire j'ai 21 jours d'arrêt d'activités et si j'en éprouve le besoin, j'ai droit à deux semaines, disons, de repos. Enfin, je pense, à priori ça ne sera pas nécessaire.
Françoise	Est-ce que vous êtes pris en charge par la Sécurité Sociale?
Victor	Absolument, oui. A 100%, y compris hébergement si hébergement il y avait besoin.

une piscine	*swimming pool*
disons	*let's say*
d'ordre digestif	*to do with the digestion*
un manque de	*lack of*
éprouver le besoin de	*to feel the need for, to*
avoir droit à	*to be entitled to*
Est-ce que vous êtes pris en charge . . . ?	*Are you covered . . . ?*
l'hébergement	*accommodation*

Le saviez-vous? Biarritz est aussi une ville de cure et Ermi et Nicole ont rencontré deux curistes à l'Institut de Thalassothérapie qui leur ont expliqué pourquoi ils sont venus à Biarritz:

Ermi	Pourquoi vous êtes ici?
Guillaume	Pour me reposer, pour me déstresser.
Ermi	Vous étiez fatigué?
Guillaume	Un petit peu, oui.
Ermi	Sur le plan physique ou sur le plan psychique?
Guillaume	Un petit peu, un petit peu des deux – surtout psychique.
Ermi	Et vous croyez que la cure peut vous faire du bien?
Guillaume	On espère – on est là pour ça!

se déstresser	*to unwind*
sur le plan physique	*at a physical level*
psychique	*psychological*

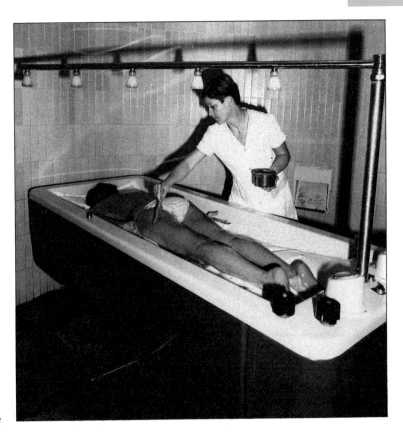

Un bain de boue

Nicole	Que faites-vous à Biarritz en ce moment?
Monique	Une cure de thalassothérapie.
Nicole	Vous avez mal?
Monique	Non, mais c'est une cure qui va me décontracter, qui va me faire du bien moralement et physiquement, qui va peut-être me faire perdre quelques kilos.

Nicole	Vous êtes stressée alors?
Monique	Non, pas stressée, mais on est toujours un peu agité, on a une vie un peu trépidante et je viens ici pour me décontracter, essayer de perdre quelques kilos, faire un petit régime, et puis me faire prendre en charge, un peu. Voilà.
Nicole	Est-ce que vous êtes fatiguée quand vous suivez ce régime?
Monique	Un petit peu.
Nicole	Décrivez-moi cette fatigue.
Monique	Oh, ça ne dure pas bien longtemps, mais si vous voulez des petits 'coups de pompe' peut-être et aussi allié aux soins d'ici, massages, douches, c'est quand même un petit peu fatigant, et je pense que j'en aurai les bienfaits, tous les bienfaits, arrivée chez moi après.

la thalassothérapie	*sea-water treatment*
(se) décontracter	*to relax*
faire du bien (à quelqu'un)	*to do (someone) good*
moralement	*in terms of morale*
agité	*excited, tense*
trépidant	*hectic*
prendre en charge	*to take someone in hand*
un régime	*diet*
fatigué	*unwell, tired*
des coups de pompe	*bouts of exhaustion*
allié	*combined with*
les soins	*treatment, care*
les bienfaits	*benefits*

Phrases clé
(Je suis ici) pour me reposer
(Je suis ici) parce que j'ai des problèmes
Vous avez mal?

Avez-vous bien compris?
Victor, Guillaume et Monique vous ont chacun expliqué leur cas.
Faites des comparaisons entre les 3 curistes en mettant dans
chaque case, selon le cas, VRAI, PAS VRAI, ou PAS INDIQUE:

	Victor	Guillaume	Monique
1 C'était sa première cure			
2 Il/elle était stressé(e)			
3 Il/elle avait mal			
4 Il/elle était en vacances			
5 Il/elle allait payer sa cure			

Evidemment ceux qui cherchent à se déstresser ne sont pas la seule catégorie de clients pour la cure. Il y a également ceux qui viennent après avoir eu un accident, ou à la suite d'une opération.

Voice Ermi qui parle à un jeune homme qui fait une cure de thalassothérapie à Biarritz:

Ermi	Est-ce que c'est la première fois que vous venez ici?
Jean-Marc	Oui, c'est la première fois que je viens à l'Institut. A la suite d'un très grave accident de la route que j'ai eu au mois de juin l'an dernier, et j'ai fait dix mois d'hôpital. A la suite de ces dix mois d'hôpital on m'a vivement recommandé de venir ici faire une cure de 15 jours.
Ermi	Est-ce que cela vous fait du bien?
Jean-Marc	Ecoutez, voilà quatre jours que je suis là et déjà au niveau douleur j'ai des – ces douleurs donc qui ont disparu, donc. . . . Je suis pour l'instant plus que satisfait, en fait, des résultats de la cure.
Ermi	Pouvez-vous nous dire quelles étaient ces douleurs?
Jean-Marc	Elles étaient d'abord très nombreuses, puisque j'étais pour ainsi dire entièrement cassé, sur tout le côté droit et vous les décrire ce serait peut-être un peu trop long et puis peut-être que j'en ai pas tellement envie non plus. Mais ce que je peux vous dire, c'est que les douleurs les plus intenses étaient au niveau de la hanche droite. Et ces douleurs depuis donc quatre jours sont vraiment nettement moindres et nettement moins intenses et je m'en trouve terriblement soulagé. Et je finis d'ailleurs, enfin je me pose la question à savoir vraiment est-ce vraiment la cure? C'est vraiment miraculeux!

à la suite de	*after, as a result of*
grave	*serious*
vivement	*strongly*
une douleur	*a pain*
pour l'instant	*at the moment*
en fait	*in fact*
pour ainsi dire	*as it were, so to speak*
avoir envie de	*to wish to, to feel like (doing)*
la hanche	*hip*
nettement	*clearly, markedly*
moindre	*less, least*
terriblement	*terrifically, greatly*
soulagé	*relieved, eased*

A Vichy, Françoise rencontre une vieille dame qui se remet, elle aussi, d'un accident:

Germaine	Alors, pour l'instant je me repose parce que je trouve que c'est un complément à la piscine. Et après, bon ben, j'irai boire et voilà. La piscine fatigue, alors, il faut se reposer.
Françoise	Et vous faites beaucoup de mouvements pendant que vous êtes dans l'eau?
Germaine	Oui, parce que j'ai beaucoup de séquelles d'accident, alors je suis prise un peu partout.
Françoise	Et est-ce que vous avez constaté une amélioration?
Germaine	Même la première année, c'était spectaculaire et ce qui est curieux, c'est que la deuxième année j'ai trouvé dans la boue, dans la boue parce qu'on me met de la boue aussi tous les deux jours, j'ai trouvé la relaxation. Et puis l'année dernière ça m'a pas fait le même effet, j'ai eu une année très perturbée, et je vais vous avouer j'ai eu le mal de vivre. Alors donc j'avais besoin d'une bonne cure cette année et je me repose.
Françoise	Comment vous occupez votre après-midi?
Germaine	Ah, l'après-midi, bon ben, je reste un peu en chambre, j'écris, après, bon ben, on va un peu en ville, après il faut revenir boire, il y a trois buvettes encore. Et puis on rentre, et voilà. On passe son temps, on circule, on marche parce qu'il faut marcher malgré tout. Sinon, il y a de quoi devenir dingue si on reste en chambre.
Françoise	Vous êtes à l'hôtel à Vichy?
Germaine	A l'hôtel, oui, je suis à l'hôtel.

des séquelles (f)	*after-effects*
un peu partout	*just about everywhere*
une amélioration	*an improvement*
la boue	*mud*
perturbé	*disturbed*
avouer	*to admit*
j'ai eu le mal de vivre	*life got me down*
une buvette	*drinking place*
circuler	*to move around (eg traffic or people)*
malgré tout	*in spite of everything*
il y a de quoi devenir dingue	*it's enough to drive you crazy*

Phrases clé

J'avais besoin d'une bonne cure.

J'en ai pas tellement envie (de parler de mon accident)

Avez-vous bien compris?

Attention au détail! Les deux curistes de ces derniers interviews souffrent soudain d'une amnésie! Ils oublient tout! A vous de corriger les erreurs dans leurs souvenirs:

Jean-Marc Oui, c'est ma première cure de thalassothérapie. Ça fait deux semaines que je suis ici, et déjà j'ai moins de douleurs. J'ai eu un accident de la route il y a deux ans, et j'ai fait dix jours d'hôpital. J'aimerais bien vous donner tous les détails de mes douleurs, qui se situent surtout au niveau du pied gauche.

Germaine Pour moi, c'est ma troisième année de cure au bord de la mer. Comme les années précédentes, je passe la matinée à me reposer et l'après-midi à la piscine. J'aime bien la boue, cela me décontracte. J'aime tout ici – mais je suis optimiste de tempérament et je n'ai jamais eu de problèmes de moral!

Pour en savoir plus

1 Giving reasons for doing things

The most commonly used expression when giving a reason is *parce que* . . .

Je suis là **parce que** j'ai eu un accident.
*I'm here **because** I had an accident.*

Je suis venue **parce que** j'ai des problèmes de digestion.
*I've come **because** I have problems with my digestion.*

A useful expression of similar meaning is *à cause de* . . . But it can only be used where in English you would say 'because of':

On m'a recommandé de venir à Vichy **à cause du** climat.
*I was recommended to come to Vichy **because of** its climate.*

Note also from the last chapter:

Mes difficultiés sont **dues à** un accident . . .
          . . . ***due to** an accident* . . .

2 Explaining your purpose or your role

The easiest way to do this is to use *pour* + infinitive:

Je viens tous les ans **pour me reposer**.
*I come every year **(in order)** to have a rest.*

Elle va prendre un bain chaud **pour se décontracter**.
*She's going to have a hot bath **(in order)** to unwind.*

Nous avons une réceptionniste **pour accueillir** les clients.
*We have a receptionist **to welcome** the clients.*

Essayez donc!

Mettez selon le cas:

parce que
à cause de
pour

1 C'est .... mon opération qu'on m'a recommandé la cure.
2 Je suis là surtout .... me déstresser.
3 L'institut a tout un personnel .... s'occuper de moi.
4 J'ai choisi de faire une deuxième cure .... la première m'avait fait du bien.
5 J'ai hésité .... ma femme, mais finalement elle s'est décidée à m'accompagner.
6 Il y a des gens qui viennent uniquement .... perdre quelques kilos.

3 To say it hurts – and where

Use either of these forms:

J'ai mal à/au/à la/à l'/aux . . .

J'ai mal à l'oreille

J'ai mal à l'estomac

J'ai des douleurs d'estomac
au niveau de la hanche

To say what else is wrong

J'ai	un problème un ennui	au niveau	des reins du foie de la gorge
		d'ordre	digestif respiratoire cardiaque

To say what you have broken/twisted/sprained/hurt

Elle **s'est cassé** la jambe.
She has broken her leg.

Je **me suis tordu** la cheville.
I've twisted my ankle.

Il **s'est foulé** le genou.
He has sprained his knee.

Je **me suis fait mal** au doigt.
I've hurt my finger.

Note: with the above expressions the French don't say

her leg
my ankle
his knee
my finger

but use the definite article *le/la/les* instead, when talking about parts of the body.

Here are three colloquial expressions which you may find useful among friends:

Ne te casse pas la figure!
Don't do yourself an injury!

Ne te casse pas la tête!
Don't worry about it! Don't lose any sleep over it!

Il est casse-pied.
He's a pain in the neck.

Essayez donc!

Voici une liste de vocabulaire 'anatomique'. A l'aide d'un dictionnaire (ou en devinant – *by guessing*), choisissez les mots qu'on pourrait employer avec:

Je me suis cassé . . .
J'ai mal à . . .
Je me suis tordu . . .

le poignet	le dos
l'estomac	les doigts de pied
les dents	l'oeil droit
le cou	la cheville
le foie	les oreilles
la gorge	le genou
les reins	le coude
la figure	les yeux

Le mot juste

La santé est une grande préoccupation des Français et leur vocabulaire dans ce domaine est très riche!

Faux amis

Cure – curiste
La cure is used for a specific course of treatment involving, for example, living for a period in a special environment such as the mountains or a spa town. The normal word for *to cure* is *guérir*:

Il est complètement guéri.
He is completely cured.

Fatigué
Yes, it does mean tired, but it is also frequently used to mean 'unwell', 'under the weather'.

Moralement
This word does, of course, mean *morally*. But equally often it has a different meaning, to do with one's morale, not one's morals

Je me sens mieux physiquement et moralement.
*I feel better both physically and **mentally**.*

Perturbé
Not *perturbed*, but *disturbed:*

Il a eu une enfance très perturbée!
*He had a very **disturbed** childhood.*

but:

Cela m'inquiète.
*That **perturbs** me.*

Décontracter – contracter
Décontracter (to relax) is here the opposite of one of the meanings of *contracter – to tighten up, become tense.*

Je me sens	**contracté**	(*tense*)
	décontracté	(*relaxed*)

Ce soir je vais me décontracter.
*This evening I'm going to **relax**.*

There is also an alternative which you should know:

se détendre	– *to relax*
détendu	– *relaxed*
tendu	– *tense, nervous*

and of course *détente* used in the language of international politics.

Stresser – le stress
These are both recently borrowed from English.

Relaxer – relaxation
These are also borrowed from English.

The most general term is *se reposer.*

Avoir envie de . . .
Nothing to do with envy, at least not in this phrase. It means *to want, to feel like, to have an urge to . . .*

J'ai envie de tousser.
I want to cough.

J'ai envie de dormir.
I'm very sleepy.

It's also used for less urgent wishes:

Tu **aurais envie de** voir ce film?
Do you fancy seeing this film?

Le système de santé

En France, la Sécurité Sociale existe depuis 1945. Mais le système de santé est très varié, il laisse beaucoup de choix au malade. Suivons Madame Dupré, qui tombe malade un matin.

Madame Dupré téléphone aussitôt à son médecin de famille. Celui-ci vient chez elle et l'examine, puis rédige une ordonnance avec la liste des médicaments qu'elle doit acheter. Il lui recommande de se reposer une semaine. Madame Dupré paie sa consultation (environ 100 F) et le médecin lui signe une 'feuille de maladie'. Elle va ensuite acheter ses médicaments à la pharmacie.

Une fois rentrée, Madame Dupré téléphone à son entreprise. Elle sait qu'elle sera payée comme d'habitude, à partir du quatrième jour de son congé de maladie. Puis elle envoie sa feuille de maladie à la Sécurité Sociale. Dans 15 jours environ, son compte bancaire sera crédité de 70% de la somme payée pour la consultation et les médicaments.

Mais Madame Dupré compte bientôt s'inscrire à une Mutuelle. Tous les ans, elle versera une somme peu élevée, et ainsi, ses dépenses de santé seront remboursées à 100%. Elle pourra aussi consulter gratuitement les médecins spécialistes que la Mutuelle emploie.

Tous ceux qui travaillent doivent s'inscrire à la Sécurité Sociale. Ils versent tous les mois une somme variable (on dit qu'ils *cotisent*) et s'ils sont salariés, leur employeur en fait autant (mais il paie beaucoup plus).

Monsieur Dupré, lui, n'aime pas l'anonymat des dispensaires. Il lui conseille, quand elle est vraiment malade, d'entrer à la Clinique des Lilas, une clinique privée. Elle fera ainsi partie du cinquième des Français qui choisissent de payer (beaucoup) plus cher pour bénéficier de toute l'attention qu'ils réclament.

Et vous, que faites-vous si vous tombez malade en France? Vous devez auparavant remplir une fiche dans un 'Department of Health and Social Security.' Ainsi, vous pourrez vous faire rembourser vos dépenses de santé à votre retour en Grande-Bretagne.

Activités

1 In the street in Biarritz you are approached by a radio interviewer with a microphone. Answer his questions using the prompts.

Reporter	Pardon monsieur, vous habitez Biarritz?
You	*Say you live in . . . (name of country)*
Reporter	Ah, c'est très bien parce que justement je voulais parler à des étrangers. Vous êtes en vacances?
You	*Say you are going to spend three weeks here.*

Reporter	Vous êtes seul(e)?
You	*Say you are with your family.*
Reporter	Et pourquoi avez-vous choisi Biarritz?
You	*Say because you don't know the area; and because of the nearness of Spain and the Pyrenees.*
Reporter	Vous êtes donc une famille active, vous aimez vous déplacer?
You	*You personally are here to rest and to take advantage of the climate. Your children chose Biarritz because they hope to go and see the Pyrenees, and because of the beaches which are terrific for surfing.*
Reporter	Et vous-même, vous faites du surf?
You	*Say you used to surf in the south-west of England, but last year you had an operation and the doctor strongly recommended you to rest for a year.*
Reporter	Alors permettez-moi de vous souhaiter bonnes vacances – et bonne santé!

2 Vous êtes le personnage principal de ces deux petites histoires. Racontez ce qui s'est passé.

3 Make excuses for not accepting the following invitations, using the (feeble) pretexts we've provided – since these are telephone conversations your deception may go undetected!

Modèle:

Vous pourriez venir nous voir la semaine prochaine?
J'aurais aimé, mais malheureusement je me suis fait mal au pied et je dois rester un mois à la maison.

A vous maintenant:

1 On pourrait peut être prendre un pot ensemble?
   (Your sister has broken her leg and you have to look after her)

2 Tu viens à la plage cet après-midi?
   (You've twisted your ankle and you can't walk)

3 Vous pourriez dîner chez nous demain soir?
(You've been urged to lose a few pounds so you are leaving this afternoon for Vichy to take a health cure)

4 On pourrait peut-être jouer au tennis demain?
(You lost your glasses yesterday and when you were looking for them you fell down and sprained your wrist)

5 Cela t'intéresserait d'aller au cinéma cette semaine?
(The last time you went it gave you a headache (un mal dé tête))

4 A Biarritz nous avons rencontré Monsieur Moussempes, qui est un partisan enthousiaste de la santé et de l'exercice. Pouvez-vous choisir les mots les plus appropriés pour compléter ce qu'il dit? Nous vous donnons les mots après le texte, mais si vous préférez, essayez d'abord sans regarder les solutions.

La mollesse physique est une faute ...., criminelle même envers ce merveilleux .... qu'est le corps humain. Consacrez donc au moins un quart d'heure par .... à sa défense pour jouir d'une bonne santé .... 365 jours, il faut faire de l' ...., de la culture physique, de la marche, et particulièrement de la .... qui est sans aucun doute le sport le .... complet.

Quand nous sommes jeunes, nous nous agitons, ..., courons, faisons de l'exercice, sans nous en apercevoir. Mais quand arrive la quarantaine nous .... notre légèreté au propre et au figuré. Nos muscles qui .... longs et souples s'alourdissent, se .... de graisse, les tissus adipeux sont des ennemis redoutables du coeur, car ils .... une grande quantité de sang et augmentent inutilement le volume de liquide que le coeur a .... d'inspirer. Il .... donc lui donner l'activité raisonnable dont il a besoin. Les arrêts du coeur sont .... plus souvent à la dégénérescence qu'à l'excès d'exercice. D'ailleurs, si vous vous sentez en forme votre .... sera toujours excellent.

moral	exercice	dûs
faut	besoin	absorbent
perdons	étaient	couvrent
natation	plus	jouons
pendant	jour	instrument
grave		

A l'écoute
Ecoutez le dialogue entre une pharmacienne et une cliente et répondez aux questions suivantes:

1 Pouvez-vous trouver le mot français équivalent à *prescription*?

2 Les antibiotiques donnés à la cliente, est-il essentiel de les prendre avant de manger?

3 En ce qui concerne les antibiotiques, qu'est-ce que la cliente doit absolument faire?

4 Quelles sont les doses recommandées?

	Dose normale par jour	dose maximale
antibiotiques		
gouttes		
pastilles		

5 Pour se faire rembourser la cliente doit remplir une feuille.
Quels détails parmi ceux-ci doit-elle donner?

– son adresse?   Oui/non
– son âge?   Oui/non
– son prénom   Oui/non
– le nom de sa jeune fille? Oui/non
– son nom de jeune fille?   Oui/non
– son salaire?   Oui/non

Faits divers

La thalassothérapie à Biarritz

A Biarritz, c'est l'eau de mer, et non l'eau de source qu'on utilise pour les cures.

La thalassothérapie (du grec *thalassa*, mer) est pratiquée à Biarritz par l'Institut Louison Bobet. L'eau de mer y est utilisée pour corriger les maladies du squelette et les douleurs (on se sent plus 'léger' dans l'eau), et aussi pour sa composition en minéraux, très proche du sang humain.

On utilise aussi les boues et les algues marines, également très riches en minéraux, pour désintoxiquer' le corps – en cas de cellulite, d'oedème, etc.

Ajoutez à cela le climat marin, un bon régime alimentaire et . . . . la sympathie des Biarrots!

L'Institut Louison Bobet de Thalassothérapie et la plage Miramar

10 Du côté des femmes

Est-il plus beau rôle que celui d'une femme? Etre l'épouse qui saura rendre son mari heureux, lui donner des enfants, et créer un foyer harmonieux et accueillant . . .

Pendant des générations c'était ce qu'on souhaitait aux jeunes filles. Mais peu à peu les femmes ont pris conscience qu'il y avait autre chose dans la vie. Le Mouvement de Libération de la Femme a apporté de grands changements dans les attitudes des Français.

Nicole a rencontré à Aurillac Madame Vermenouze, une dame d'un certain âge qui a commencé à travailler assez tard dans la vie:

Nicole	Pourquoi avez-vous commencé à travailler?
Mme Vermenouze	Je venais de perdre mon mari, c'était un besoin à la fois sur le plan matériel et puis m'occuper, la plus jeune des enfants n'avait que dix ans, il y avait donc encore beaucoup à faire, un autre n'en avait que 15, financièrement il fallait faire quelque chose. Et puis je pense que moralement cela avait une utilité aussi sur mon plan d'équilibre.
Nicole	Aviez-vous une formation professionnelle à cette époque?
Mme Vermenouze	Non, je n'en avais aucune. J'avais passé mon bac normalement. J'avais fait deux ans de faculté, puis je m'étais mariée jeune, avais eu des enfants jeune, eu la chance de ne pas avoir besoin de travailler, donc de formation, je n'en avais pas. Et pas suffisamment de capitaux en liberté pour envisager d'acheter une affaire. Donc je me suis renseignée un peu de côté et d'autre et puis j'ai créé une petite agence de gestion immobilière. Je me suis jetée à l'eau, j'avais quarante ans, pas de formation, c'est pas facile!
Nicole	Quand vous avez commencé à travailler, quelles difficultés avez-vous rencontrées?
Mme Vermenouze	La première, c'est qu'on trouvait que le métier choisi n'était pas un métier de femme. Après ça, j'avoue que j'ai été facilitée par un environnement amical sur le plan professionel, mon mari ayant été avoué, j'ai bénéficié d'un environnement qui pouvait m'épauler sur des questions juridiques pour lesquelles j'étais pas formée, mais l'opinion générale c'est que c'était pas un métier de femme et ma mère en particulier condamnait tout à fait ça.

133

Nicole	Mme Vermenouze, je sais que vous êtes présidente maintenant de l'Association des Veuves dans le Cantal. Combien d'adhérents y a t-il?
Mme Vermenouze	500 environ. En fait nous avons contacté plus de femmes que ça, mais dans les plus âgées, certaines ont lâché mais de nouvelles rentrent et il est bien certain que je trouve qu'on a le tort de penser que seul des cheveux gris sont sur des visages de veuves.
Nicole	Quels sont les problèmes en particulier qui affectent ces jeunes veuves?
Mme Vermenouze	Ces jeunes veuves ont un problème d'emploi. Beaucoup avaient de jeunes enfants, avaient cessé une activité, avaient cessé leur travail professionnel pour élever leurs enfants, en se contentant du salaire de leur mari. Subitement elles sont seules et la plupart du temps elles ont interrompu un travail, mais la grande masse de nos adhérentes sont d'un monde salarial et n'ont pas de formation – et de la difficulté pour en acquérir quand il y a des enfants petits, car c'est quelque chose de mal organisé en France, elles hésitent souvent à engager – à attaquer une formation qui les oblige à partir plus loin parce qu'il y a le problème des enfants petits, ce qui fait – et c'est dommage – que souvent elles se contentent d'un mauvais emploi, en refusant d'essayer de s'organiser avec leurs enfants.

je venais de	I had just
à la fois	at the same time
équilibre	emotional stability
formation (formé(e)	training trained)
pas suffisamment de	not enough
capitaux en liberté	available capital
une affaire	a business
de côté et d'autre	here and there
une agence immobilière	estate agency (sales)
une agence de gestion immobilière	estate agency (lettings)
je me suis jetée à l'eau	I plunged in at the deep end
ayant été	having been
avoué	solicitor
une veuve	widow
(un veuf	widower)
lâcher	let go, give up
avoir tort	to be wrong
le salaire	wages
acquérir	acquire, obtain

> **Phrases clé**
> J'avais fait deux ans de faculté.
> Je venais de perdre mon mari.
> Je pense que cela avait une utilité.
> J'avoue que j'ai été facilitée.

Avez-vous bien compris?
Complétez ces phrases, en utilisant les idées et le vocabulaire du texte:

1 J'avais des enfants, un mari qui gagnait bien sa vie, je n'avais pas .... de travailler.
2 Comme beaucoup de femmes mères de famille, je n'avais pas de .... professionnelle.
3 Pour lancer une affaire il faut des ....
4 Beaucoup de veuves se .... d'un travail mal payé.
5 Dans notre association la majorité de nos .... n'ont pas de métier.

Les femmes chefs d'entreprise restent tout de même assez rares, malgré les progrès de ces dernières années. Raymonde Beaugendre, que nous avons rencontrée au premier chapitre, est directrice d'une entreprise à Pau.
Ici elle raconte à Nicole son expérience:

Nicole   Est-ce que vous circulez surtout dans un milieu d'hommes?
Raymonde   Oui, dans un milieu d'hommes, et ce n'est pas toujours facile parce que les hommes ont contre les femmes chefs d'entreprise un préjugé défavorable. Ils considèrent que vous ne pouvez pas être leur égale. Ça, c'est le jugement a priori, mais après, généralement, lorsqu'ils vous connaissent mieux, je crois qu'ils vous apprécient.

Raymonde	On, on vous examine, on vous jauge, on vous juge, et après, on vous accepte, mais l'examen est beaucoup plus long que si vous êtes un homme.
Nicole	Est-ce que vous pensez que, donc, parmi les Basques, parmi les gens du pays, ils sont beaucoup plus ouverts peut-être envers les femmes dans un rôle professionnel?
Raymonde	Je pense que l'attitude est à peu près la même dans toutes les régions. Je crois que les hommes considèrent que les affaires, c'est leur chasse gardée. Et les femmes doivent y entrer sur la pointe des pieds. Il y a par contre des gens avec qui les femmes ont, je crois, de très bons rapports, ce sont les gens qui s'occupent de gestion. Par exemple les banquiers apprécient beaucoup les femmes chefs d'entreprise parce que, ils considèrent que nous avons les pieds sur la terre, que nous sommes raisonnables, et que nous sommes – nous respectons généralement notre parole peut-être plus que certains de nos confrères hommes. Et cela, ils l'apprécient vraiment.
Nicole	Est-ce que il y aurait certaines qualités qu'on recherche dans une personne qui a vos responsabilités?
Raymonde	Je pense qu'il faut être sérieux, il faut être raisonnable, il faut être efficace, il faut être chaleureux je crois, c'est nécessaire et ça nous aide. C'est peut-être un atout qu'ont les femmes.
Nicole	Est-ce que vous avez un rôle de chef du personnel un petit peu? Est-ce que les hommes dans votre entreprise viennent vers vous facilement, avec leurs problèmes à l'extérieur de leur travail?.
Raymonde	Oui, oui, tout à fait, tout à fait, ils viennent vers moi. Ils – lorsqu'ils ont des problèmes familiaux, des problèmes de divorce, des problèmes avec des enfants, c'est vers moi qu'ils viennent tout naturellement. Je crois que la présence d'une femme dans une entreprise apporte ce petit plus que les hommes n'ont pas, qui est peut-être la chaleur, qui est peut-être la sympathie.
Nicole	Maintenant pour sortir un petit peu de ce côté disons à tendance féministe, je pense qu'il serait intéressant de savoir si, quand on assume autant de responsabilité, si finalement ça n'envahit pas trop sur sa vie personnelle.
Raymonde	Si, bien sûr. Je crois que c'est fatal, que ça envahisse la vie, mais ça y apporte aussi beaucoup de choses, parce que je ne m'imaginerais pas, par exemple, de vivre maintenant comme vivent certaines de mes amies d'enfance, ou certaines de mes proches parentes qui ont élevé leurs enfants et puis qui, à mon âge, se trouvent un peu isolées, les enfants se sont envolés, se sont mariés, et elles se retrouvent face à face avec leur mari et avec elles-mêmes. Et en général, ça finit dans, quelquefois dans la déprime. Alors que, quand vous avez une activité professionnelle, vous êtes en contact avec les autres, en contact avec la vie, avec les réalités, de tous les côtés. Et je trouve que c'est très enrichissant, et je n'envisagerais pas ma vie autrement.

un milieu d'hommes	a man's world
en tant que femme	as a woman
une usine	a factory
jauger	to weigh up
exprès	on purpose, deliberately
envers	towards
une chasse gardée	preserve, private territory
sur la pointe des pieds	on tip-toe
la gestion	management, administration
nous respectons notre parole	we keep our word
efficace	efficient, effective
chaleureux, chaleureuse	warm, approachable
un atout	a trump card
envahir	to invade
fatal	inevitable
mes proches parents	my close relatives
s'envoler	to fly away
la déprime	depression

Phrases clé
Je considère qu'il est très important . . .
Je crois qu'ils vous apprécient.

Avez-vous bien compris?
Voici un petit résumé des opinions de Raymonde Beaugendre.
Est-ce que nous les avons interprétées correctement?

Elle considère que:

1 les hommes ont un préjugé contre les femmes chefs d'entreprise.

2 ils ne changent pas d'opinion, même en vous connaissant bien.

3 les Basques sont plus ouverts dans ce domaine que les habitants d'autres régions.

4 les hommes qui travaillent avec elle n'aiment pas tellement parler de leurs problèmes personnels à une femme.

5 les femmes qui ont une activité professionnelle sont moins dépressives que les femmes au foyer.

Pour en savoir plus

1 Giving your opinions

In Chapter One, when we were looking at ways of expressing likes and dislikes, we touched briefly on the theme of expressing opinions. There are several ways of beginning a statement to show that you are about to give your opinion or view:

A mon point de vue	
J'estime que	
Je considère que	la formation professionnelle est
Je trouve que	très importante.
Je crois que	

All of these have the same sort of meaning.

Other ways of introducing statements of opinion include:

J'avoue que	– *I admit that*
Je constate que	– *I acknowledge that*
J'accepte que	– *I accept that*
Je suis convaincu(e) que	– *I am convinced that*
Je suis sûr(e) que	– *I am sure that*

All of these expressions can be simply placed in front of whatever you wish to say, without making any further changes.

So if you think that

les hommes ont tous des préjugés

choose your introductory expression and you get, for example:

J'estime que les hommes ont tous des préjugés.

2 Introducing doubt or uncertainty

What happens if the opinion you wish to express involves conveying doubt or uncertainty?

Here are some examples:

Je ne suis pas sûr que les hommes **aient** tous des préjugés.

Je doute que les femmes **puissent** toutes exercer un métier.

In this case you will generally need to use a subjunctive form of the verb following the expression of doubt. So in the above examples *aient* and *puissent* are used instead of *ont* and *peuvent*.

Essayez donc!

Exprimez vos opinions en commençant chaque phrase par

1 J'estime que . . .
2 Je doute que . . .

1 Un métier peut vous aider à éviter la déprime.
2 La formation professionnelle des femmes est suffisante.
3 Les femmes acceptent facilement de rester à la maison.
4 La vie professionnelle enrichit la vie de famille.
5 La vie d'un homme qui travaille est plus facile que celle d'une femme qui travaille.

3 Recounting events in sequence

Very often you need to recount past events which explain your subsequent actions:

Je n'avais pas de formation professionnelle.
J'avais perdu mon mari.
J'avais deux enfants.
J'avais fait deux années de faculté.
Je m'étais mariée jeune.

As you can see, all these statements are intended by the speaker as explanatory background. Not surprisingly, since they describe a state of affairs which serves as a back-cloth to later events, the tense used is the *imperfect*. Or is it? Well, in some cases it is:

J'avais deux enfants.

Je n'avais pas de formation professionnelle.

However, in the rest of the examples, the imperfect is combined with a past participle to produce the tense known as the *pluperfect*:

J'avais perdu	– *I had lost*
J'avais fait	– *I had done*
Je m'étais mariée	– *I had got married*

The pluperfect therefore serves a function similar to that of the imperfect tense, but has the particular job of explaining events or situations prior to other events in the past:

Je n'**avais** jamais **travaillé**

*I **had** never **worked** (prior situation)*

Une fois que **j'avais terminé** mes études, je me suis mariée.

*Once **I had finished** my studies, I got married. (prior event)*

139

4 Venir de

An exceptionally simple and commonly used way of describing events recently past is to say:

Je viens de commencer en faculté.
I've just started at university.

Ils viennent de m'écrire.
They've just written to me.

Used in the imperfect:

Je venais de passer mes examens.
I had just taken my exams.

Elle venait de m'écrire.
She had just written to me.

Essayez donc!
Commencez chaque phrase par la forme appropriée de *venir de*, en éliminant les éléments superflus.

Modèle:

J'ai reçu sa lettre aujourd'hui.
Je viens de recevoir sa lettre.

A vous maintenant!
1 J'ai fini mon café il y a un instant.
2 Elle a écrit à ses parents ce soir.
3 Il m'a téléphoné à sept heures.
4 Nous sommes arrivés il y a un quart d'heure.
5 Il avait perdu tout son argent quelques semaines avant.
6 Elle avait posé sa candidature ce jour-là.
7 Il est sorti!
8 Elle s'était installée à Bayonne l'année précédente.

5 More on negatives
Marginally less useful than the other negatives you have learned in Chapter Seven, but a form which you should be able to recognise, is:

Je n'avais **aucune** formation,

which is a more emphatic way of saying

Je n'avais pas de formation.

Other examples:

Aucun de mes enfants **n**'habite Biarritz.
None of my children lives in Biarritz.

Il **n**'y a **aucune** solution au problème.
There is no solution to this problem.

Sans **aucun** doute . . .
*Without **any** doubt . . .*

Ne . . . que . . .

This has the form of a negative, but only part of the value:

Je **n**'ai **qu**'un enfant.
*I've **only** one child.*

Elle **ne** travaille **qu**'à temps partiel.
*She works **only** part-time.*

Essayez donc!

Try saying in French that:

1 you've only a small flat.
2 you watch only two or three TV programmes.
3 you go out only once a week.
4 you listen only to classical music.
5 you sleep only six hours a night.

6   En

Look at these examples drawn from things said by our
interviewees in the last two chapters:

Si j'**en** éprouve le besoin . . .
J'**en** aurai les bienfaits . . .
J'**en** ai pas tellement envie . . .
Je n'**en** avais pas . . .

These statements make little sense quoted in this way, out of
context, because the pronoun *en* has been used to replace the vital
information, so as to avoid repetition. In this respect *en* is like
le/la/les used as object pronouns:

Tu as acheté **le café**?
Oui, je **l**'ai acheté.

Tu prends **du café**?
Oui, j'**en** prends, avec plaisir.

The difference in use between *en* and the others is illustrated by
the above example. In most cases, *en* replaces a phrase beginning
with *de* or one of its forms (*du/de la/de l'/des*).

So to go back to our opening examples:

Si j'**en** éprouve le besoin . . .

was in fact short for

Si j'éprouve le besoin **de deux semaines de repos . . .**
If I feel the need for two weeks' rest . . .

and

J' **en** aurai les bienfaits . . .

was short for

J'aurai les bienfaits **de la cure**
I'll get the benefits from the rest cure

and so on.

En can also replace **any item** introduced by a number:

J'**en** ai trois
*J'ai **trois frères***

J' **en** ai acheté six.
*Vous avez acheté **combien de croissants**?*

Il y **en** a sept.
*Il y a **sept provinces** dans le Pays Basque*

The positioning of *en* is shown in these examples:

Il **en** mange
Il n'**en** mange pas
Il **en** a mangé
Il n'**en** a pas mangé
Je lui **en** donne
Il ne m'**en** donne pas
Il espère **en** manger

In other words, *en* is generally placed just before the verb or the auxiliary verb.

Essayez donc!

En? le? la? les? Choisissez:
Modèle:

Elle a acheté **du jambon.**
Elle **en** a acheté.

Elle a perdu **son argent.**
Elle **l'**a perdu.

A vous maintenant!

1 J'ai envie **d'aller à la plage.**
2 Je vois souvent **mes amis.**
3 J'ai vu **le médecin** aujourd'hui.
4 Elle n'a pas **d'enfants.**
5 Vous avez besoin **d'une formation?**
6 J'ai **les capitaux nécessaires.**
7 Je suis propriétaire **d'une petite agence.**
8 Elle a 40 **employés.**
9 Il ne voit pas souvents **ses enfants.**
10 Quand j'étais jeune je profitais **de la plage.**

Faux amis

Solaire
means *wages* and *salary*. So *un salarié* is a wage-earner.

Rhythm and stress
The stress we are talking about here is not the sort which can be eliminated by *une cure!* In fact stress is an essential feature of pronunciation. If the stress or the rhythm is wrong, people may simply not understand you, even though the words may be correct.

Look at this word in English:

electricity
1 2   3 4 5

It contains five syllables, only one of which is stressed:

electricity
· ·   _ · ·

This particular pattern (*di-di-daa-di-di*) **belongs** to this word, which will always be pronounced this way.

In English every word has its own pattern, often seemingly illogical:

electricity
· ·   _ · ·

but

electric
· _   ·

compare

telephone
_ · ·

with

telephonist
· _   · ·

and you will begin to realise how many pitfalls there are for a French person learning English!
  In French the situation is different. First of all, individual words do not carry the same permanent rhythmic 'footprints' which English words have. As a general rule, all syllables have roughly equal stress in French, and you can be pretty certain that the stress will fall on the final syllable.

So:

Je vais à la banque.
·   ·   ·   ·   —

Je vais à la banque demain.
·   ·   ·   ·   ·   · —

Quand je serai prêt, nous pourrons partir.
·   ·   ·   ·   —   ·   ·   ·   ·   ·   —

Essayez donc!

Prononcez:
1 Je ne mange pas.
   Je ne mange pas ce soir.
2 J'aime la télévision.
   J'aime la télévision en couleur.
3 Ils sont partis.
   Ils sont partis sans me dire au revoir.
4 Nous n'avons pas de téléphone.
   Nous n'avons pas de téléphone chez nous.
5 J'ai demandé un poste.
   J'ai demandé un poste de réceptionniste.

Les femmes en France
Un étudiant sur deux est une étudiante.
Plus d'un travailleur sur trois est une travailleuse.
Mais . . . trois chômeurs sur quatre sont des chômeuses . . .

La place des femmes dans la société française est donc, comme dans beaucoup de pays européens, plus importante en quantité qu'en qualité.
  Si les choses ont beaucoup changé pour les Françaises depuis quarante ans, c'est que le retard était déjà considérable, tout au moins par rapport à la Grande-Bretagne. Le droit de vote ne leur a été accordé qu'à la Libération, et la contraception légalisée seulement en 1967 (l'avortement en 75). Jusqu'en 70, le père était le seul chef de famille . . .
  Pour le public, la partie la plus visible de ces progrès, c'est le Ministère des Droits de la Femme, qui surveille l'égalité professionnelle entre les sexes.
  Actuellement, la part des femmes ayant des postes à responsabilité est infime. On a beaucoup parlé de la première femme à entrer à Polytechnique (la plus prestigieuse des Grandes Ecoles), en 72, mais on oublie qu'actuellement, les femmes ne composent que 7 pour cent des élèves de cette école!
  La femme française fait encore, dans la plupart des cas, la 'double journée': travail et famille. C'est pourquoi elles sont de plus en plus à travailler à temps partiel. De plus, l'équipement en crèches est presque partout insuffisant.
  Est-ce pour cela que le mariage est en net déclin? Un tiers des étudiantes déclarent préférer le concubinage, ou 'union libre'.

Beaucoup décident d'avoir un enfant sans se marier, ou même sans vivre avec le père. Le nombre des enfants 'sans père' a plus que doublé en 6 ans, atteignant 114 000 en 1981. Actuellement, être mère est un choix.

Les nouvelles femmes sont arrivées!

Activités

1 Here is an extract from a French magazine:

FEMMES AU TRAVAIL

On croit généralement que les femmes travaillent proportionnellement beaucoup plus aujourd'hui qu'au début du siècle. Or, c'est faux.

De 1901 à 1962, le taux d'activité féminine a légèrement décru (de 36 % à 27,9 % de la population féminine totale (1). Pourquoi ? Essentiellement à cause de la lente diminution de la population agricole. En 1901, 40 % des femmes appartenaient à des ménages agricoles. Elles n'étaient plus que 17 % en 1962.

De même dans l'industrie, les femmes étaient nombreuses dans des secteurs comme le textile ou l'habillement dont l'importance a beaucoup décliné. Par contre, la proportion de femmes n'a cessé d'augmenter dans le secteur tertiaire : 39 % en 1906, 46 % en 1954, 54 % en 1962, 60 % en 1968 (2). C'est donc la structure de l'emploi féminin qui a changé.

Mais, depuis 1968, on assiste à nouveau à une augmentation du taux d'activité des femmes. De 1968 à 1975, le nombre des femmes au travail a augmenté de plus d'un million. D'après l'enquête sur l'emploi de l'I.N.S.E.E., le taux d'activité des femmes de 15 ans et plus est passé de 38,6 % en 1968 à 43,4 % en 1981. Evolution des mentalités ou des habitudes sociales, on travaille moins avant 25 ans (à cause de la scolarisation) et moins après 60 ans (à cause de l'élargissement des systèmes de retraite). Par contre, les femmes de 25 à 29 ans, mariées et en particulier qui ont des enfants, sont de plus en plus nombreuses dans le monde du travail : en 1975, 66, 6 % des femmes de 25 à 29 ans, mères d'un enfant de moins de deux ans, exerçaient un emploi (contre 50,5 % en 1968) (3).

Sources :
(1) « La croissance française » de Carré, Dubois, Malinvaud (Le Seuil 1972).
(2) « La famille » (Hachette-1975. Coll. Vivre demain).
(3) « Les femmes en France dans une société d'inégalités ». (La Documentation française - Janvier 1982.)

---

1 What two reasons are given for the fall in the proportion of women working between 1901 and 1962?
2 What do you think le secteur tertiaire is?
3 Are mothers of young children tending to stay at home more?
4 Which two age groups are employed in diminishing numbers, and why?

2   Donnez, en une phrase (ou plusieurs si vous préférez), votre opinion sur ces questions:

1   Le mariage: est-il démodé?
2   Les jeunes: sont ils moins responsables aujourd'hui?
3   La société: est-elle plus juste?
4   Le chômage: est-ce qu'il est inévitable?
5   L'énergie nucléaire: est-elle nécessaire?

3   Rejoignez les questions et les réponses:

1   Avez-vous des nouvelles de Jacques et Martine?
2   Cela te plairait d'aller au cinéma?
3   Je t'achète des timbres?
4   Il vous restait combien de cigarettes?
5   Tu n'as pas oublié les billets?
6   Vous avez combien de places dans votre voiture?

Non, je n'en ai pas besoin.
Non, je n'en ai pas envie.
J'en ai quatre.
Oui, je les ai vus hier.
J'en avais quatre.
Non, je les ai.

A l'écoute

Madame Darris a eu une vie assez mouvementée. Originaire de Bayonne, elle n'a pas passé toute sa vie dans cette ville. Ecoutez-la raconter sa vie et répondez aux questions suivantes.

1   Pourquoi s'est-elle installée en Normandie?
2   Combien d'années a-t-elle passées en dehors de son pays natal?
3   Est-ce qu'elle a travaillé tout le temps pendant ses années en Normandie et en Auvergne?
4   Pourquoi est-ce qu'elle ne revenait pas plus souvent à Bayonne à cette époque-là?
5   Qu'est-ce qu'elle avait aimé dans son travail à Clermont-Ferrand? Et qu'est-ce qu'elle avait moins aimé?

Faits divers

Les agences matrimoniales

Vous l'imaginez grand, beau, fort, tendre et viril, intelligent et raffiné?

Vous la voudriez jolie, sincère, charmante, affectueuse, attentionnée, et blonde?

Et bien, il (ou elle) existe, il vous suffit de vous adresser à une agence matrimoniale, véritable réservoir de créatures exceptionnelles . . .

D'ailleurs, si l'on y réfléchit bien, vous avez tout à y gagner, Pensez à tous les problèmes qu'auraient évités, s'ils s'étaient adressés à ce genre d'organisme, Roméo et Juliette, Tristan et Iseut, Pâris et Hélène, Didon et Enée . . .

On n'arrête pas le progrès!

11 Tradition et gastronomie

Describing menu items
Saying how dishes are cooked

Nous allons consacrer ce chapitre presque exclusivement à un père de famille, Monsieur Combourieu, qui tient un petit hôtel-restaurant à Pailherols dans le Cantal. Mais il n'a pas toujours été dans l'hôtellerie: ses origines sont plus liées à la terre du Cantal. Nicole a goûté sa cuisine traditionnelle et nous allons suivre la conversation qu'ils ont eue au cours du repas.

Assise à table avec ses amis, Nicole prend un apéritif, et elle demande au patron de lui décrire les plats qu'ils mangent:

Nicole   Est-ce que vous pourriez peut-être me décrire ce que je suis en train de manger?

Le pounti

Il s'agit d'une entrée typiquement auvergnate, composée d'une épaisse crêpe fourrée.

Ingrédients pour 6 personnes

Pour la pâte à crêpe	Pour la farce
250 g de farine	*350 g de lard gras*
20 g de sel fin	*600 g de blettes entières*
1 pincèe de poivre moulu	*450 g d'oignons*
9 oeufs entiers	*250 g de pruneaux d'Agen,*
1/4 l de lait	*gonflés dans une très légère*
	infusion de thé

Utensiles

1 hachoir à main ou	*1 moule de 28/30 cm de*
électrique	*diamètre et de 6 cm*
1 saladier	*environ de hauteur*

Temps de préparation   *15 minutes*

Temps de cuisson   *1 heure*

Exécution

Faites gonfler les pruneaux en les mettant dans une casserole avec de l'eau et un petit sachet de thé, sur feu moyen. Quand l'eau frissonne, retirez la casserole et couvrez-la.

Préparez la pâte à crêpe une heure ou deux à l'avance un peu plus épaisse cependant qu'une pâte à crêpe normale. Laissez reposer.

Pendant ce temps, laver les blettes, égouttez-les. Epluchez les oignons, ôtez la couenne du lard avant de le couper en petits morceaux et passez le tout dans le hachoir, grille moyenne, sans oublier le persil. Mélangez l'ensemble. Huilez le moule.

Otez les pruneaux de l'infusion, coupez-les en deux, retirez les noyaux. Incorporez le hachis dans la pâte à crêpe. Versez la moitié de ce mélange dans le moule, répartissez dessus les demi-pruneaux, et recouvrez avec le reste. Chauffez le four à 180° environ et laissez cuire à chaleur moyenne pendant une bonne heure.

M Combourieu	Vous mangez de ce qu'on appelle le pounti, qui est un plat régional qu'on sert comme un hors d'oeuvre qui est composé d'herbes, par exemple du persil, de blette, farine, lait, crème, un tout petit peu d'oignons et des pruneaux, et ça c'est cuit au four et servi individuellement.
Nicole	C'est cuit pendant combien de temps à peu près?
M Combourieu	On fait d'abord une cuisson lente et avant de sortir du four, on fait une cuisson rapide, pour dorer.
Nicole	En tout cas c'est très bon. Votre cuisine, vous la faites selon les recettes traditionnelles en Auvergne?
M Combourieu	Nous faisons notre cuisine selon les recettes traditionnelles, que nous avons légèrement modifiées pour que les plats soient beaucoup plus supportés facilement, parce que les plats régionaux auvergnats étaient des plats très gras et il a fallu moderniser cette cuisine, l'adapter au goût du client actuel. Et nous y sommes parvenus.
Nicole	C'est à dire vous utilisez le four électrique par exemple?
M Combourieu	Voilà – four électrique, oui, qui nous aide beaucoup, dans lequel on peut programmer facilement.
Nicole	M. Combourieu, est-ce que tous les plats servis ici sont faits avec des produits de la région, du pays?
M Combourieu	Le menu qu'on vous a composé est fait avec de la matière qui vient de chez nous, d'Auvergne. De A jusqu'à Z. C'est un menu composé par la maison, et unique dans la région.
Nicole	Et où obtenez-vous ces produits?
M Combourieu	On obtient ces produits sur place, par exemple, les persils, les blettes, on achète ça sur place et nous en avons dans les jardins. Le lait, la crème, le beurre sont de la région.

un plat	dish
le persil	parsley
la blette	beet leaves, chard
la farine	flour
cuire	to cook
une cuisson	cooking process
un four	oven
dorer	to brown (a dish)
une recette	recipe
légèrement	slightly
gras	(rich in) fat
parvenir	to succeed
sur place	on the spot

Phrases clé
C'est ce qu'on appelle le pounti
C'est un plat qui . . .
C'est cuit au four . . .

Avez-vous bien compris?

1 Est-ce que tous les ingrédients du menu viennent du jardin de Monsieur Combourieu?
2 Pourquoi Monsieur Combourieu a-t-il modifié les recettes?
3 Le pounti est-ce qu'il se mange chaud ou froid?
4 Quel est l'avantage du four électrique?
5 Monsieur Combourieu, quel genre de formation avait-il eue?

Le repas continue. Voici le moment du plat principal:

Nicole	Qu'est-ce que vous nous présentez?
M Combourieu	On vous présente un saumon de fontaine feuilleté, sauce Choron.
Nicole	Qu'est-ce que c'est qu'un saumon de fontaine?
M Combourieu	C'est une truite saumonnée, élevée dans des sources d'eau très fraîche.

Monsieur Combourieu

Nicole	Qu'on pêche dans la région?
M Combourieu	Oui, elles sont élevées dans la région, mais dans des sources, pas dans l'eau de rivière. Et c'est un poisson qui remplace un autre poisson qui est très – qui est très renommé en cuisine, qui s'appelle le bar. Ce plat est fait à Lyon par le grand chef Bocuse où

il fait ce bar feuilleté, mais comme nous en Auvergne, nous n'avons pas la facilité d'avoir des bars, nous faisons le saumon de fontaine feuilleté. Nous sommes des copieurs!

Nicole	Expliquez-moi un petit peu cette sauce-là.
M Combourieu	Bien, la Choron, c'est un petit secret maison. C'est une très bonne sauce.
Nicole	Très bonne!
M Combourieu	Mais je ne peux pas tout vous dire! Je vendrais un secret d'état!
Nicole	Evidemment . . .
M Combourieu	Ou un secret d'auvergnat! Je vendrais un secret d'auvergnat!

une fontaine	*spring, fountain*
feuilleté	*flaky (pastry)*
la truite saumonnée	*salmon trout*
pêcher	*to fish, catch*
élever	*to rear*
remplacer	*to replace*
renommé	*renowned*
le bar	*bass (fish)*
un secret d'état	*a state secret*

Ensuite Monsieur Combourieu sert à Nicole un plat qui s'appelle la truffade:

Nicole	Qu'est-ce que c'est là, exactement la truffade?
M Combourieu	La truffade, c'est – ce sont des pommes de terre. Il a fallu là aussi la moderniser. Parce que la truffade se faisait à la poêle, mais la poêle surchauffait trop les bords et déshuilait l'extrait sec de fromage. Alors nous avons fait cuire les pommes de terre en cocotte, avec du lard, bien sûr – elles sont moins grasses. Tous les plats régionaux, il a fallu les dégraisser si vous voulez mieux. Il y avait trop de graisse qui composait ces plats pour les offrir aux clients. Et pour qu'ils soient plus digestes.
Nicole	Avec quel fromage est-ce que c'est préparé?
M Combourieu	En principe le – la truffade se fait avec l'extrait sec de fromage. C'est à dire que c'est le caillé desséché qui fait ce qu'on appelle la tomme. Et c'est cette tomme qui au contact de la chaleur et des pommes de terre chaudes file et devient la truffade. On peut mettre du fromage très tendre, mais il vaut mieux la tomme.
Nicole	Et vous, Monsieur Combourieu, quel est votre plat préféré?
M Combourieu	Des pieds de cochon panés.
Nicole	Est-ce que c'est un plat typiquement auvergnat?
M Combourieu	Auvergnat, oui, parce que en Auvergne on mangeait énormément de cochon, mais ça peut être un plat national si l'on peut dire. Et les lentilles aux lardons. Il y a aussi les pissenlits au lard, mais les pissenlits de nos montagnes, il faut que le pays soit sauvage, il faut que ces pissenlits poussent naturellement, et fait au lard, c'est un plat extraordinaire.

une poêle	frying-pan
surchauffer	overheat
les bords	the edges
déshuiler	to dry out the oil
la cocotte	a slow-cooking pot
le lard	smoked belly of pork
dégraisser	to remove the fat/grease
le caillé	the curd
desséché	dried
pieds de cochons panés	pig's trotters in breadcrumbs
aux lardons	with cubes of fried bacon
sauvage	wild
pousser	to grow

Ensuite vient le plateau de fromages, avec évidemment les fromages de la région, le bleu d'Auvergne, le St Nectaire et le Cantal. Et pour terminer, un dessert.

Nicole
M Combourieu

Alors, qu'est-ce que c'est, ça? C'est une pâtisserie maison? Ça, c'est un vieux dessert, qui s'appelait à l'époque le nègre en chemise. Nous l'avons modifié, c'est du chocolat, c'est un genre de demi-meringue un petit peu molle, voyez, faite avec des noisettes pilées, glace vanille et chantilly, mais chantilly avec de la crème, pas avec du gaz carbonique. Les gens qui vous font de la chantilly aujourd'hui, ils utilisent le gaz carbonique. C'est épatant. Quand on éternue, toute la crème part en l'air! Mais la nôtre, elle reste . . . Bien, le repas que vous avez mangé est un repas composé de plats gastronomiques du pays, de spécialités auvergnates, mais ce sont des plats qu'il faut commander, car la cuisine auvergnate ne s'improvise pas. C'est une cuisine qui est faite à base de cuisson lente, surtout dans les fours et il faut être prévenu à l'avance, pour les faire au dernier moment – la cuisine auvergnate ne supporte pas une deuxième cuisson. C'est une cuisson unique et qui se mange tout de suite. La cuisine auvergnate ne se congèle pas. Elle est faite avec des produits frais et du terroir.

un genre de	a sort of
mou, molle	soft
une noisette	hazel-nut
piler	to crush
la chantilly	sweetened whipped cream
épatant	marvellous
éternuer	to sneeze
partir en l'air	to blow away
prévenir	to warn

unique	*single*
congeler	*to deep-freeze*
le terroir	*the locality*

Phrases clé
Elles sont élevées dans la région
La truffade se fait avec l'extrait sec de fromage

Avez-vous bien compris?
1 Pour faire de la truffade, il faut quels ingrédients?
2 Et pour faire le nègre en chemise?
3 Complétez ces phrases:

Les plats traditionnels auvergnats sont souvent trop ....

On ne peut pas .... ces plats, il faut les manger tout de suite.

Pour en savoir plus

1 Finding out about and describing items on a menu
The richness and the variety of 'la cuisine française' are so great that even the fairly experienced visitor will come across dishes the name of which may not be immediately understandable. A list of all the possible menu items would be almost endless. So we are going to concentrate on the language you need to use (and understand) in order to be able to find out what a particular dish or item is.

If you are not sure of the meaning of an item on a menu, it is perfectly normal to ask the waiter:

La truffade, c'est quoi exactement?

or
Qu'est-ce que c'est exactement, la truffade?

or
Pourriez-vous me dire ce que c'est que la truffade?

Someone describing a dish to you will probably say:

C'est ce qu'on appelle . . .

or

C'est un plat	qui est composé(e) de . . .
C'est un dessert	qui est fait(e) avec . . .
C'est une sauce	qui est un mélange de . . .
etc	qui est une sorte de . . .
	(qui est) d'origine . . .

They may tell you how it's cooked:

Un plat peut être cuit

– au four	*(oven)*
– au gril	*(grill)*
– à la poêle	*(frying-pan)*
– en brochette	*(skewer, kebab)*
– en casserole	*(saucepan)*
– en cocotte	*(slow cooking pot)*
– en cocotte-minute	*(pressure cooker)*

Un plat peut se manger

- chaud
- froid
- tout seul
- avec . . .
- en hors d'oeuvre
- en entrée
- en plat principal
- en dessert

Beaucoup de restaurants ont à la fois un menu à prix modéré et un menu plus élaboré, qui s'appelle généralement le menu gastronomique. Le menu à prix modéré est souvent composé d'un hors d'oeuvre, d'un plat principal, d'un plateau de fromages ou d'un dessert. Le menu gastronomique est plus long avec, par exemple:

hors d'oeuvre	
entrée	(très souvent un poisson ou une spécialité servis chauds)
plat principal	(généralement une viande servie avec légumes – ce qu'on appelle un plat garni)
salade	
plateau de fromages	
dessert	

The following categories will crop up frequently when describing a menu:

C'est un poisson/du poisson

un fruit de mer	*shellfish*
une viande	
une saucisse	*whole sausage for cooking*
un/du saucisson	*cold dry sausage for slicing*
un légume	*vegetable*
une herbe	*herb*

C'est une sorte de

soupe/potage	*soup*
ragoût	*stew*
quiche	*quiche*
omelette	
soufflé	
glace	*ice cream*
sorbet	
terrine/pâté	
pâte (brisée, chou, feuilletée)	*pastry (short crust, chou, flaky)*

Essayez donc!
C'est quoi exactement? Expliquez-nous!

nom du plat	catégorie	ingrédients	cuisson	servi(e)
la Tarte Tatin	dessert	pâte brisée pommes	four	toute seule, chaude
le Navarrin	ragoût	mouton, carottes, navets, oignons	cocotte	chaud, en plat principal
la Lotte à l'Americaine	plat	poisson (lotte), ail, concentré de tomates, oignons	cocotte	chaude avec sauce blanche
la Daube	plat	boeuf, oignons, lard, bouquet garni	cocotte	chaude, en plat principal
la Gougère	entrée	pâte à chou, fromage, blanc d'oeuf	four	chaude, toute seule, en entrée
la Mayonnaise	sauce	huile, oeuf, sel, citron		avec poisson ou viande froide, asperges, etc
la Piperade	plat	piments, tomates, ail, oignons, huile, oeufs	poêle	avec des tranches de jambon de Bayonne
la Poire Belle Hélène	dessert	poires, glace vanille		avec une sauce au chocolat chaude

2 To say how things are done

Let's start with an example in English:

This dish is always served with parsley

But are there any other equally acceptable ways of saying this? Well, we could perhaps say:

You always serve this dish with parsley

Now let's think how to say this in French. Instead of two basic ways of conveying this message, French has three:

Ce plat est toujours **servi** avec du persil
On sert toujours ce plat avec du persil
Ce plat se sert toujours avec du persil

Ce plat se sert? Does it really serve itself? In fact this use of the reflexive form is very common in French:

Ce vin se boit frais — *This wine is drunk cool*

Ça se prononce comment? — *How is it pronounced?*

Les tomates s'épluchent facilement si vous les plongez dans de l'eau bouillante
Tomatoes can be skinned easily if you drop them in boiling water

The important thing to remember here is that whereas the three different ways of saying how things are done are of equal popularity and importance in French, when you look at English you find that it is the **passive form** which dominates:

Mayonnaise is made with the following ingredients
These vegetables can be found locally

A **passive** use of the verb is when the subject, instead of *doing* the action, has the action *done to it:*

Passive: The postman was bitten by the dog!
Active: The postman bit the dog!

The passive is formed, in French as in English, by using the **past participle** (eg *élévé, trouvé, fait*) and the appropriate form of the verb **to be.**

In passive forms, the participle has to agree (singular/plural, masculine/feminine) with the subject (eg *les truites sont élevées*), but more often than not this produces no audible difference and is therefore only of any importance if you wish to write French with complete accuracy.

Essayez donc!

1 Trouvez dans les textes les phrases ou expressions qui correspondent à:

I   The trout are reared in the region.

2 . . . a regional dish which is served as a starter.
3 This sort of cuisine cannot be improvised.
4 The dried curd which is called tomme.

(All these are passives in English. Et en français?)

2 Trouvez une autre façon de dire:
1 Ces pomme de terre se cuisent en cocotte.
2 Les plats auvergnats ne se congèlent pas.
3 Le saumon feuilleté est servi avec une sauce.

Le chef Bocuse

Dans un pays célèbre pour ses chefs cuisiniers, Paul Bocuse est le plus connu de tous. Il tient un restaurant de réputation mondiale à Lyon, et d'autres au Japon, aux Etats-Unis, et en Amérique du Sud.

La sauce Choron

La sauce Choron est une sauce faite avec du persil, de l'estragon (*tarragon*), du beurre, du jus de citron, du vinaigre et du sel, à laquelle vous ajoutez du concentré de tomates. Sans le concentré de tomates, vous avez une sauce beaucoup plus connue, qui s'appelle la sauce béarnaise (le Béarn est la région immédiatement à l'est du pays basque, du côté français des Pyrénées).

Le vinaigre

Le vinaigre est fait avec du vin en France (*vin-aigre*, sour wine) et il a un goût plus délicat que le vinaigre britannique, qui est généralement fait avec du malt. Il vaut mieux éviter d'utiliser le vinaigre de malt pour faire des recettes françaises. Achetez plutôt du vrai vinaigre, qui se vend en Grande-Bretagne sous le nom de 'wine vinegar'.

Le bouquet garni

Ce n'est pas un bouquet de fleurs, mais un bouquet d'herbes que vous faites avec une petite branche de persil, de thym, et une feuille de laurier (ou d'autres herbes si vous préférez). On ajoute un bouquet garni à l'eau de cuisson de beaucoup de plats, pour donner un goût délicat ou pour faire ressortir le goût de la viande. En Grande-Bretagne les bouquets garnis se vendent en petits paquets dans les magasins, mais vous pouvez les faire vous-même.

Le pâté – la pâte

Voici deux mots qui se ressemblent, mais qui sont bien différents. Le pâté, qui est composé de viande hâchée, d'herbes, et d'autres ingrédients, se mange en hors d'oeuvre, et il est de plus en plus connu en Angleterre sous son nom français.
La pâte se traduit en anglais par *pastry* ou par *dough*.

Activités

1 Vous accueillez un ami français chez vous. C'est sa première visite en Grande-Bretagne. Pouvez-vous lui décrire ces plats:

Welsh rarebit
Shepherd's pie
Cornish pasty
Ploughman's lunch
Trifle

2 Est-ce que vous savez faire la mayonnaise? Celle que vous faites vous-même est bien meilleure que la mayonnaise achetée toute prête en tube. Elle est facile à faire, mais il faut suivre exactement les indications! Nous avons ajouté quelques questions qui vous permettront de vérifier que vous avez bien compris.

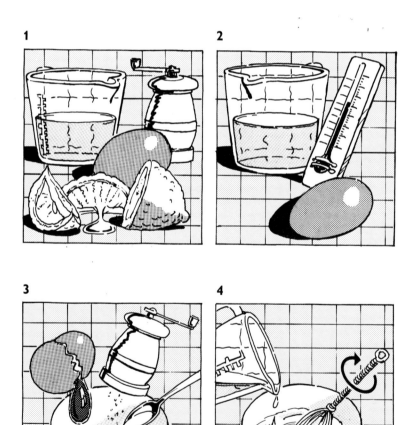

La vraie mayonnaise ne comprend qu'huile, oeuf, sel et jus de citron (ou vinaigre).

Attention! Quand vous voulez faire une mayonnaise, et ceci est essentiel, il faut absolument que l'oeuf et l'huile soient à la même température, c'est à dire tièdes. Ne soyez pas tenté d'utiliser un oeuf juste après l'avoir sorti du réfrigérateur: la mayonnaise tournerait immédiatement.

Dans un grand bol, mettez un jaune d'oeuf. Ajoutez une pincée de sel et une cuillerée à café de jus de citron (ou de vinaigre). Pas trop de sel, vous rectifierez plus tard. Mélangez bien à l'aide d'un petit fouet ou d'une cuillère en bois. Versez alors l'huile goutte à goutte tout en remuant, tournez toujours dans le même sens. Petit à petit, le mélange épaissit. Continuez à verser goutte à goutte jusqu'à ce que la sauce soit très épaisse. Ajoutez alors un peu de jus de citron (ou de vinaigre) et continuez à verser de l'huile jusqu'à ce que vous ayez la quantité de sauce que vous désirez.

Pour quatre personnes à peu près, il vous faudra en plus d'un jaune d'oeuf, 200 grammes d'huile. Cependant, avec un seul jaune d'oeuf, si la sauce a bien pris au début, vous ferez autant de mayonnaise que vous voudrez; ce n'est plus qu'une question de quantité d'huile. Mais si dans les débuts la sauce tourne, elle ne se reprend pas. Pour ne pas perdre cette sauce tournée, mettez à nouveau un jaune d'oeuf dans un bol, battez-le bien et versez alors goutte à goutte, comme la première fois, la sauce tournée, puis la quantité d'huile nécessaire pour faire la sauce dont vous avez besoin. Quand elle est terminée, goûtez-la, ajoutez sel et citron (ou vinaigre) à votre goût.

Si vous voulez, vous pouvez varier le goût d'une mayonnaise. Par exemple, ajouter un peu de moutarde que vous mélangerez au jaune d'oeuf avant de verser l'huile; ou ajouter des fines herbes (deux pincées de fines herbes par bol de sauce, à mélanger au jaune d'oeuf avant de verser l'huile); ou encore ajouter du concentré de tomates à la mayonnaise déjà faite, ce qui en change le goût et la couleur.

1 Pour réussir une mayonnaise, quelles sont les choses qu'il ne faut pas faire?
2 Pour changer le goût, quelles sont les possibilités?
3 Si la sauce tourne, qu'est-ce qu'on fait?
   1 – on jette la sauce tournée?
   2 – on ajoute un jaune d'oeuf avant de continuer?
   3 – on recommence à zéro, en ajoutant la sauce tournée à la deuxième sauce?

3 You are in a restaurant, nearing the end of *le menu gastronomique*. The waiter brings you the menu so that you can choose your *dessert*. You see there is something called *omelette norvégienne*.

You	*Ask the waiter what it is.*
Garçon	Ah oui, monsieur, l'omelette norvégienne. Tout d'abord ce n'est pas une omelette. C'est un dessert composé de glace et de meringue.
You	*Say you don't feel like a cold dessert.*
Garçon	Ah non, monsieur, c'est un dessert qui se mange chaud.

You   Ask why the ice-cream doesn't melt (**melt – fondre**)

Garçon   C'est que la glace est posée sur une base de pâte froide, puis elle est complètement couverte de blancs d'oeufs battus, et on passe le tout au four bien chaud pendant quelques minutes.

You   *Say it must be delicious and you would like to try it.*

4 Voilà des réponses. A vous d'inventer des questions!

1 Non, merci, je n'en prends jamais, cela m'empêche de dormir.
2 Non, madame, tous nos légumes sont frais.
3 Il se mange avec une sauce blanche, monsieur.
4 Un oeuf sera suffisant.
5 Si, si, elles sont élevées dans la région.
6 Parce qu'il y a trop de gras.

A l'écoute

Ermi a invité des amis à venir manger chez elle. Elle voudrait leur offrir du poisson, et elle est très tentée par le bar. La voici qui demande au poissonnier des conseils pratiques.

A l'aide de la cassette essayez de noter le mode de cuisson. Pour vous aider, le mot *arroser* signifie en anglais *to baste* si on parle cuisine.

Faits divers

La boulangerie

Le Français qui va acheter son pain tous les jours ne soupçonne probablement pas que le nom de 'boulanger' vient de 'boule'. En France, en effet, le pain était de forme ronde à l'origine, et ce n'est

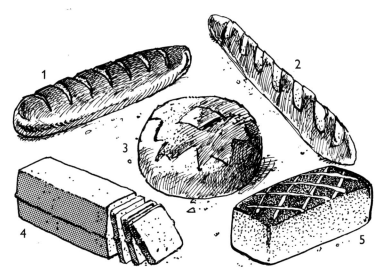

1 Le pain de seigle   4 Le pain de mie
2 Le pain blanc   5 Le pain complet
3 Le pain de campagne

qu'à partir de Louis XIV qu'on a commencé à fabriquer les pains longs et les fameuses 'baguettes'.

Le pain en tranche, que connaissent les Britanniques, est, lui, appelé 'pain de mie'. La concurrence du pain de mie, acheté dans les grandes surfaces, ne donne pas trop d'inquiétude aux boulangers, du moins pour le moment: les Français restent pour la plupart fidèles à la tradition du pain 'frais', acheté en boulangerie.

A tel point que les fabricants de grille-pains ont conçu des appareils spécialement adaptés au marché français, permettant de faire des toasts avec des tranches de baguette . . .

LA CARTE DES PAINS

Votre boulanger vous conseille et vous aide à choisir un pain avec chaque plat.

Huîtres, crustacés	:	pain de seigle
Charcuterie	:	pain de campagne
		pain de seigle
		pain complet
Viandes, poissons	:	pain blanc
Gibiers	:	pain de campagne
Fromages	:	pain complet

Votre boulanger vous propose pour vos apéritifs:

pain de mie

12 Le troisième âge

Describing your personality
Describing your home

Avec son climat doux et ses paysages pittoresques, le Pays Basque est un endroit idéal pour la retraite, et un grand nombre de gens du 'troisième âge' viennent s'y installer. Les villes basques, n'étant pas trop grandes, restent humaines, et les possibilités d'activités et de loisirs sont nombreuses.

Pour certains retraités, le troisième âge est tout de même une période un peu difficile à cause de la solitude, de l'éloignement de la famille et des amis.

Madame Darris est une personne particulièrement active qui profite bien de sa retraite. Nicole lui demande de décrire sa famille et en particulier son mari:

Nicole Décrivez-moi les qualités et les défauts de votre mari.
Mme Darris It is difficult! Je pense que mon mari tout comme moi, nous sommes avec un amalgame de défauts et de qualités, mais je dois dire que mon mari et moi, nous sommes un peu complémentaires. C'est à dire que mon mari aime le jardin, il travaille, il fait pousser ses petites fleurs, il surveille les progrès de ses arbres. Moi, ça ne m'intéresse pas, mais les loisirs qu'il passe au jardin, moi, je les passe ailleurs, je les passe à la danse, je les passe dans des rencontres parce que j'aime le contact humain, chose que mon mari n'aime pas tellement. Et nous nous complétons et nous nous faisons des petits comptes rendus. Le soir, quand nous nous retrouvons à table, il me parle de son jardin, de ses fleurs, de ses boutons de roses qui sont en train d'éclore, et moi je lui parle des contacts humains que j'ai eus, des petites nouvelles que j'ai apprises, ou bien de ce qui a pu m'enrichir parce que également je lis beaucoup, et je lui commente certains livres et certains auteurs que j'apprécie, les uns plus que les autres.
Nicole Madame Darris, est-ce que vous êtes satisfaite de votre vie?
Mme Darris Je suis ravie! Je remercie Dieu, parce que j'ai la santé, mais j'ai des handicaps, j'ai des rhumatismes, mais avec mon mari nous avons dit que moins on en parle, moins on en souffre. Nous ne parlons jamais de nos petites misères, et vraiment la retraite est pour moi un épanouissement. Alors, je pense que dans toutes ces activités

Monsieur et Madame Darris dans leur jardin

que nous avons, ces contacts humains et la joie de se retrouver ensemble parce que je pense que pour les retraités c'est essentiel, il ne faut pas se replier sur soi-même. Il faut aller vers les autres, les accepter avec leurs différences et ma foi échanger, et je crois que c'est très bénéfique pour tout le monde parce que nous avons toujours à apprendre des autres.

surveiller	to watch over, supervise
les loisirs	leisure time activities
ailleurs	elsewhere
un compte-rendu	report
se retrouver	to meet
un bouton de rose	rosebud
éclore	to bloom
commenter	to give a commentary on
ravi	delighted
moins . . . moins	the less . . . the less
un épanouissement	opening out, self-expression
se replier sur soi-même	to turn in on oneself
ma foi	indeed
échanger	to exchange

Est-ce que tous les retraités ont cette attitude positive? Peut-être pas, mais Mme Bertrand, une passante que nous avons rencontrée sur la plage, semblait être heureuse elle aussi:

Ermi	Est-ce que vous pourriez vous décrire vous-même, au niveau caractère?
Mme Bertrand	Eh ben, je crois que j'ai un heureux caractère. J'aime tout ce qui est beau, ce qui est soleil, la plage, je n'aime pas les . . . j'aime toutes les belles choses. Les belles personnes et tout.
Ermi	Est-ce que vous êtes gaie?
Mme Bertrand	Oui, plutôt. Quoique j'aie eu des malheurs, mais enfin, mon caractère est gai.
Ermi	Est-ce que vous vous énervez facilement?
Mme Bertrand	Non, non, quand j'étais plus jeune, oui, maintenant je suis beaucoup plus calme.
Ermi	Est-ce que vous aimez les enfants?
Mme Bertrand	Oh oui, j'aime beaucoup les enfants, mais les miens et ceux que je connais bien. Les autres, ça ne me dit rien.
Ermi	Est-ce que vous aimez plaisanter?
Mme Bertrand	Oui, oui quand ce n'est pas des plaisanteries – des plaisanteries vilaines, quoi, si vous voulez. J'aime la plaisanterie oui.
Ermi	Est-ce que vous êtes sévère dans vos jugements?
Mme Bertrand	Non, pas maintenant, étant plus jeune peut-être oui, mais maintenant, non. J'ai mis de l'eau dans mon vin, comme on dit.
Ermi	Je vous remercie beaucoup.
Mme Bertrand	Il n'y a pas de quoi. C'est avec plaisir que j'ai répondu à vos questions.

plutôt	*rather*
quoique	*although*
un malheur	*misfortune*
s'énerver	*to get annoyed, irritated*
ça ne me dit rien	*it does nothing for me*
plaisanter	*to joke*
une plaisanterie	*joke*
vilain	*nasty, unpleasant*
j'ai mis de l'eau dans mon vin	*I have mellowed over the years.*

C'est peut-être parce qu'ils sont si actifs que les retraités à qui nous avons parlé sont si épanouis. Voilà Monsieur Garrot, qui commence par nous parler de son passe-temps préféré:

Ermi	Quelles sont vos activités principales?
M Garrot	La pêche.
Ermi	Et qu'est-ce que vous pêchez?
M Garrot	Ah bien, tout ce qu'il y a dans le coin, c'est à dire du bar, de la daurade, de la piquate, des poissons du coin, quoi.

Ermi	Qu'est-ce que vous faisiez avant votre retraite?
M Garrot	J'étais militaire – parachutiste.
Ermi	Est-ce que vous pourriez nous décrire votre caractère?
M Garrot	Ah, mon caractère. C'est très difficile. On voit toujours les défauts chez les autres mais on les voit pas chez soi. Ché pas moi, bon, ben, disons, j'ai le caractère un peu comme tout le monde, comme Monsieur tout le monde. Décrire, c'est plutôt difficile.
Ermi	Est-ce que vous êtes gai, est-ce que vous aimez sortir?
M Garrot	Oui, je suis gai, oui, oui, bien sûr. Non, j'aime pas trop sortir, c'est à dire je deviens casanier vu que je prends de l'âge. J'ai eu aimé sortir, maintenant j'aime beaucoup moins, maintenant je sais pas. Moi, je suis un peu autoritaire aussi, c'est peut-être une déformation de mon ancien métier.
Ermi	Est-ce que vous êtes tolérant par exemple?
M Garrot	Pas très. Ça dépend.
Ermi	Je vous remercie, monsieur.
M Garrot	C'est moi.

dans le coin	*in the area*
le bar	*bass*
la daurade	*red mullet*
la piquate	*bass*
casanier (-ière)	*stay-at-home*
vu que	*since*
prendre de l'âge	*to be getting on a bit (ie age)*
une déformation	*distortion*

Phrases clé
Nous sommes un peu complémentaires
Je suis plutôt gai .. .
J'ai le caractère . . .

Avez-vous bien compris?
Les renseignements suivants ne sont pas corrects. Pouvez-vous les corriger?

1 Monsieur Garrot est parachutiste.
2 Monsieur et Madame Darris cherchent tous les deux le contact humain.
3 Madame Bertrand ne peut pas supporter les plaisanteries.
4 C'est à cause de sa santé que Monsieur Garrot ne sort plus beaucoup.

Evidemment les retraités de Biarritz ont généralement une situation assez aisée. Ils sont souvent propriétaires de leur maison ou de leur appartement. Il y a un grand choix de propriétés à vendre ou à louer, et si on a les moyens, on peut toujours faire construire, comme les Darris:

Nicole	Mme Darris, pourquoi avez-vous choisi le style basque pour votre villa?
Mme Darris	Je vous ai dit combien j'avais la nostalgie de mon pays et dès que nous avons pu faire construire, je n'ai eu qu'une idée, c'est de construire une maison style basque. Voilà pourquoi – pour être en harmonie avec mes sentiments et avec mon environnement.
Nicole	Décrivez-moi votre maison.
Mme Darris	Ma maison, c'est facile à dire, elle a été surtout conçue en fonction des vacances de nos enfants. Nous avons trois enfants mariés qui viennent tous pendant les vacances à Pâques, à la Noël et les grandes vacances, d'été, évidemment. Alors, donc nous avons voulu une grande salle de séjour où chacun puisse avoir son petit coin intime. Ensuite nous avons une cuisine et une salle à manger et deux chambres pour nous, les anciens, avec notre salle de bain particulière de façon à ce que nous ne nous gênions pas mutuellement. Le premier étage a été conçu uniquement pour nos enfants de façon à ce que nos enfants se sentent indépendants et libres de se coucher, de se lever, de prendre leur bain sans avoir à nous déranger. Par conséquent il y a deux grandes chambres avec cinq lits, et même j'ai des petits lits pliants que j'ajoute quelquefois quand il y a les copains ou les copines. Il y a une salle de bain et des WCs qui sont entièrement pour eux et ils ont toute liberté d'user quand et comme ils veulent. Ensuite pour l'épanouissement de mes enfants et surtout de mon mari, nous avons un jardin.
Nicole	Est-ce qu'il fait toujours beau à Bayonne?
Mme Darris	Non, hélas! Bayonne c'est le climat océanique et malheureusement on a dit que la région du sud-ouest était le pot de chambre de la France! Je ne crois pas que ce soit exact, mais enfin le climat est très variable – ainsi ce matin il faisait très froid, il faisait dix degrés et maintenant il fait 20 degrés et il fait un soleil magnifique. Voyez en quelques heures le temps a complètement changé.

concevoir	*to conceive, design*
en fonction de	*in accordance with*
Pâques	*Easter*
une salle de séjour	*sitting room, lounge*
particulier	*private*
uniquement	*solely, exclusively*
(se) sentir	*to feel*
pliant	*folding*
ajouter	*to add*
l'épanouissement (m)	*blossoming*
un maillot (de bain)	*swimming costume*
une tour	*tower block*

*Vue de
Bayonne*

Phrases clé
Nous avons pu faire construire . . .
La maison est conçue en fonction de . . .
Il y a deux grandes chambres avec . . .

Avez-vous bien compris?

1 Lequel de ces deux plans correspond à la description du rez-de-chaussée chez Madame Darris?

2 Qui apprécie le jardin?

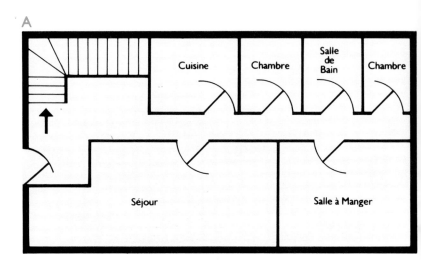

A

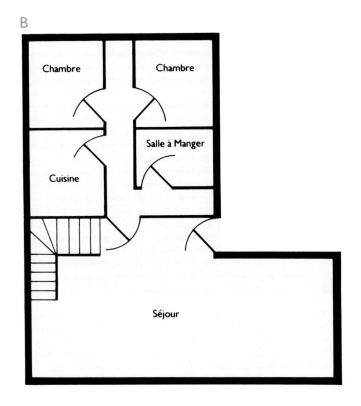

B

Pour en savoir plus

1 Describing your personality

With any French friends you get to know well, you will need to be able to talk about your personality, or other people's, and this is mainly a question of vocabulary. You also need to remember that descriptions of people's character are likely to be introduced by 'modifiers' or 'intensifiers', as in:

Je suis Il est	un peu plutôt assez très trop vraiment extrêmement	autoritaire	*(a bit)* *(rather)* *(fairly)* *(very)* *(too)* *(really)* *(extremely)*

Politeness, modesty or caution may lead us to express personality judgements tentatively:

J'ai tendance à être sentimental.
I'm inclined to be sentimental.

Elle a un côté impulsif.
She has an impulsive streak.

When describing someone's character you can also, of course, introduce words like *tempérament*, *personnalité* and *caractère*, which have much the same value as in English:

Elle est très calme de tempérament.
Il a un mauvais caractère.
Il a une personnalité assez dominante.

Since it is important to know a range of vocabulary if you are going to describe others accurately, here are some of the more useful words you may need:

gentil	*– nice, kind*
sympathique, sympa	*– nice*
charmant	*– very nice, charming*
chaleureux	*– warm, friendly*
gai	*– cheerful*
affectueux	*– affectionate*
ouvert	*– open, straightforward*
épanoui	*– blooming*
généreux	*– generous*
calme	*– quiet, unexcitable*
patient	*– patient, unruffled*
compréhensif	*– understanding*
sensible	*– sensitive*

discret	– *tactful*
énergique	– *energetic*
dynamique	– *dynamic*
facile à vivre	– *easy-going*
optimiste	– *optimistic*
équilibré	– *well balanced*
doux	– *gentle*
timide	– *shy*
désagréable	– *unpleasant*
froid	– *cold*
sec	– *unsympathetic*
renfermé	– *withdrawn*
égoïste	– *selfish*
complexé	– *confused, self-conscious*
impatient	– *impatient*
insensible	– *insensitive*
indiscret	– *tactless*
paresseux	– *lazy*
difficile	– *difficult*
pessimiste	– *pessimistic*
autoritaire	– *authoritarian*
sévère	– *severe*
dur	– *hard*

Note also:

Il est un peu spécial.
He's a bit odd.

Essayez-donc!

Trouvez les adjectifs qui correspondent aux définitions:

1 .... : qui n'aime pas travailler.
2 .... : qui comprend les autres et qui les excuse
facilement.
3 .... : qui ne pense qu'à soi.
4 .... : qui est peu communicatif.
5 .... : qui est facilement ému.
6 .... : qui ne peut pas supporter les défauts chez
une autre personne.
7 .... : qui a tendance à voir tout en bien.
8 .... : qui aime donner des ordres.

2 Describing your home

1 Do you own it or rent it?

Nous sommes propriétaires de . . .
We own . . .

Nous louons . . .
Nous sommes locataires de . . .
We rent . . .

2 What is it like inside?

When a French person says to you

Nous avons trois pièces,

he or she means that there are three main rooms, that is
bedrooms or living rooms, not counting the kitchen, bathroom,
or hall.

Voici le plan d'un appartement moderne à Biarritz, dans un
immeuble situé au milieu d'un parc près du centre:

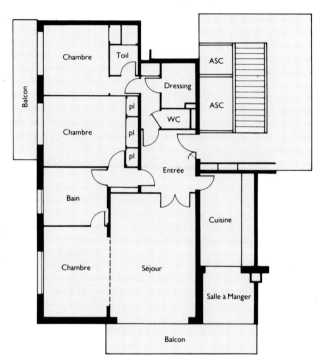

Si vous êtes dans l'entrée de cet appartement,
vous avez à votre droite un couloir (*corridor*) donnant
accès à une chambre, un cabinet de toilette, et un 'dressing'
(*franglais!*);
vous avez immédiatement à votre gauche la cuisine;
vous avez en face une chambre plus salle de bain;
vous avez à gauche accès à un grand séjour qui peut se
diviser pour faire une troisième chambre.
   Dans deux des chambres, pour le rangement (*storage*) il y a
des placards (*built-in cupboards*). Une des chambres a une salle
d'eau particulière – WC, lavabo (*washbasin*) et douche. Dans la
salle de bain principale il y a aussi une baignoire et un bidet.
   Dans le prolongement de la cuisine il y a un coin 'salle à
manger'.
   Deux grands balcons exposés sud-ouest et nord-ouest
donnent à l'appartement une superficie supplémentaire (*extra
floor area*) et la possibilité de profiter du beau temps et des vues

panoramiques sur la ville et sur l'océan. Tout a été conçu en fonction des besoins du client!

3   What sort of residence is it?

Beaucoup de Français habitent un appartement, soit comme propriétaires, soit comme locataires. L'appartement se trouvera probablement dans un immeuble (*a block or building*) ou dans une tour (*tower block*), et selon ses dimensions un appartement s'appelle par exemple un studio (*bed-sitter*), un duplex (appartement sur deux étages), ou encore, selon des catégories nationales de logement, un F2, F3, F4, F5 (nombre de pièces principales, sans compter la cuisine et la salle de bain).

Un certain nombre de Français (mais dans une proportion plus faible qu'au Royaume-Uni) habitent une maison. Pour *maison* on emploie aussi d'autres termes, par exemple *un pavillon* ou *une villa*. Pour beaucoup de Français l'idéal est d'avoir à la fois une résidence principale près de son travail, et une résidence secondaire, par exemple un appartement au bord de la mer, ou à la montagne, ou une maison de campagne.

Et si la propriété n'est pas neuve?

4   Having things done

S'il y a des transformations ou des réparations à faire, vous pouvez les faire vous-même, si vous êtes bricoleur (*do-it-yourselfer*). Mais si vous n'êtes pas très doué pour le bricolage, vous allez être obligé de faire faire les travaux.

Vous êtes bricoleur? Alors vous installerez peut-être le chauffage central vous-même.

Vous n'êtes pas bricoleur? Alors vous ferez installer le chauffage par un spécialiste.

To have something done is therefore expressed by using **faire** + **the infinitive** (not the past participle as in English):

Il faut **faire repeindre** la maison.
(We must have the house repainted.)

Attention!
Similar, but not exactly the same, are these examples:

Le chef **fait cuire** un poulet.
Monsieur Darris **fait pousser** des fleurs.

The verb *cuire* is what food does in the oven (not what the cook does). *Pousser* is what flowers do (not what the gardener does).
English is flexible in this respect, French is less so:

Flowers grow.
Des fleurs poussent.

I grow flowers.
Je fais pousser des fleurs.

The chicken is cooking.
Le poulet cuit.

I'm cooking the chicken.
*Je **fais cuire** le poulet.*

Essayez-donc!
Voici une liste des choses à faire dans votre résidence secondaire.
Vous avez coché (√) celles que vous pouvez faire vous-même.

1	peindre l'extérieur	√
2	réparer le toit	–
3	changer le lavabo	–
4	retapisser *(to wallpaper)* le séjour	√
5	installer des placards dans les chambres	–
6	réparer les volets *(shutters)*	√
7	installer une douche	–
8	planter des arbres au jardin	√
9	construire un sauna	–

Modèle:
1 Je vais peindre l'extérieur moi-même.
2 Je vais faire réparer le toit.

A vous maintenant!

Le mot juste
Pièce – salle
As you may recall (see Chapter Two), *pièce* has a number of
meanings. It is the most general word for a room in a house:

Vous avez combien de pièces?
How many rooms have you?

Salle frequently means a large room or hall, as in *salle de concert*,
salle de classe, *salle d'attente* (waiting room), and so tends to be
used particularly for rooms in public buildings. However, in a
house you say *salle de bain*, *salle à manger*, and *(salle de) séjour*.

Bain – baignoire
Une baignoire is the name of the piece of equipment.
Un bain is the activity.

Je prends un bain.
I'm having a bath.

Etage

L'étage is used for any floor above the ground floor:

Nous avons un appartement au quatrième étage.
We have a flat on the fourth floor.

A *l'étage* means (in the absence of any other indication) *on the first floor*, or *upstairs*.

Le dernier étage	– *the top floor*
Le rez-de-chaussée	– *the ground floor*
Au rez-de-chaussée	– *on the ground floor*
Le sous-sol	– *basement*
La cave	– *cellar*

Alors, quelle est la signification des lettres RC dans un ascenseur *(lift)* en France?

Faux amis

Particulier
would most frequently be equivalent to *private* in English.

Une voiture particulière – *a private car*
Une salle de bain particulière – *a private bathroom*

To say in French 'He is particular about these matters' you would probably say *Il est très exigeant* (very demanding), or *Il est très difficile*.

Sensible
means *sensitive*, not *sensible*. A sensible person would be *raisonnable*.

Compréhensif
means *understanding* when describing people. Incidentally, a comprehensive school would be in French *une école polyvalente*, but the French do not normally use this term, preferring words like *un collège* and *un lycée*, which do not specify the comprehensive aspect.

Prononciation

WC is pronounced

Vé – Sé

and not

double Vé – Sé

as one might expect.

Activités

1 Votre banque vous propose un prêt (loan) pour que vous puissiez faire (ou faire faire) des travaux chez vous.

Décrivez les travaux qui sont représentés par les images.

N'attendez plus . . .

Voici quelques exemples de travaux que vous pouvez entreprendre:

- Refaire votre toiture, aménager votre grenier, embellir votre maison de campagne: clôture, terrasse, véranda, court de tennis, plantations, etc.,
- Isoler vos fenêtres contre le froid et le bruit,
- Faire repeindre les volets et la façade,
- Ajouter une pièce.

- Equiper portes et fenêtres de votre résidence secondaire d'un dispositif de sécurité,
- Changer votre chaudière et revoir toute votre installation de chauffage,
- Agrémenter votre séjour d'une belle cheminée,
- Installer une salle de bains/ douche pour vos enfants ou une cuisine 'toute équipée'.

2 Vous êtes à la retraite, et vous venez d'acheter une maison de campagne. Vous êtes seul(e), mais en bonne santé. Faites une liste (par ordre prioritaire) des choses que vous feriez vous-même ou que vous feriez faire. Indiquez aussi les travaux que vous n'envisageriez pas d'effectuer.

3 A French friend, Jean-Louis, is spending a few days with you during a business trip to the UK. You have invited some friends round for a meal. Before they arrive, Jean-Louis is anxious to know all about them:

Jean-Louis	Alors, rappelle-moi, on va être combien à table ce soir?
You	*Tell him five, including the two of you. There will be your colleague, John Baillie and his wife Anne and another colleague, James Howard.*
Jean-Louis	Je croyais que tu avais dit qu'on serait six.
You	*Tell him that's correct. James Howard is coming on his own because of a problem at home.*
Jean-Louis	Ah, quel genre de problème?
You	*Tell him that James' wife has to stay at home because her father, who lives with them, is ill.*
Jean-Louis	Ça ne doit pas être facile. Il n'est pas en bonne santé, le père?
You	*Say that he is 82, but that he is normally very active. He is always cheerful and friendly, but he can be a bit bossy and he has a selfish streak, perhaps because of his age.*
Jean-Louis	Et Madame Howard, elle supporte bien d'avoir son père à la maison?
You	*Tell him she's patient and understanding, but perhaps not hard enough. Last year she was suffering from stress, and she took a 'cure' in Vichy. That did her good.*
Jean-Louis	Il vaudrait mieux que j'évite de parler à Monsieur Howard de ces difficultés-là?
You	*Say that James is very easy-going, and Jean-Louis need not feel obliged to be especially tactful on this subject.*

4 Vous louez un appartement à Biarritz pour les vacances d'été. Vous êtes en train d'écrire à des amis français qui habitent à Bordeaux et que vous voulez inviter à venir passer quelques jours chez vous.

Dans la lettre,

1 vous leur donnez quelques détails sur votre séjour à Biarritz (dates, etc);
2 vous décrivez l'appartement que vous avez loué;
3 vous leur proposez de venir passer quelques jours chez vous.

Voici un plan de l'appartement:

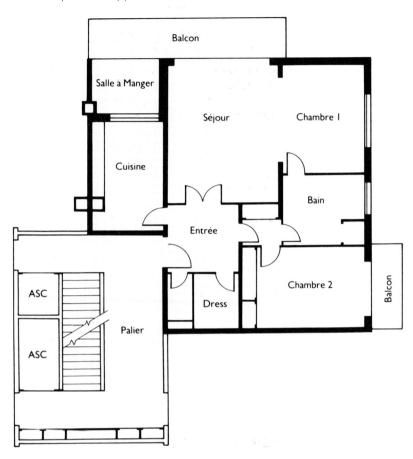

```
                                    Biarritz, le 6 juin


Chère Marcelle, cher Paul,

                       Me voilà enfin installé(e)!
Au bout de 3 semaines je commence à y voir plus clair.




En espérant vous voir tous les deux très bientôt, je
vous embrasse.


                              (SIGNATURE)
```

A l'écoute

Comme vous le savez déjà, Madame Darris profite le plus possible de sa retraite et des activités offertes aux personnes âgées au pays basque. Ecoutez la cassette et répondez aux questions. Nous vous donnons aussi quelques mots et expressions difficiles.

se distraire	*to amuse oneself, entertain oneself*
une coupure	*interruption, loss*
avoir du mal à	*to find it hard to*
assister	*to be present at*
un(e) dactylo	*typist*
effrayé	*frightened*
à marée basse	*at low tide*
ramasser	*to pick up*
une brindille	*twig*
un pin	*pine tree*
une pigne	*pine cone*

1 Quelles sont les activités organisées le plus souvent par les clubs du troisième âge?
2 Pourquoi faut-il préparer sa retraite?
3 En vous référant (si c'est nécessaire) au Chapitre Quatre, pouvez-vous nous expliquer les lettres PDG?
4 Imaginez que vous étiez un(e) des pré-retraité(e)s qui suivaient ce programme de préparation à la retraite. Racontez ce qu'on vous a fait faire.

Faits divers

Le logement en France

Il est de plus en plus difficile, en France, de louer une maison ou un appartement, surtout dans les grandes villes. De plus, beaucoup de propriétaires refusent de louer les logements qu'ils possèdent, car une loi récente règlemente assez strictement les prix des loyers, et donne beaucoup de droits aux locataires.

Quand on ne peut pas louer dans de bonnes conditions, il faut souvent se décider à acheter. La solution la plus utilisée s'appelle le 'Plan d'Epargne Logement'. On met de côté une certaine somme d'argent tous les mois, pendant plusieurs années (au minimum, un an et demi). Ensuite on bénéficie d'un prêt assez avantageux, qui s'ajoute à la somme économisée.

Pour les personnes âgées, il existe des résidences qui offrent à la fois l'indépendance et la sécurité. Il s'agit de résidences formées d'appartements séparés, mais avec, en commun, de nombreux équipements ou services: médecins, aides ménagères, salles de sport, salons, boutiques. . .

De quoi vous donner envie d'être une personne du troisième âge!

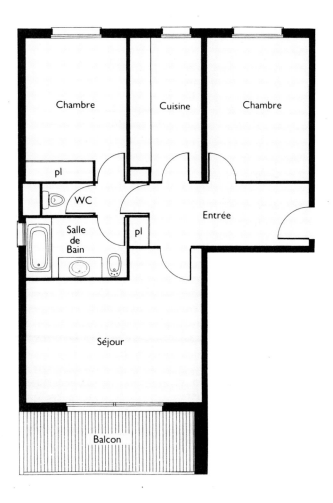

Chambre

Cuisine

Chambre

pl

WC

Salle
de
Bain

pl

Entrée

Séjour

Balcon

13 Le sport au pays basque

Beaucoup de sports pratiqués en France sont connus sur le plan international, par exemple: le tennis, le ski, le basket, le football et le rugby. L'équipe française de football a gagné le championnat d'Europe en 1984; et en rugby depuis longtemps les Français ont la réputation de jouer d'une façon très fluide et très spontanée. Ils ont souvent été champions des Cinq Nations (France, Angleterre, Ecosse, Irelande, Pays de Galles).

Beaucoup des plus célèbres clubs de rugby se trouvent dans le sud-ouest: Toulouse, Mont de Marsan, Pau, Agen pour citer quelques exemples. Il existe au Pays Basque un autre sport: la pelote basque qui comprend plusieurs jeux joués dans une salle (un trinquet) ou à l'extérieur contre un mur (un fronton). Le seul point commun entre toutes ces variétés est sans doute leur origine: au début deux équipes de deux ou trois joueurs tapaient sur une balle avec la main nue (d'où le nom de 'jeu de paume'). De nos jours il y a un grand nombre non seulement de jeux et de terrains mais aussi d'instruments.

Max Duguet, le président de la Fédération de l'Aviron Bayonnais, a invité Nicole et Ermi à assister à une partie de paleta cuir, jouée en trinquet avec des 'raquettes' plates en bois, longues de 50 cm. Après le jeu, Ermi a parlé à un des gagnants, René:

Ermi   Qu'est-ce que ça vous fait de vous sentir gagnant?

René   D'abord, une grande joie parce que, surtout que la partie a été très dure, les adversaires sont très bons – on se connaît depuis deux, trois, quatre ans – et une grande joie d'avoir gagné cette partie.

Ermi   Est-ce qu'à un moment donné vous croyiez que vous alliez perdre?

René   Si, si, quand on est arrivé à 37 partout et qu'ils ont mené 38–37, on se posait des questions, mais enfin, bon, ça s'est bien passé par la suite et on est arrivés au bout.

Ermi   Est-ce qu'il y a des fois où vous perdez votre contrôle?

René   Oh, si, ça arrive, ça arrive même assez souvent. Après, on arrive quand même à se maîtriser bon, au bout de quelques minutes, mais ça arrive assez souvent qu'on perde.

Un fronton

Ermi	Et qu'est-ce que vous faites quand vous perdez votre contrôle?
René	J'essaie de m'arrêter là après le point un petit moment de me concentrer, de faire le vide en moi.
Ermi	Je vous félicite.
René	Merci.

qu'est-ce que ça vous fait	*how do you feel about*
le trinquet	*indoor pelota court*
une partie	*match, game*
un adversaire	*opponent*
gagner	*to win*
perdre	*to lose*
37 partout	*37 all (both sides have 37 points)*
mener	*to lead*
ça s'est bien passé	*it went well*
par la suite	*afterwards*
se maîtriser	*to get a grip on oneself*
au bout de	*after, at the end of*
essayer	*to try*
faire le vide en moi	*to make my mind a blank*
féliciter	*to congratulate*

Après avoir parlé à un des gagnants, Ermi a voulu avoir aussi les réactions de l'équipe perdante. La voici en train de demander à Jean-Michel ce qu'il pense de son partenaire, Fanfan.

Ermi	Est-ce qu'il t'énerve par exemple?
Jean-Michel	Euh, il est arrivé qu'il m'énerve. Au début, quand nous n'avions pas ce, justement, cette position, cette coordination dans l'équipe. Actuellement je peux dire que non, même s'il fait des bêtises, même s'il a tendance à me reprocher quelque chose ou à me donner des — me faire des réflexions dans le trinquet en partie, je n'en tiens pas trop rigueur. Je sais que de toute façon c'est un impulsif, il a beaucoup de personnalité, et puis quand il s'énerve on

Un trinquet

sait qu'il s'énerve, on a vu encore aujourd'hui, j'essaie de plus, au maximum de le calmer de le faire revenir dans la partie parce que il a les moyens de très bien jouer.

Max   Je voulais te demander, Jean-Michel, au 37e point à égalité au 38e, tout à l'heure, lorsque tout était possible, qu'est-ce que tu as ressenti, mais non seulement mentalement, mais physiquement? Essaie de faire le point de ce qui se passe à ce moment-là.

Jean-Michel   D'abord je dois dire la fatigue commençait à se faire ressentir, le manque d'entraînement en deux semaines a commencé à se faire ressentir, franchement j'avais les bras et les jambes qui commençaient à fatiguer, bon, ben, à ce moment-là on n'y pense plus. La hargne, la fureur de vaincre presque nous fait tenir. On ne pense pas qu'il faut – il faut – on pense plutôt qu'il faut pousser, qu'il faut tout tenter, qu'il faut rentrer à la volée, qu'il faut foncer sur la pelote et la question de score était hors de question à ce moment-là, moi – pour moi personnellement le score m'était égal. J'avais envie de gagner, j'avais réussi ce que je voulais faire, jouer une très bonne partie, j'avais réussi, j'étais très content, la fin de la partie j'aurais bien voulu la gagner, mais enfin j'étais très heureux, on a poussé au maximum pour faire quarante ou trente-neuf ou trente-huit, on a fait trente-huit.

Ermi   Est-ce que tu es impulsif, toi?

Jean-Michel   Oui, je suis de naturel très très très nerveux. On me l'a toujours dit ça a été toujours mon . . . comment dire?

Max   Handicap?

Jean-Michel   Oui, mon handicap. Disons que depuis une année je commence à me dominer dans un trinquet à paleta. Je pense que j'ai sur ce point-là gagné quelques points.

énerver	to annoy
actuellement	at present
une équipe	team
faire des bêtises	to do stupid things, make silly mistakes
reprocher	to blame
faire des réflexions	make critical comments
je n'en tiens pas trop rigueur	I don't take it/them too seriously
de toute façon	in any case
un manque de	lack of
l'entraînement	training
se faire ressentir	to make itself felt
la hargne	fury, aggressiveness
vaincre	to conquer, win
tenter	to try, attempt
foncer sur	to leap upon
. . . m'était égal	. . . was all the same to me
sur ce point	on this matter

> **Phrases clé**
> Qu'est-ce que ça vous fait de vous sentir gagnant?
> (Je ressens) une grande joie d'avoir gagné
> Est-ce qu'il t'énerve?
> J'étais surtout très content

Avez-vous bien compris?

Imaginez un autre interview avec nos deux joueurs. A vous de trouver les questions:

1   *Ermi*   ....?
    René   Non, elle a été très dure.
    Ermi   ....?
    René   Jean-Michel et Fanfan.
    Ermi   ....?
    René   Depuis quatre ans.

2   *Ermi*   ....?
    Jean-Michel Ça fait quatre ou cinq ans.
    Ermi   ....?
    Jean-Michel Non, pas facile, mais je
              commence à le connaître.
    Ermi   ....?
    Jean-Michel J'essaie de le calmer
    Ermi   ....?
    Jean-Michel Oui, très, parce que je suis resté
              dix jours sans jouer.

Jean-Michel, ayant dit ce qu'il pensait de son partenaire, Fanfan, maintenant lui laisse la parole: Ermi est timide avec Fanfan. . . elle décide de le vouvoyer!

Ermi   Comment vous sentez-vous après cette partie?
Fanfan Bon, on se sent tout d'abord fatigué, légèrement déçu, mais pas tant que ça, car on a quand même fait une bonne partie, dès qu'une équipe prend l'ascendant sur l'autre, c'est très difficile de remonter parce que avec l'ascendant on prend la confiance et c'est là qu'on a la plus de réussite. Il est très difficile d'avoir de la réussite sans confiance.

Ermi   Pouvez-vous nous dire ce que vous ressentez, ce qui vous arrive quand vous êtes vraiment énérvé, quand vous perdez votre contrôle, quand vous commencez à crier? Est-ce que vous perdez aussi le contrôle dans votre tête?

Fanfan Tout se passe dans la tête. Et dans une partie c'est extraordinaire le nombre de choses qui peuvent se passer dans la tête d'un joueur. Et – il y a des bons moments, des mauvais moments, des sentiments de joie quand on réussit un bon point, oh c'est le cri de joie, c'est pas le cri nerveux, c'est le cri de joie. . . . Même le public en pousse, c'est le cri de défoulement – on est tendu durant le point et c'est la libération de la fin du point et hop, tout recommence avec le point suivant.

Max,
Jean-Michel,
Fanfan

Ermi	Est-ce que vous préférez ce jeu aux autres?
Fanfan	Ben, disons je joue à énormément de jeux, à pelote basque et je suis difficile. C'est toujours le jeu auquel – je ne joue pas qui me manque le plus, mais quand même celui-là, ce jeu de trinquet donne des sensations terribles. C'est les sensations de violence, de – on n'a pas le temps de voir où sont les adversaires, – il y a tout un tas d'impressions, la balle on la devine plus qu'on ne la voit. Il y a des sensations terribles.

déçu	*disappointed*
pas tant que ça	*not that much*
la confiance	*confidence*
le public	*spectators*
le défoulement	*release (of emotion)*
qui me manque le plus	*which I miss most*

Max Duguet, le président de la fédération de l'Aviron Bayonnais de la section de pelote, a donné lui aussi son opinion sur la partie:

Ermi	Est-ce que vous pouvez nous parler des impressions que vous avez eues de la partie de ce matin?
Max	Et bien, j'ai beaucoup vibré, j'ai beaucoup ressenti, au cours de cette partie. D'abord parce que cette spécialité de la paleta cuir en

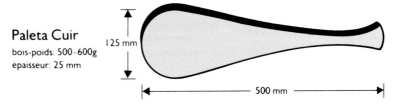

Paleta Cuir
bois-poids: 500-600g
épaisseur: 25 mm

125 mm

500 mm

trinquet est une spécialité qui nous bouleverse par son côté viril, violent, très dur. Vous avez vu ces échanges qui sont très rapides, ces joueurs qui s'engagent et en plus c'est rythmé presque comme une musique africaine, c'est rythmé par le bruit de cette pelote qui claque contre la pala, qui claque contre les murs, par cette intensité, et ce matin l'équipe de mon club a perdu de très peu, alors qu'elle était détentrice du titre national depuis un an, ils ont perdu, mais je ne ressens pas une déception: j'ai été vraiment bouleversé par l'intensité de la partie, une partie magnifique.

le cuir	leather
bouleverser	to bowl over, stagger
claquer	to slam, clatter
détenteur (-trice)	holder
une déception	disappointment

Phrases clé
Comment vous sentez-vous?
On se sent légèrement déçu
Pouvez-vous nous dire ce que vous ressentez?
J'ai été vraiment bouleversé

Avez-vous bien compris?

Pour chaque phrase trouvez deux mots appropriés:

1 Après chaque partie je me sens .... (1)
.... (2)

2 Il y a des sensations .... (1)
.... (2)

3 J'aime beaucoup le bruit de la pelote contre .... (1)
.... (2)

Pour en savoir plus

In Chapter Nine we looked briefly at the way people talk about their health. In this chapter we are going to look at different ways of describing your emotional or physical feelings.

1 To describe your feelings

Describing your feelings, like describing your personality, requires mainly a wide vocabulary. Often, of course, you will not need to describe your feelings, because they may be obvious to others, but there will be occasions when you want to spell out how you feel now, or what you felt earlier.

You may use an adjective:

Je suis très heureux
Je me sens confiant
Nous sommes contents

and very often you will use part of a verb, most frequently the past participle:

Je suis déçu	*– I'm disappointed*
Il est énervé	*– He's annoyed*
Nous sommes fatigués	*– We're tired*
Elle est surprise	*– She's surprised*
Je me sens vraiment soulagé	*– I feel really relieved*

If you are describing how you felt at some time in the past, don't forget that the perfect tense has the force and impact of an event, while the imperfect describes a state of affairs:

J'ai été vraiment étonné *– I was absolutely astonished (that is, at a particular moment, by a particular event)*

J'étais énervé *– I was annoyed (not an event here but a state of mind)*

Here is a checklist of some of the most useful words to describe your feelings or reactions:

ravi	– delighted
content	– pleased
heureux	– happy
satisfait	– satisfied
surpris	– surprised
étonné	– astonished
bouleversé	– bowled over, staggered, shattered
sidéré	– amazed
confus	– overwhelmed, confused
impressionné	– overawed, frightened, impressed
reconnaissant	– grateful
soulagé	– relieved
confiant	– confident
nerveux	– nervous
inquiet	– anxious
méfiant	– suspicious
énervé	– annoyed
irrité	– irritated
embêté	– embarrassed, annoyed, put out
fâché	– angry
furieux	– furious
déçu	– disappointed
fautif	– guilty, in the wrong

All these words will need to agree (masculine/feminine, singular/plural) with the person(s) they describe.

Attention!

Some feelings are expressed using *avoir*:

J'ai peur	– I'm afraid
J'ai honte	– I'm ashamed

as are some physical statements:

J'ai faim	– I'm hungry
J'ai soif	– I'm thirsty
J'ai froid	– I'm cold
J'ai chaud	– I'm hot

Essayez donc!

Complétez chaque phrase avec un mot choisi dans la liste.

(N'oubliez pas d'accorder masculin/féminin, singulier/pluriel):

fautif, déçu, heureux, impressionné, énervé, fatigué, confiant, inquiet

1 Les spectateurs ont été ...... par la rapidité des joueurs.
2 Je ne suis pas tellement ...... d'avoir perdu.

3 Il se sent ...... parce que c'est lui qui a perdu les points.
4 Elle est très ...... d'avoir gagné.
5 Au début de la partie ils se sentaient très ......, ils étaient sûrs qu'ils allaient gagner.
6 Je suis ...... parce que j'ai mal joué aujourd'hui, et je ne peux pas supporter de jouer mal.
7 Elle était ...... pour son mari, mais il a bien joué.
8 Au bout de deux heures je me sens assez ......

2 Little words mean a lot

qui – que – ce qui – ce que

1 The words *que* and *qui* are so frequent in French, and used for so many purposes, that it is best not to think of what they mean but of where they are used. For example, *que* occurs in such varied expressions as:

j'espère que . . .
il faut que . . .
plus grand que . . .
parce que

Its function is that of a linking word, which would be sometimes translated into English as *that*, at other times as *than* or *as* or nothing at all. An important point to remember is that while we often leave out such linking words in English, they are never omitted in French:

Je crois que j'ai plus confiance maintenant
I think (that) I have more confidence now

que has another important function, as part of the *qui/que* partnership; where these words are used to introduce additional information:

C'est un jeu | qui est très rapide
| qui s'appelle la pelote
| que je n'aime pas du tout

qui and *que* used in this way are called *relative pronouns*. Why pronouns? Because, like all pronouns, they replace a noun so as to avoid repeating it. You would not say:

Voilà le monsieur. Le monsieur est venu au match hier.

but instead you would avoid repetition by saying:

Voilà le monsieur **qui** est venu au match hier.

Attention
Don't fall into the trap of thinking that, when used in this way, *qui* means *who* and *que* means *which*. Both words have both meanings.

Which one you use depends entirely on whether the pronoun is the subject or the object of the verb which follows it:

Think of *qui/que* as separating two halves of a sentence.

qui will normally be followed by a verb whose subject is in the first half of the sentence:

Jean Paul **qui aime** *beaucoup nager.*

que will often be followed by a new subject and its verb.

Le jeu **que j'aime** le plus . . .

Here are two more examples, this time referring to people (in French it makes no difference – *qui/que* are used just as above):

Hier j'ai vu cette femme **qui** travaille comme secrétaire chez Marcel.

Yesterday I saw that woman who works as a secretary at Marcel's.

Hier j'ai vu la femme **que** vous aviez recommandée pour le poste.

Yesterday I saw the woman you had recommended for the job.

Incidentally, *que* should be shortened to *qu'* before a vowel: *qui* cannot.

Essayez donc!

Mettez *qui, que* ou *qu'*:

1 La pelote est un sport . . . est connu surtout dans le sud-ouest de la France.
2 La 'paleta cuir' est une variété . . . on voit moins en France.
3 Il y a des joueurs . . . pratiquent plusieurs jeux différents.
4 Le jeu a ses origines dans une forme de pelote . . . s'appelle 'la main nue'.
5 Les instruments . . . les joueurs utilisent sont fabriqués par des spécialistes de la région.

2 ce qui, ce que

These pronouns are used where the person or thing referred back to is not identified:

Je ne sais pas **ce qu'** il a fait.
*I don't know **what** he has done*

Vous pouvez me dire **ce qui** est dans votre panier?
*Can you tell me **what** is in your basket?*

This form is often used as the opening of a sentence, generally to add emphasis to what follows:

Ce qui m'intéresse, c'est les traditions basques.
What interests me is . . .

Ce que j'aime, c'est le cinéma français.
What I like is . . .

Mettez *ce qui, ce que*, ou *ce qu'*
1 Tu peux me dire ...... s'est passé?
2 Racontez-moi ...... vous avez vu au match
3 ...... m'amuse, c'est de regarder les spectateurs.
4 Je ne sais pas ...... cela veut dire, l'expression 'mur à gàuche'.
5 Est-ce que tu as saisi ...... le joueur a dit à l'arbitre?

essayer – tenter

Essayer is the most commonly used word for *to try:*

Je vais **essayer** de lui téléphoner
I'm going to try to phone him/her

Essaie l'autre numéro
Try the other number

Il **essaie** sans arrêt de m'énerver
He's always trying to annoy me

For rugby fans:

un-essai is *a try*

Tenter is less frequently used, and means *to attempt:*

Je vais **tenter** un coup difficile
(I'm going to attempt a difficult shot)

Tenter also means *to tempt* and *la tentation* is *temptation*

Ils sont délicieux ces chocolats. Je peux vous **tenter**.

manquer

This verb is used in two distinct ways:

I J'ai **manqué** le coup
   (I missed the shot)

   Il va **manquer** le train
   (He's going to miss the train)

2　Les enfants me **manquent**
I miss the children

C'est le soleil qui te **manque**
It's the sun you're missing

Tu me **manques**
I miss you

Notice that this use of *manquer* when you long for someone's presence involves reversing your thinking about who does what to whom! This is because *manquer* is more accurately translated in this case as *to be lacking*. So

Te me **manques** – *You're lacking to me*
　　　　　　So: – *I miss you*

Faux amis

décevoir – déçu – déception

Not *to deceive*, but *to disappoint*. The normal word for *to deceive* is *tromper*:

Il trompait sa femme
He was deceiving his wife

Se tromper means *to be mistaken*, or *to make a mistake*:

Elle s'est trompée d'adresse
She got the wrong address

confiance – confidence

la confiance　　　　– *confidence*
une confidence　　　– *something you confide in someone else, eg a secret*

réflexion

Although this word can mean *reflection* with much the same meanings as in English, perhaps its most common use in everyday speech is in the expression *faire des réflexions*, which means to *make critical or disparaging remarks*:

Il m'**a fait des réflexions** sur mon travail
He made remarks about my work

partie – part – parti

These three words together have a variety of uses. Only the main ones are mentioned here.
Une partie has two principal uses, of which one is illustrated in this chapter:

Une **partie** de pelote – *a game of pelota*
partie is used for other games such as cards, billiards

Its other meaning is a *part:*

Une **partie** de la maison a été louée
Part of the house has been let out

Une part is a *share* of something:

J'ai eu ma **part** de l'héritage
I received my share of the will

Part also occurs in fixed phrases such as

pour ma part	*– for my part*
d'une part . . . d'autre part	*– on the one hand . . . on the other*
quelque part	*– somewhere*
nulle part	*– nowhere*

Le parti is a party (political grouping) – le parti communiste, socialiste . . .

Activités

1 You have just witnessed – but not understood – a game of pelota. Write a postcard to your French friends in Bordeaux in which you say:

You didn't understand the game, but were impressed by its speed;

you were disappointed because you could not see the ball most of the time;

one of the players lost his temper;

they must be very fit;

you don't intend to try it.

2 Rejoignez les phrases:

J'essaie de	dix jours sans jouer
Il fallait que	à se faire sentir
Je suis resté	le calmer
La fatigue commençait	j'oublie mes difficultés
Je me sens	tout d'abord fatigué

3 Choose the caption to match each picture:

1 Il était trop confiant.
2 Notre équipe a fini par prendre l'ascendant.
3 Il faut être bien entraîné.
4 Il ne faut jamais faire des réflexions à propos de son adversaire.

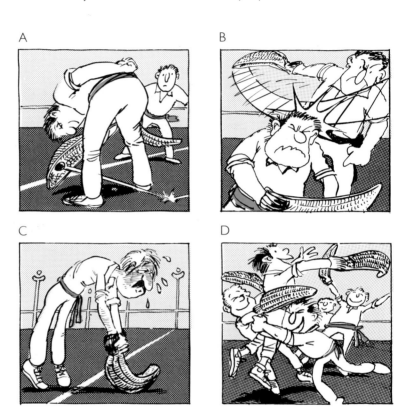

A   B

C   D

A l'Ecoute

Pas sexistes les hommes? Ecoutez cette conversation entre Nicole, Ermi et un jeune amateur de surf. Nous vous donnons deux mots pour vous aider à comprendre:

un mec	– *a bloke*
costaud	– *tough, strongly built*

Répondez aux questions:

1 D'après le jeune homme, quelle est la taille idéale pour une fille qui voudrait faire du surf?
2 Et lui, il est de cette taille-là?
3 Comment est-ce qu'il justifie son point de vue?

Faits divers

La pelote

La pelote est une tradition typiquement basque. Autrefois, les villages avaient un grand mur au centre, où les hommes venaient jouer le soir, ou le dimanche matin après la messe.

On jouait à la main nue; puis on a commencé à utiliser de petits gants d'osier, puis de plus grands, puis des instruments en cuir, qui s'appellent à présent pelote ou paleta.

Une chistera

On lançait donc la balle contre un grand mur, qui est remplacé de nos jours par le 'trinquet', ce qui permet de faire rebondir la balle sur quatre murs.

Actuellement, la pelote basque est un sport moderne, organisé en Fédération, et pratiqué dans beaucoup d'autres pays du monde, surtout en Amérique latine.

Mais cela reste aussi l'expression de l'identité d'un peuple. Comme le dit Max Duguet: 'C'est plus qu'un sport, c'est un art de vivre.'

Vie culturelle, animation locale

Talking about your interests and tastes
Listening to broadcast announcements
Understanding weather forecasts

Pendant très longtemps la vie culturelle en France a été extrêmement centralisée, et en dehors de Paris les loisirs étaient limités. Mais depuis une vingtaine d'années, un gros effort a été fait, avec en particulier la création des MJC (Maisons des Jeunes et de la Culture) et de nombreux festivals régionaux.

Alors, le Français moyen à quoi consacre-t-il ses loisirs? Tout d'abord il faut dire que la lecture a toujours été très importante pour les Français. Même dans les petites villes on trouvera des librairies (*bookshops*). Le cinéma a assez bien résisté en France à l'invasion de la télévision. Par exemple, une ville comme Clermont-Ferrand compte huit cinémas avec 25 salles.

A Bayonne, voici Madame Lambert qui a parlé à Ermi de ses goûts personnels dans le domaine de la culture.

Mme Lambert	J'aime beaucoup les livres qui font la biographie des gens et des gens que je sélectionne – des gens qui ont un intérêt pour moi très fort. Je ne lirais pas n'importe quel livre, n'importe quel roman. J'ai des auteurs très précis, j'ai des goûts très très très arrêtés, tout ce qui est poésie, tout ce qui est homme politique tout se relatant à des phénomènes tels que la justice, le racisme, la défense, enfin des livres – sur la recherche.
Ermi	Et au niveau cinématographique, quels sont vos goûts?
Mme Lambert	Niveau cinématographique, c'est pareil. Je vais voir des films à tendance art et essai, c'est à dire en VO – version originale, hein? Je cours surtout après ces films-là, les films franco-ibériques; les films dits commerciaux ne m'intéressent pas. Je ne veux pas payer pour le commercial. Je préfère voir des films avec intérêt – version originale – par exemple des films exportés du Chili, d'Argentine qui nous demandent ce qui se passe dans ces pays-là. Alors, tout ce qui est film à problème, qui pose, qui soulève des questions – les gens ne vont pas les voir parce que ça fait mal, hein? C'est tellement plus simple d'aller voir un Louis de Funès que j'aime beaucoup de temps en temps. C'est tellement plus simple, on sort de là, il y a pas de problèmes. Et quand on sort de voir des films qui nous ont

Louis de Funès

bousculés un peu sur le fauteuil, on se dit zut et moi, qu'est-ce que je fais?

n'importe quel livre	*any book you can think of; 'any old book'*
un roman	*novel*
un goût	*taste*
(un goût) arrêté	*fixed*
tel que	*such as*
la recherche	*research*
art et essai	*experimental art*
version originale	*original language soundtrack*
ibérique	*Iberian (Spanish/Portuguese)*
parmi	*among*
soulever	*to raise*
Louis de Funès	*famous French comic film actor*
bousculer	*shake up*

La bande dessinée est un phénomène qui n'est pas très connu en Grande Bretagne, mais qui a eu beaucoup de succès en France. Dans les grandes librairies et dans les supermarchés, il y a des rayons ou même des salles entières consacrées à ce genre de livres.

A Clermont-Ferrand, Françoise a rencontré Monsieur Marinier, qui venait d'ouvrir une boutique pour les amateurs de BD:
(bande dessinée)

Françoise	Quelle est votre clientèle?
M. Marinier	Ma clientèle va de 7 ans à 77 ans, mais surtout entre 20 et 40 ans.
Françoise	Que recherchent vos clients?
M. Marinier	J'ai une impression, si vous voulez, qu'ils cherchent un peu un échappatoire.
Françoise	Et quel genre de bandes dessinées leur proposez-vous?
M. Marinier	Ce que j'essaie d'avoir, c'est toute la BD. Autant, si vous voulez la BD policière, la science-fiction, vous avez la BD pour enfants, vous avez la BD d'humour. . . . les ré-éditions franco-belges, américaines, voilà un peu la BD. Il faut tout avoir et en avoir pour tous les genres parce que vous vendez tout en BD.

Françoise	D'après vous, à quoi correspond ce tel succès de la bande dessinée en France?
M. Marinier	La vie étant dure, c'est un échappatoire. Vous avez des soucis toute la journée, vous rentrez chez vous, vous lisez une BD, vous vous trouvez sur une autre planète.
Françoise	Vous-même, lisez-vous des bandes dessinées?
M. Marinier	Depuis que je suis installé, toutes les nouveautés qui sortent je les regarde toutes, pour pouvoir dire aux clients qu'est-ce qu'il y a dans chaque BD.

Françoise	Est-ce que vos clients vous demandent des conseils avant de choisir une bande dessinée?
M. Marinier	Non, souvent, lorsque la personne rentre dans le magasin, il commence par fouiner pendant un quart d'heure, vingt minutes. Il feuillette des BD. Il lit quelques pages et il fait le tour du magasin. Ou il trouve ce qu'il veut ou il a une idée fixe et alors à ce moment-là il vient me voir et me demande.

un rayon	*shelf, counter (in a shop)*
la bande dessinée	*strip cartoon (book), comic strip*
une échappatoire	*way out, escape route*
proposer	*to offer*
démarrer	*to begin to get going*
d'après vous	*in your opinion*
des soucis	*cares, anxieties*
fouiner	*to browse*
feuilleter	*to flip through*
faire le tour de	*to go around, do a circuit*

Phrases clé
Quels sont vos goûts, vos intérêts?
Je m'intéresse à tout ce qui est . . .
(Ces films) ne m'intéressent pas
Ce qui m'attire, c'est . . .

Avez-vous bien compris?

Complétez les phrases en choisissant entre les deux possibilités:

1 Madame Lambert s'intéresse surtout | aux films commerciaux.
| aux films d'origine étrangère.

2 Elle ne va jamais | voir un film comique.
 Elle va quelquefois |

3 Les livres sont pour elle | un moyen de se renseigner.
| un moyen de s'évader.

4 Monsieur Marinier lit toutes les BD | pour pouvoir se trouver sur une autre planète.
| pour pouvoir donner des conseils à ses clients.

5 Ses clients sont | uniquement des jeunes.
| des gens de tout âge.

En 1981 le gouvernement français a autorisé le développement des radios locales privées (RLP). Les radios locales peuvent apporter beaucoup à une région, surtout si elle est rurale.

Ecoutez avec nous un extrait d'un bulletin d'actualités de Radio 15, une station privée à Aurillac:

Animateur Madame, Monsieur, bonsoir. Merci d'être au rendez-vous de l'actualité locale qui commence comme tous les soirs par un petit coup d'oeil sur le temps qu'il fera demain. Et bien, demain, vendredi, une amélioration temporaire, c'est à dire qu'il y aura quelques éclaircies, samedi temps de nouveau nuageux, avec quelques faibles gelées nocturnes; dimanche et lundi, temps encore plus nuageux avec des vents de sud-ouest modérés, passagèrement assez forts. Et puis, tant que nous sommes à parler de météo, voyons quelles ont été les conditions au Super Lioran pour les skieurs. Eh bien, la neige était poudreuse, il y avait un mètre 20 de neige à la station, un mètre 80 au sommet, le temps était très couvert, le téléphérique était fermé, un télésiège et 14 téléskis fonctionnaient, et les 24 pistes étaient ouvertes.

Afin d'assurer la surveillance des plages du lac de la forêt d'Orian au cours de l'été, cinq emplois de maîtres nageurs sauveteurs sont offerts du 30 juin au 2 septembre. Les personnes intéressées peuvent prendre contact à l'adresse suivante au parc naturel régional de la forêt d'Orian, Maison du Parc. 10 220 Piné. Ou bien, téléphonez au 45 35 57, l'indicatif étant le 25.

Puisque nous parlons de maîtres nageurs, sachez que la piscine municipale sera ouverte du 24 mars au 8 avril inclus, du lundi au samedi de 10 heures à midi et de 14 à 20 heures. Et le dimanche de 9 heures à 13 heures.

Un communiqué de la SPA: plusieurs chiens cherchent un maître – un genre caniche noir, un chien loup de petite taille et encore bien d'autres, et pour tous renseignements il faut téléphoner au 48 51 10 de 9 heures à 11 heures, et de 14 à 17 heures.

l'actualité	current events
un coup d'oeil	glance
une amélioration	improvement
des éclaircies (f)	bright intervals
de nouveau	once again
une gelée	frost
passagèrement	temporarily
tant que	while, so long as
la météo	weather forecast
un télésiège	ski-lift
un téléski	ski-hoist
une piste	piste (for skiing)
afin de	so as to

au cours de	throughout
un emploi	job, post
un maître nageur sauveteur	life-guard
inclus	inclusive
la SPA	la Société Protectrice des Animaux
un caniche	poodle
un chien loup	Alsation

Phrases clé
Les personnes intéressées peuvent prendre contact . . .
La piscine municipale sera ouverte du . . . au . . .
Pour tous renseignements, il faut téléphoner . . .

Avez-vous bien compris?

Vrai ou faux?

L'animateur annonce:

1 que le temps sera meilleur demain. vrai/faux

2 que lundi il gèlera. vrai/faux

3 qu'au Super Lioran il faisait beau. vrai/faux

4 que le numéro de téléphone de la Maison du Parc
est le 10 220 à Piné. vrai/faux

5 que la piscine sera ouverte pour les vacances de
Pâques. vrai/faux

6 qu'elle restera ouverte le dimanche toute la
journée. vrai/faux

7 que la SPA n'a que deux chiens à proposer en
ce moment. vrai/faux

Pour en savoir plus

1 Talking about your interests and tastes

To find out about someone's interests you may choose an all embracing approach:

Quels sont vos goûts?

or you may prefer to ask a more specific question, such as:

Est-ce que vous vous intéressez à la musique?
Est-ce que la musique vous intéresse?
Est-ce que cela vous intéresse, la musique?

To express your own interest in a particular subject, you can say:

Je m'intéresse à la science-fiction
La science-fiction m'intéresse

or, if you are really keen,

Je suis passionné(e) par la science-fiction
La science-fiction me passionne
Je trouve ça passionnant
Je suis un(e) fana de la SF *(I am keen on . . .)*

You may have noticed from these examples that there are alternative ways of using the verb *intéresser*:

as a reflexive verb: *s'intéresser à quelque chose*

Elle s'intéresse à l'archéologie
(Elle s'y intéresse)

as a non-reflexive verb: *intéresser quelqu'un*

L'archéologie intéresse Brigitte
(L'archéologie l'intéresse)

as a past participle + *par*

Brigitte est intéressée par l'archéologie

To say something doesn't interest you

You can of course say

L'astrologie ne m'intéresse pas (beaucoup/du tout)

or you may say

L'astrologie ne me dit rien

Don't forget that people often make statements in the spoken language by naming the topic, then adding the comment:

L'astrologie, ça ne me dit rien

or the other way round:

Ça ne me dit rien, l'astrologie
Ça me passionne, la pelote

To express a wide-ranging interest in something, there is a very useful expression:

Je m'intéresse à tout ce qui est histoire militaire
I'm interested in anything to do with military history

Essayez-donc!

Trouvez un autre moyen de dire la même chose.

Modèle:

Elle s'intéresse à la littérature.
La ....
La littérature l'intéresse.

A vous maintenant!

1 L'hypnotisme, ça ne m'intéresse pas.
Je ne ....

2 La pêche les intéresse.
Ils ....

3 Elle s'intéresse à tout ce qui est oriental.
Tout ....

4 Je ne suis pas intéressé par le jazz.
Le ....

5 La politique ne les intéresse pas.
.... la politique.

6 Nous ne sommes pas passionnés par le ski.
.... dit ....

2   Listening to broadcast information

The difference between broadcast information and information which you obtain by asking someone is that you're not in a position to ask an announcer to say something again if you haven't understood it the first time! When you first listened to a French radio broadcast, therefore, you were probably quite overwhelmed by the speed. The other difficulty is that it goes relentlessly on while you are still trying to understand the first item. However, don't be discouraged. If you have time try and listen to a French radio station and the BBC *World Service* French programmes on 463 m/648 kHz. Try at first to pick out key words: if you can identify the topic, that is already an achievement. If you are in a position to record news bulletins, play and replay the tape until you are able to get the general shape of a particular news item. You may find it easier to concentrate on international news, where the names or events may be more familiar.

After regular listening you will be surprised at how much you can understand!

When listening to announcements, for example on local radio, the key information will often be an address, a telephone number, times or dates.

1 *Addresses*
These differ only slightly from country to country in their format:

Number/street name (generally *avenue, boulevard, rue,* or *place – ave., bd., r., pl.*).
District or village.
Postal code + name of principal town.

The postal code, when given orally, will be in the form of a whole number: 64100 = *soixante-quatre mille cent.* Incidentally, the first two figures indicate the *'département'* and the remainder represents the sorting district and sub district.

2 *Telephone numbers*
These are given aloud in the following way:

Paris (7 figures)
le 123.45.67 à Paris
le cent vingt-trois, quarante-cinq, soixante-sept à Paris

Outside Paris (6 figures)
le 52.03.70 à Bayonne
le cinquante-deux, zero trois, soixante-dix à Bayonne

3 *Dates*
Remember that whereas in English you say the first, second, third, twenty-first, etc, in French you use the basic (cardinal) numbers, except for the first of the month:

> **le deux octobre**
> **le sept mai**
> **le vingt-et-un décembre**
but **le premier juillet**

The number always comes before the name of the month. From the . . . to the . . . (dates) is *du . . . au . . .*:

Du 10 au 24 septembre

4 *Times*
In broadcast information these are likely to be in the 24-hour system.

Essayez donc!

Lisez tout haut les renseignements suivants (page 205):

(si vous apprenez le français avec quelqu'un d'autre, demandez à votre partenaire de noter – par écrit – ce que vous dites. Si vous avez la cassette, il y a aussi des exercices que vous pourrez faire tout seul).

Pour tous renseignements, adressez-vous à:

Office du Tourisme,
pl. de la Liberté
64100 Bayonne.
(Tel: 59.31.31)

Association Départementale
des gîtes ruraux,
124 bd. Tourasse
64000 Pau
(Tel: 80.19.13)

Comité du Tourisme et
des Fêtes,
Cité Administrative
64200 Biarritz
(Tel: 24.20.24)

Centre Orient-Occident
4 r. du Port Vieux
64200 Biarritz
(Tel: 24.15.73)

Centre de Loisirs UFCV
13 r. du 11 novembre,
63000 Clermont-Ferrand
(Tel: 37.27.06)

Office de Tourisme
2 place d'Armes
15100 St Flour
(Tel: 60.14.41)

5 *Weather Forecasts*
You will probably already know expressions like:

Il fait beau
chaud
froid
gris
du vent
du brouillard
du soleil

Il pleut
Il neige
Il gèle

Forecasts of what the weather will be like tend to involve different formulations, such as:

Demain	il y aura nous aurons	de la pluie	*rain*
		du beau temps	*fine sunny weather*
		des températures en baisse	*falling temperatures*
		des températures en hausse	*rising temperatures*
		un temps orageux	*thunderstorms*
		des risques de gelées	*risk of frost*
		des risques de brouillard	*risk of fog*
		un temps couvert	*overcast*
		des éclaircies	*bright intervals*
		des passages nuageux	*cloudy periods*
		des averses	*showers*

and you would add, for example,

sur toute la France
dans le nord

sur la côte atlantique
dans la région parisienne

205

Essayez donc!

Donnez la météo:

Tomorrow – overcast everywhere

Tuesday – possibility of fog in the north

Wednesday – thunderstorms in the Paris area, bright intervals and showers on the Atlantic coast, strong winds over the Channel (sur la Manche)

6 *The language of notices and announcements*
Announcements and notices are frequently expressed in terms which you would not use in everyday speech. As you extend your knowledge of French you will have an increasing repertoire of language available to you, and you will need to choose the most appropriate register of language for a given occasion. Here are a few items unlikely to occur in everyday speech:

Les personnes intéressées . . .
Sachez que la piscine . . .
Les demandes d'inscription doivent être remises . . .
Les personnes voulant s'inscrire sont priées de . . .

Le mot juste

Faux amis

assurer – assurance
To assure and *assurance* in English tend to be associated with confident statements. In French their principal use lies elsewhere:

assurance – generally means *insurance*
assurer – means to *insure* or to *ensure, maintain*

les trois employés assurent le service de nuit
the three employees maintain the night service

surveillance
Although it can be used for the spying, eavesdropping activity, it also – and more commonly – means *supervision, overseeing*.

siège
There aren't many sieges these days, but *siège* (from which of course the English *siege* is derived) has other uses in modern French. It means *a seat*, as in

les sièges arrière de la voiture
the back seats of the car

and also *a headquarters* (compare with the English *seat of government*).

Le siège de l'UER (Union Européenne de Radiodiffusion) est à Genève.

proposer

The nearest equivalent in many cases is *to offer*:

Qu'est-ce que vous proposez aux clients?

Le saviez-vous?

Les Radios Locales Privées (RLP)

Avant mai 1981, l'Etat avait le monopole des stations de radio. Les principales radios d'Etat, gérées par Radio France sont: France-Inter, France-Musique, France-Culture et Radio 7.

Mais on peut aussi écouter des radios privées, qui sont installées hors du territoire français; c'est pourquoi elles sont appelées 'périphériques'. Elles ont beaucoup de succès, et utilisent abondamment la publicité. Ce sont: RTL (Radio-Téle Luxembourg), Europe 1, et Radio-Monte Carlo.

En fait, l'Etat français possède plus de la moitié des actions (*shares*) de ces sociétés. Il les contrôle donc, indirectement.

En 1981, le gouvernement de Mitterand a immédiatement libéré les ondes, à une seule condition: les nouvelles stations ne devaient pas diffuser de publicité.

On a alors assisté à une véritable explosion sur la bande FM. Deux ans plus tard, les 'RLP' étaient les plus écoutées, du moins après 18h.

Il y en a eu de tous les genres: radios politiques, radios pour les personnes âgées, les homosexuels, les immigrés arabes de la deuxième génération, radios de musique classique, populaire, de jazz, radios religieuses. . . .

Parfois, une radio se crée le temps d'un été, à l'échelle d'un camping; par exemple: Radio-Vacances Pornichet, sur la côte atlantique, près de La Baule.

Elles étaient tellement nombreuses qu'il était difficile de suivre une émission: de temps en temps, votre émission était coupée par celle d'une radio voisine. . . .

On a donc décidé de limiter leur nombre, pour réduire cet inconvénient, et plusieurs ont été interdites.

Comme elles ne devaient pas utiliser de publicité, leur situation financière était difficile. Aussi, le gouvernement leur a donné le choix entre deux statuts: le statut 'commercial' (avec publicité autorisée), et le statut 'associatif' (pas de publicité, mais une aide de l'Etat).

Un troisième statut, intermédiaire, combine les deux sources de financement.

Devant cette concurrence, les radios d'Etat ont réagi. Radio-France a essayé, pour suivre la vague des radios locales, de se décentraliser. Elle a créé des radios locales publiques, environ quinze, qui coexistent avec les RLP dans chaque région. Par exemple: Radio Puy-de-Dôme à Clermont-Ferrand.

Prononciation

As we have seen in this chapter, letters frequently take over from the words they stand for:

BD, SF, VO, SPA, RLP, MJC, SNCF

There are many others such as:

EDF — Electricité de France

GDF — Gaz de France

CRS — Compagnie Républicaine de Sécurité

OTAN — Organisation du Traité Atlantique Nord
(*pronounced as a word* 'otan')

le lait UHT – ultra-haute température

To pronounce these, and on any other occasions when you need to spell out words, you will need to remember the following:

A à	N enn
B bé	O o
C sé	P pé
D dé	Q ku
E e (as in *le*)	R ère
F eff	S ess
G as *j'ai*	T té
H a–sh	U u
I as in *qui*	V vé
J as in *j'y*	W double vé
K ka	X iks
L ell	Y i grec
M emm	Z zed

To say 'double m' in French when spelling a word such as HAMMOND:

a–sh   à   **deux emm**   o   enn   dé.

Activités

1   Essayez de faire un sondage (*an opinion poll*). Demandez aux gens autour de vous (votre famille, vos amis, vos collègues) de participer. Préparez d'abord votre questionnaire. En voici un exemple, avec quelques réponses:

Sondage: les loisirs

Réponses: Oui √
Oui, beaucoup/très √√
Non ×

Indiquez ce qui vous intéresse

La musique: classique
opéra
jazz
reggae
rock
folklorique

La lecture: littérature classique
romans modernes
science-fiction
biographie
bandes dessinées

Le cinéma
Le théâtre
La télévision

Sports

Indiquez
(a) Les sports que vous pratiquez:*
(b) Les sports qui vous intéressent:
le football
le rugby
le tennis
le cricket
le squash
le badminton
le karaté
la voile
la natation
la marche
le ski
la chasse

Autres intérêts:
Quand vous aurez obtenu vos réponses,
faites un portrait de vos interlocuteurs.

2 Essayez de répondre aux questions qu'on vous adresse à propos des musées de Bayonne, en vous référant à l'affiche et aux notes ci-dessous.

BAYONNE ET SES MUSÉES

MUSÉE BASQUE
1, RUE MARENGO
Tél. (59) 59.08.98

Été : 9 h. 30 à 12 h. 30 - 14 h. 30 à 18 h. 30
Hiver : 10 h. à 12 h. - 14 h. 30 à 17 h. 30

Tous les jours

sauf les dimanches et jours fériés.

●

MUSÉE BONNAT
5, RUE JACQUES-LAFFITTE
Tél. 59.08.52

Musée entièrement rénové

Eté : 10 h. à 12 h. et 16 h. à 20 h.
Hiver : 13 h. à 19 h. - Samedi/Dimanche 10 h. à 12 h. et 15 h. à 19 h.
Tous les vendredis de l'année jusqu'à 22 h.
Fermé le mardi et jours fériés »

Musée Bonnat. Ce musée renferme les magnifiques collections de tableaux que le peintre Bonnat (1833–1922) a rassemblées pour les léguer à sa ville natale. Rubens, Delacroix, Degas, sont tous représentés, et il y a une très belle collection de dessins des grands maîtres flamands, hollandais, allemands, italiens et français.

Musée Basque. Un des plus beaux musées d'ethnographie régionale française. Visite indispensable pour les personnes qui désirent connaître la physionomie du Pays Basque dans son ensemble, son histoire et ses traditions.

---

1 Vous pourriez me dire s'il y a des musées à Bayonne, s'il vous plaît?
2 Je m'intéresse surtout à la peinture. Est-ce que vous pouvez m'aider à choisir entre les deux musées?
3 Est-ce qu'il est ouvert pendant les vacances d'été?
4 Vous pourriez me donner l'adresse et le numéro de téléphone?

3 *Regardez la météo pour demain (jeudi)*

   1 Est-ce que l'Alsace aura le même temps le matin et l'après-midi?
   2 Quel temps fera-t-il après que la pluie se déplacera vers l'est?
   3 Il fera beau à Calais l'après-midi?

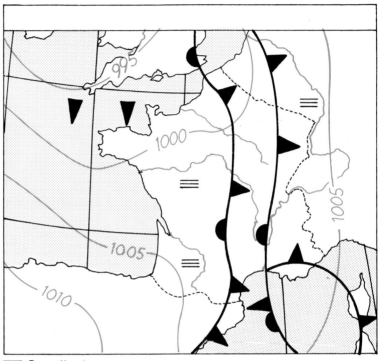

≡ Brouillard

**Evolution probable du temps en France entre le mercredi 14 novembre
à 0 heure et le jeudi 15 novembre à 24 heures.**

Une perturbation active précédée d'air doux et humide se déplace
très lentement vers l'est; elle sera suivie d'air plus frais et instable sur
l'ouest du pays.

    Jeudi matin, des régions du Nord et de la Lorraine aux régions
méditerranéennes, le temps sera couvert, doux et souvent pluvieux
(excepté sur l'Alsace, le matin, où le temps gris et froid persistera).

    Les pluies pourront être fortes, en particulier sur le sud des
massifs et près de la Méditerranée, où elles prendront un caractère
orageux.

    Plus à l'ouest, de la Normandie et de la Bretagne à l'Aquitaine, un
temps frais et peu nuageux prédominera. Des bancs de brouillard se
formeront de l'ouest du Massif Central aux Pays de Loire et aux
Pyrénées. Au cours de la journée, la zone de pluie se déplacera
lentement vers l'est (en gagnant l'Alsace), et sera suivie d'éclaircies

et de nuages accompagnés parfois d'averses, de la Vendée au nord du Massif Central et, au nord, les averses seront plus fréquentes près des côtes du Nord-Ouest.

De l'Aquitaine au Massif Central et au Roussillon, un temps frais mais peu nuageux devrait prédominer.

Le vent de sud soufflera assez fort sur l'est du pays.

Les températures minimales seront de 5 à 8 degrés sur l'ouest, de 9 à 12 degrés sur l'est (2 à 4 degrés en Alsace).

L'après-midi, les températures atteindront 10 à 16 degrés du Nord-Ouest au Sud-Est.

A l'écoute

Voici d'autres extraits du bulletin d'actualités de Radio 15. Comme d'habitude nous vous donnons quelques mots et expressions difficiles.

le quartier	– district
s'inscrit dans le cadre	– fits within the framework
un concours	– competition
un(e) sténo-dactylographe	– shorthand typist
prévu	– planned
un délai de rigueur	– time limit, closing date
un formulaire d'inscription	– enrolment form
le montant	– amount, cost
le droit	– fee
la date de clôture	– closing date
un conjoint	– husband or wife
s'inscrire	– to enrol
une collecte de sang	– blood donor session
avoir lieu	– to take place

Instead of answering questions in the usual way, try to write a brief summary of the five announcements. Don't go into too much detail!

Faits divers

La décentralisation de la culture

En matière de culture, le gouvernement cherche, depuis plusieurs décennies, à décentraliser.

Pour le cinéma, par exemple, une loi de 82 crée une Agence pour le Développement Régional du Cinéma. La France a actuellement le réseau de salles le plus riche et le mieux réparti d'Europe.

Mais rien ne peut se faire sans la participation et les initiatives des gens du pays.

M Bec, adjoint au maire d'Aurillac nous parle de son action dans ce domaine.

15 De tout et de rien

Reporting speech
Revision

Au cours de notre séjour en Haute-Auvergne et au Pays Basque, nous avons été surpris par la diversité des Français, de leurs activités et de leurs intérêts. Nous rassemblons donc, dans ce dernier chapitre, quelques rencontres qui sortent un peu de l'ordinaire, qui serviront à vous rappeler peut-être qu'il n'y a rien de plus intéressant dans un pays que le contact avec les gens.

De nombreux hommes politiques sont originaires d'Auvergne, par exemple Georges Pompidou, qui était Président de la République après le général de Gaulle, et qui était de St Flour. Son successeur, Giscard d'Estaing, est lui aussi auvergnat. Giscard d'Estaing a perdu les présidentielles de 1981, mais après une 'retraite' assez brève, il est devenu de nouveau actif sur le plan politique.

Nous avons assisté à une réunion publique à St Flour où Giscard d'Estaing, accompagné de Jacques Chirac, leader du RPR et maire de Paris, a pris la parole.

Parmi les gens qui ont assisté à son discours, Nicole a parlé à Monique et à Bernadette, toutes deux admiratrices de l'ancien président:

Nicole	Vous êtes en vacances ici ou vous êtes venue exprès pour Giscard?
Bernadette	Ah, je suis en vacances mais à . . . combien de kilomètres?, 50 kilomètres de St Flour, et nous sommes venues l'écouter spécialement.
Monique	Moi aussi, je passe mes vacances à 50 kilomètres de St Flour. Je voulais accompagner mon beau-frère qui est sénateur de Haute-Loire et qui est donc mon beau-frère et qui est en plus le cousin de Giscard, et que ça m'amusait de voir Giscard, d'autant plus que je lui écris souvent parce que j'aime bien Giscard qui me répondait chaque fois. Et je l'ai remercié de ses lettres.
	Et vous lui avez dit dans une de vos lettres que vous allez être ici aujourd'hui?
Monique	Ah, non parce que je lui ai – la dernière lettre je crois remonte – euh, j'ai commencé à lui écrire après son départ en mai 81. J'avais été scandalisée par la façon dont il quittait l'Elysée, et puis après il m'a écrit, je crois que je suis dans les 200 000 personnes en France à qui il écrit, il envoie des lettres, et cette année il m'a envoyé des

voeux, mais je ne lui ai pas écrit pour le remercier, et je regrette. Mais je vais lui écrire maintenant en lui disant que je l'ai vu.

Nicole Bernadette, il paraît que vous connaissiez Giscard d'Estaing.

Bernadette Mais oui. Je l'ai connu quand il était Ministre des Finances il y a plus de dix ans. Nous avons passé le chamois à Courchevel ensemble, et il l'a eu et moi non.

Nicole Qu'est-ce que vous lui avez dit tout à l'heure?

Bernadette Et ben, je lui ai rappelé ces souvenirs, en lui disant que nous avions passé ce chamois ensemble, et je lui ai aussi parlé du tennis puisqu'il joue très bien au tennis, et je l'ai invité à jouer au tennis dans les Vosges, où j'habite et il m'a promis son passage.

Nicole Très bien, et Chirac, il vous a parlé?

Bernadette Chirac, nous lui avons serré la main quatre fois.

Monique Il a ri parce que nous lui avons fait remarquer que nous lui avions . . .

Bernadette . . . serré la main quatre fois!

Monique . . . serré la main quatre fois!

Nicole Ça a été une bonne journée pour vous aussi?

Bernadette Oui, ça a été une bonne journée, on s'est bien amusées, et Giscard nous a souvent parlé . . . nous a repérées, on a été très contentes de ça.

il paraît	*it appears, it seems*
connaître	*to know*
le chamois	*a grade/qualification in skiing*
Courchevel	*ski resort*
tout à l'heure	*just now, a short while ago*
promettre à quelqu'un	*to promise someone*
les Vosges	*mountains in Eastern France*
serrer la main à	*to shake hands with*

un beau-frère	*brother-in-law*
Elysée	*name of the palace of the president*
des voeux	*(good) wishes*
repérer	*to locate*

Phrases clé
Je lui ai dit que . . .
. . . en lui disant que . . .

Avez-vous bien compris?
Vrai ou faux?

1 Bernadette a eu son chamois en même temps que Giscard.	vrai/faux
2 Elle l'a invité à jouer au tennis chez elle.	vrai/faux
3 Elle habite à 50 kilomètres de St Flour	vrai/faux
4 Monique est une cousine de Giscard.	vrai/faux
5 Monique et Bernadette ont parlé aussi à Chirac.	vrai/faux

Toujours en Haute-Auvergne, nous allons changer complètement d'horizon. Nicole a visité une usine où on fabrique des jouets, et surtout des jouets en peluche.

Nicole Qu'est-ce qu'on fabrique ici?

Renée Ici on fabrique des jouets, spécialement des jouets en peluche, mais des animaux de toutes sortes, il y a beaucoup beaucoup de modèles – ça part du tout petit poussin jusqu'au – la girafe, jusqu'à la girafe, l'éléphant, l'ours – évidemment l'ours traditionnel que l'on fait partout.

Nicole Et qui sont vos clients?

Renée Nos clients étaient des confiseurs, des pâtissiers, des chocolatiers - qui achetaient aussi surtout des sujets à garnir ou des objets de – des sujets de décoration de vitrine, et ensuite nos clients étaient aussi des centrales d'achat, des grandes surfaces, supermarchés et d'autres grands magasins.

(Renée fait visiter la fabrique de jouets en peluche à Nicole qui pose des questions aux employées).

Nicole Odette, qu'est-ce que vous faites là?

Odette Et ben, je fais des lapins.

Marie Des petits poussins confiseurs.

Nicole Et comment est-ce qu'on fait des petits poussins?

Marie Je rassemble deux boules que je bourre de fibres, je mets un petit bec, des yeux, des pattes.

Nicole De quelle couleur?

Marie Poussins jaunes ou blancs – au choix – les pattes sont oranges et les yeux aussi, les petits yeux noirs.

Nicole Merci. Marie-Thérèse, qu'est-ce que vous tenez là?

Marie-Thérèse Une petite souris confiseur.

Nicole Est-ce que vous pourriez me la décrire?

Marie-Thérèse Oui, elle est grise avec des petites oreilles roses, on y mettra son petit tablier rose coordonné avec la couleur des oreilles.

Nicole	Est-ce que vous en avez une de préférée?
Marie-Thérèse	Je les aimes toutes.
Nicole	Vous les aimez toutes?
Marie-Thérèse	Oui, c'est du travail qui est très délicat et j'aime bien faire ce travail.
Nicole	Ah, je comprends. Merci.
	Renée, qu'est-ce qui se passe ici?
Renée	Oh ici il ne se passe pas grand-chose; il y a beaucoup de casiers – tous ces casiers sont pleins, mais pleins de beaucoup beaucoup d'animaux, des petits chats – vous verrez des chats noirs – des lapins blancs, des oursons bruns, des canards évidemment puisque nous faisons beaucoup de canards et beaucoup de choses pour Pâques, des souris, beaucoup de souris cette année, les souris ont eu beaucoup de succès au Salon du Jouet. Il y a également des lions, des éléphants, des ours, des chiens-caniches.
Nicole	Il y en a de toutes les tailles?
Renée	Oui, il y a plusieurs tailles, oui, bien sûr, il y a le sujet – le tout petit sujet pour layette pour bébé et il y a aussi le gros chien ou le gros ours ou le gros lion pour les jeunes filles, parce qu'elles adorent les peluches, pour les jeunes gens également parce qu'ils adorent aussi le peluche. Alors que ce soit décoration, que ce soit le jouet premier âge, la peluche a toujours énormément de succès.

fabriquer	*to manufacture*
un jouet en peluche	*soft toy*
un poussin	*chick*
un ours	*bear*
partout	*everywhere*
un confiseur	*confectioner*
un pâtissier	*cake-maker*
un chocolatier	*chocolate-maker*
garnir	*to decorate (a dish or a cake)*
une vitrine	*shop window*
une grande surface	*chain store, hypermarket*
rassembler	*bring together, assemble*
une boule	*ball*
bourrer	*to stuff*
un bec	*beak*
les pattes	*legs or feet of an animal*
un tablier	*apron*
coordonné avec	*matching*
un casier	*pigeon-hole, rack*
un lapin	*rabbit*
un canard	*duck*
une souris	*mouse*
un ourson	*bear cub*
le Salon du Jouet	*toy fair, exhibition*
que ce soit . . .	*whether it be . . .*

> **Phrases clé**
> Qu'êtes-vous en train de faire?
> (revision) Comment est-ce qu'on fait . . . . ?

Avez-vous bien compris?

1 Dans cette usine, est-ce qu'on fabrique les jouets uniquement pour les enfants?
2 Est-ce que tous les jouets sont petits?
3 Est-ce que les goûts des clients restent constants?
4 Comment est-ce qu'on fait un petit poussin en peluche?
5 C'est un travail facile?

Est-ce que l'astrologie vous intéresse? Lisez-vous votre horoscope dans l'espoir de trouver quelque perspective intéressante qui s'ouvre devant vous? Voici Aline qui participe à un weekend d'astrologie à Biarritz. Elle estime que l'astrologie lui apporte beaucoup:

Nicole	Aline, à quoi correspond, pour vous, ce stage d'astrologie? Pourquoi est-ce que vous y êtes d'abord? Expliquez-nous un petit peu. Pourquoi êtes-vous ici, présente aujourd'hui?
Aline	Bien, je suis présente aujourd'hui parce que, bon, l'astrologie m'intéresse, il y a déjà quelque temps et ça me permet d'approfondir mes connaissances.
Nicole	Qu'est-ce que cela vous apporte sur un plan personnel?
Aline	Ben, au départ j'ai été intéressée par l'astrologie parce que j'avais des difficultés de relations avec les autres et ça m'a permis de – d'essayer de mieux les comprendre, d'aller davantage vers eux, oui, de comprendre leurs différences par rapport à moi, d'accepter surtout leurs différences par rapport à moi. Je trouvais passionnant ces, enfin, ces particularités, ces différences, ces différences.
Nicole	Vous me dites que ces stages vous ont aidée dans vos relations, l'entente, une compréhension des autres, peut-être une aisance parmi les autres. Est-ce que vous pouvez me donner un exemple précis, concret, qui pourrait illustrer ce changement?
Aline	Oui, ben, il s'agit de mes enfants, qui vivent toujours avec moi. J'ai un enfant qui est Cancer ascendant Lion, qui est très marqué fortement par le Lion et il prend souvent la parole à table par exemple. Il a besoin vraiment d'être mis en valeur et ça m'a aidée justement à ne pas le mettre, enfin – essayer de le faire taire quand il prend la parole ou essayer de ne pas lui donner de l'importance ou une certaine valeur à ce qu'il dit et, oui, ça a été important, enfin ça a été utile.

un stage	course
permettre à quelqu'un	to allow someone
approfondir	to extend, deepen
mes connaissances	knowledge, understanding
apporter	to bring

sur un plan personnel	*on a personal level*
davantage	*more*
par rapport à	*in comparison with*
l'entente	*understanding*
l'aisance	*ease, confidence*
il s'agit de . . .	*it concerns, it's about . . .*
être mis en valeur	*to be given prominence, stand out*

Phrases clé
Vous me dites que . . .
Il s'agit de . . .
Ça me permet de . . .
(révision):
L'astrologie m'intéresse

Avez-vous bien compris?
En commençant chaque phrase par

Ça me permet de . . ./Ça m'a permis de . . .

mettez-vous à la place d'Aline et faites une liste des avantages que
l'astrologie vous apporte.

*Vous préférez quelque chose de plus concret que l'astrologie? Vos intérêts
vont au travail manuel? Vous êtes passionné par tout ce qui est mécanique?
Nous vous présentons Monsieur Ducros, qui est propriétaire d'une
voiture très particulière et qui participe à un rallye d'anciennes voitures:*

François   Bonjour Monsieur, vous avez une très belle voiture. Qu'est-ce que
c'est?

M Ducros   Cette voiture est une Ford A de 1930. Ford avait une usine à
l'époque à Bordeaux et cette voiture a été assemblée à Bordeaux.
Elle fait 19 chevaux, c'est un 4 cylindre et c'est une voiture qui
marche très très bien. C'est pour ça que je me permets de . . .
d'arriver de Lyon par la route et de repartir pour Lisbonne.

François   Vous allez à Lisbonne donc par la route avec votre Ford?

M Ducros   Non, nous n'allons pas à Lisbonne par la route, nous la mettons sur
le train demain et nous allons par le train jusqu'a Lisbonne et à
Lisbonne nous faisons environ 1800 kilomètres autour du Portugal,
autour de Lisbonne et nous revenons de la même manière.

François   Ce rallye, c'est la première fois qu'il existe?

M Ducros   Non, c'est le troisième rallye, c'est un rallye qui pour la première
fois vient au Portugal, mais les deux fois précédentes ce rallye est
allé au Maroc. Et la première année j'ai participé avec la même
voiture, il y a donc deux années, nous avons fait le tour du Maroc
par, en arrivant à Tangers, à Tangers, Casablanca, Marrakech, Fès,
Méknès, Benimilan et nous sommes rentrés, nous avons fait dix
jours au Maroc, environ 3500 kilomètres.

François	Et malgré ses 54 ans votre voiture supporte bien le choc?
M Ducros	Oui, c'est une voiture, je vous dis très fiable et qui a été toute refaite. J'ai mis cinq ans à la refaire et le moteur est en très bon état puisqu'on vient de nouveau de le refaire aussi. En principe elle doit marcher, je dis en principe parce qu'on n'est jamais sûr d'une voiture aussi vieille. On n'est pas sûr des conducteurs – comment voulez-vous qu'on soit sûr des autos?
François	Mais qu'est-ce qui vous motive pour faire ce rallye?
M Ducros	Et bien, c'est une passion mécanique que j'ai eue depuis que j'étais enfant et puis j'aime bien les vieilles autos. Je préfère les voitures d'avant-guerre. C'est ce qui me passionne, j'aime les vieilles autos, j'aime rouler, on a le temps de voir. En voiture moderne j'ai une voiture qui va très vite. Dans mes affaires je vais vite et là c'est une manière de s'exprimer, de prendre du temps, de vivre son temps.
François	Bien, écoutez, on vous souhaite une bonne route, et puis un bon séjour au Portugal à bord de votre voiture merci, monsieur.

19 chevaux	*19 horse-power*
fiable	*reliable*
un conducteur	*driver*
comment voulez-vous que . . .?	*how do you expect . . .?*
d'avant guerre	*pre-war*
rouler	*to travel by car, to drive*
s'exprimer	*to express oneself*

> **Phrases clé**
> (révision)
> Cette voiture a été assemblée à Bordeaux
> J'ai mis cinq ans à la refaire
> Comment voulez-vous qu'on soit sûr?
> C'est ce qui me passionne

Avez-vous bien compris?

Give the following information about the car, beginning each answer with either:

C'est une voiture . . .
or
C'est une voiture qui . . .

Say that it:
is reliable
is pre-war
is 19 horse-power
is in very good condition
allows the driver to take his time
is 54 years old
was built in 1930 in Bordeaux
goes well

Le saviez-vous?

Les partis politiques en France

Les partis politiques forment un ensemble bien plus complexe et changeant en France qu'en Grande-Bretagne.

Pour simplifier, on peut citer, de gauche à droite:

le Parti Communiste est dirigé par Georges Marchais;

le Parti Socialiste comprend la plupart des hommes au gouvernement depuis les élections de mai 81: François Mitterand, Laurent Fabius, Michel Rocard . . . Il est allié à d'autres petits partis de gauche, comme le PSU (Parti Socialiste Unifié) et le MRG (Mouvement des Radicaux de Gauche);

l'UDF (Union pour la Démocratie Française) regroupe des petits partis de droite et de centre- droite. Ses deux personnalités les plus connues sont l'ancien Président de la République, Valéry Giscard d'Estaing, et Simone Weil (ancienne Présidente du Parlement Européen);

le RPR (Rassemblement pour la République). C'est le parti de Jacques Chirac, ancien premier ministre de Giscard d'Estaing, et maire de Paris. Raymond Barre, une autre personnalité importante de la droite a été aussi premier ministre sous Giscard d'Estaing;

L'extrême droite est représentée surtout par le Front National, de Jean-Marie Le Pen;

Et si vous voulez vous tenir au courant de l'actualité politique, vous pouvez lire les grands quotidiens d'information, comme le Monde (indépendant), le Figaro (plutôt de droite), le Matin ou Libération (tous deux plutôt de gauche).

Pour en savoir plus

1 Reporting speech

In French as in English there are two ways of recounting what you have said or what someone else has said:

Je lui ai dit, 'Je connais votre famille'.
or Je lui ai dit que je connaissais sa famille.

In the second example, instead of quoting the exact speech (*direct speech*) we report it in the form of indirect speech. The patterns of formation and use are similar to those in English, except that in English you can readily miss out the link word *that*, which is never omitted in French:

Vous m'avez dit que vous me téléphoneriez!
You said you would telephone me!

Essayez donc!
Modèle:
Catherine m'a dit, 'Je ne peux pas payer'.
Catherine m'a dit qu'elle ne pouvait pas me payer.

A vous maintenant!

1 Le conducteur de la Ford nous a dit, 'Les vieilles voitures me passionnent!'.
2 Bernadette a dit à Giscard, 'Je vous admire énormément'.
3 Elles ont dit, 'Nous avons serré la main quatre fois à Chirac'.
4 Aline nous a dit, 'J'ai un fils qui est Cancer ascendant Lion'.

2 Reporting questions

At the beginning of the interview with Monique and Bernadette, Nicole asked, 'Vous êtes en vacances?' In indirect speech this would be:

Nicole leur a demandé si elles étaient en vacances.
Nicole asked them if / whether they were on holiday.

Notice that there is a choice of two words in this case in English, but only one possible form in French.

Note also:

(Nicole): Qu'est-ce que vous faites ici?
Nicole leur a demandé **ce qu'**elles faisaient . . .
*(see section on **ce qui, ce que** in Chapter Thirteen)*

3 His and hers, yours, ours and mine!

Look first at these examples:

Sa voiture est plus vieille que **la mienne.**
(= **sa** voiture est plus vieille que **ma** voiture)

Son frère connaît le mien.
(= **son** frère connaît **mon** frère)

In these examples a possessive pronoun is used to avoid unnecessary repetition of *voiture* and *frère*. Here is a full list of these pronouns:

(mine)	le mien	la mienne	les miens	les miennes
(yours)	le tien	la tienne	les tiens	les tiennes
(his/hers)	le sien	la sienne	les siens	les siennes
(ours)	le nôtre	la nôtre	les nôtres	les nôtres
(yours)	le vôtre	la vôtre	les vôtres	les vôtres
(theirs)	le leur	la leur	les leurs	les leurs

Remember that just as *son frère* means 'his brother' or 'her brother', so *le sien* means either 'his' or 'hers'. What makes *le sien* masculine is not the gender of the *owner* but of the *thing (or person)* possessed.

So what if you wanted to embroider 'His' and 'Hers' on matching towels (towel – *une serviette*), would both towels not end up with the same inscription, *la sienne*? In fact the French get round the problem by using '*Lui*' and '*Elle*'!

Indeed, there is another way of indicating ownership quite unambiguously in French, as these examples will show:

A qui est cette voiture?
Who does this car belong to?

Elle est à moi	*(mine)*
à toi	*(yours)*
à lui	*(his)*
à elle	*(hers)*
à nous	*(ours)*
à vous	*(yours)*
à eux	*(theirs)*
à elles	*(theirs)*

However, this second set of pronouns after a preposition is used only when you wish exclusively to state ownership.

Complétez:

1 Leur maison est plus grande que ...... (*ours*).
2 Son vélo est jaune: ...... est noir (*mine*).
3 L'ours en peluche est ...... (*mine*): ...... (*yours*) a les yeux d'une autre couleur.
4 Cette serviette n'est pas ...... (*yours*): elle est ...... (*mine*).
5 Ces papiers ne sont pas ...... (*his*): ...... (*his*) sont dans la voiture.

4 Pinpointing an action
Here are three useful expressions which help you to do this:

Je viens de lui écrire — *I've just written to him*

Je suis en train de lui écrire — *I'm writing to him at this moment, I'm in the process . . .*

Je suis sur le point de lui écrire — *I'm about to write*

Try saying:

1 You're about to buy a flat.
2 You've just read a book on astrology.
3 You're about to take a trip to Morocco.
4 Your brother is in the process of writing a novel.

Tout à l'heure
This is a doubly useful expression, because it can refer to either the recent past or the near future. The following examples should make its use and meaning clear:

Tout à l'heure j'ai vu Thomas sortir du restaurant
Just now/a short while ago I saw . . .

On va les revoir tout à l'heure
We'll be seeing them again presently/shortly

A tout à l'heure!
See you later!

Cousin, cousine
After hearing about a cousin of Giscard d'Estaing earlier in this chapter, you may find it convenient to have a brief list of family relations:

(arrière-) grand-père — *(great) grandfather*
grand'mère — *grandmother*

père, mère	– *father, mother*
beau-père	– *father-in-law, stepfather*
belle-mère	– *mother-in-law, stepmother*
oncle, tante	– *uncle, aunt*
frère, soeur	– *brother, sister*
beau-frère, belle-soeur	– *brother/sister-in-law*
cousin, cousine	– *cousin*
mari, époux	– *husband*
femme, épouse	– *wife*
fils, fille	– *son, daughter*
gendre, beau-fils	– *son-in-law*
belle-fille	– *daughter-in-law*
neveu, nièce	– *nephew, niece*
petits-enfants	– *grand-children*
petit-fils	– *grandson*
petite-fille	– *grand-daughter*

Au Portugal, au Maroc
Names of countries are masculine unless they end in **-e**. There is only one exception – *le Mexique*.

to Portugal
in Portugal or any masculine country   – **au Portugal**

from Portugal or any masculine country – **du Portugal**

to Norway
in Norway or any feminine country   – **en Norvège**

from Norway or any feminine country   – **de Norvège**

Il s'agit de . . .
This expression is commonly used to introduce or identify a topic:

– **Vous voulez me voir, monsieur le directeur?**
– **Oui, asseyez-vous. Il s'agit de votre absence de la semaine dernière.**

   It's about your absence . . .

Les voeux
Les Américains ont la réputation d'avoir inventé 'Have a nice day!' mais les Français, depuis très longtemps, par politesse, au moment de se quitter, ont l'habitude d'exprimer un voeu. Quoi de mieux pour terminer **France Extra!** que de vous proposer quelques expressions à employer vous-même:

Bonne journée!	**Bonne promenade!**
Bonne soirée!	**Bonne route!**
Bonnes vacances!	**Bon voyage!**
Bon weekend!	**Bon courage!**
Bonne fin de séjour/vacances, etc	**Bonne chance!**
Bonne continuation!	

Activités

Voici votre horoscope pour le mois prochain:

Bélier (21 mars – 20 avril)
C'est entre le 5 et le 8 que l'essentiel se jouera, avec de bonnes surprises, des propositions de travail ou des offres de collaboration. Il y aura une belle amitié à partir du 7, peut-être des projets de voyage.

Taureau (21 avril – 20 mai)
La vie risque d'être assez difficile, surtout si vous ne modérez pas vos impulsions! Retenez un peu votre élan, montrez diplomatie, tact, et votre vie se stabilisera. Possibilité d'accident le 20–21.

Gémeaux (21 mai – 20 juin)
Au début du mois vous serez d'assez mauvaise humeur, mais à partir du 10, vous vous sentirez plus à l'aise avec les autres. Vous aurez de très bonnes idées vers le 16.

Cancer (21 juin – 20 juillet)
Beaucoup d'oppositions ce mois-ci dans vos planètes. Tout cela vous placera devant des choix difficiles et vous en serez sans doute perturbé. Votre vive intelligence vous aidera à surmonter tous les problèmes. Evitez les décisions côté finances.

Lion (21 juillet – 20 août)
Très sphinx notre lion: il médite, accepte (assez mal) de ne plus être le centre du monde, verse une larme (une seule) sur un amour passé, ouvre un oeil sur le présent.

Vierge (21 août – 20 septembre)
Risque de mauvaises surprises jusqu'au 10. Vous avez tendance à vous angoisser, mais cette fois vous ferez bien de résister. Sentimentalement vous aurez des difficultés à partir du 14 avec quelqu'un de très proche.

Balance (21 septembre – 20 octobre)
Vous n'aimez pas la routine actuelle, et vers le 16 vous risquez de provoquer des changements dans votre vie quotidienne. Il faut résister à la tentation de rendre d'autres responsables de vos problèmes personnels. Quelqu'un viendra vous donner la confiance qui vous manque en ce moment.

Scorpion (21 octobre – 20 novembre)

Excellent mois pour beaucoup de Scorpion, mais pour d'autres un certain ralentissement dans le rythme quotidien. Vous serez conscient d'une certaine solitude mais vous réussirez à en tirer avantage.

Sagittaire (21 novembre – 20 décembre)

Comme toujours, Uranus vous promet des changements et des rencontres amicales vers le 15. Jusqu'au 13 Vénus vous fera rêver de grand amour, de passion idéale. Vers la fin du mois vous recevrez une lettre qui vous fera perdre certaines de vos illusions.

Capricorne (21 décembre – 20 janvier)

Vous n'aurez peur de rien et vous vous surprendrez vous-même de tant d'audace. Tout cela vous fera avancer très vite dans vos projets personnels. Mais vous risquez de ne pas considérer les sentiments ou les opinions des autres.

Verseau (21 janvier – 20 février)

L'hostilité des autres vous surprendra, vous qui êtes habituellement assez naïf. Vers le 20 vous allez passer 48 heures assez difficiles mais tout rentrera dans l'ordre le 23.

Poissons (21 février – 20 mars)

Vous êtes pris dans des courants contraires, mais cela ne vous découragera pas. Pour vous, amour, affaire, gaité sont au rendez-vous. Une rencontre imprévue vous perturbera plus que vous ne le souhaitez, mais votre chaleur réchauffera l'autre personne.

Voici les réactions d'une douzaine de lecteurs, tous d'un signe différent du zodiaque. Pouvez-vous retrouver leur signe?

1 Je trouverai peut-être un autre job moins monotone que mon poste au supermarché.
2 Je voudrais bien savoir qui va m'écrire!
3 Ça doit être le weekend que nous envisageons de passer chez mes beaux-parents.
4 Justement, le 6 c'est notre anniversaire de mariage – j'aurai peut-être un cadeau!
5 Moi, c'est pas possible! Je suis toujours souriant, toujours gai.
6 Moi qui n'ai jamais été en Egypte . . .
7 Être seul, ça me permettra de préparer mes examens en paix.
8 C'est le moment de relancer mon expédition pour étudier les ours du pôle nord!
9 Alors, je laisse la voiture au garage ces jours-là.
10 Je vais tomber amoureuse d'un Esquimau!
11 Dans ce cas-là, j'abandonne mon projet d'acheter un appartement en Espagne, je ne veux pas perdre mon argent.
12 Alors, entre le 10 et le 14, j'aurai peut-être le temps d'être heureux.

2 Maintenant racontez ce qu'ont dit les 12 lecteurs. (Imaginez que les numéros 1 à 6 sont des hommes, 7 à 12 des femmes)

Modèle:

La Balance a dit qu'il trouverait peut-être un autre job moins monotone que son poste au supermarché.

A vous maintenant!

3 Now that you've reached the end of *France Extra!*, see if you can remember how you would say the following (we give the chapter reference in brackets in case you want to refer back.)

How would you:

1 say it hurts all over? (9)
2 say your sister/brother has a bossy streak? (11)
3 ask what someone does for a living? (4)
4 say you didn't see anyone at the restaurant? (9 and 7)
5 suggest a drink with an old friend? (8)
6 say you love windsurfing? (1)
7 say you have to get up early tomorrow? (3)
8 say you used to go twice a week to the cinema? (7)

A l'écoute

Parmi les gens que nous avons rencontrés, plusieurs avaient quitté leur pays d'origine très tôt dans leur vie, pour y retourner peut-être plus tard. Ecoutez Madame Vincent, une retraitée qui au cours d'une vie mouvementée a beaucoup voyagé, et puis répondez aux questions:

1 Quand est-ce qu'elle s'est installée à Paris? Chez qui a-t-elle habité?

2 Quel a été son problème au début? Comment ce problème a-t-il été surmonté?

3 Madame Vincent a travaillé combien de temps en tout chez Burberry's, et à la Banque de Paris et des Pays-Bas?

4 Arrivée aux Etats-Unis, pourquoi a-t-elle choisi de vivre tout d'abord au Colorado? Est-ce qu'elle est restée longtemps là-bas?

Faits divers

La roue de la Fortune

Il n'est plus nécessaire, pour tenter la Fortune, de fréquenter les salles de jeu et les casinos. Les jeux d'argent et de hasard aussi se sont démocratisés.

Il suffit d'acheter un billet de Loterie Nationale (créée en 1933) ou de remplir une grille de Loto. Le Loto est particulièrement populaire, car il permet de sélectionner ses propres chiffres. Le tirage a lieu en direct à la télévision.

En 83, le gouvernement a lancé le 'Tac au Tac', une variante du Loto. Certains billets sont gagnants avant même le tirage; il suffit de les gratter pour s'en apercevoir . . . ce qui double le suspense!

Enfin, vous avez peut-être remarqué, en France, l'inscription 'PMU' sur les devantures de nombreux cafés. Cela signifie qu'on peut y jouer au Pari Mutuel Urbain, le 'tiercé', pari sur les courses de chevaux. Ces cafés offrent un spectacle pittoresque le dimanche matin, avec l'afflux de tous les parieurs. Dans une atmosphère enfumée, de riches dames en fourrures y côtoient les habitués prenant leur premier 'ballon de rouge' (verre de vin) de la journée.

Key to exercises

Chapter 1

Avez-vous bien compris? *(page 9)*
La première femme est grand mère
La deuxième femme habite Paris huit mois de l'année
La troisième femme est native de la région
L'homme est en vacances

Avez-vous bien compris? *(page 11)*
1 Non, c'est la plage du Port Vieux qui est réservée aux enfants
2 Non, on fait du surf à la Côte des Basques
3 (On peut voir) les Pyrénées
4 (Ils adorent) la plage du Port Vieux

Essayez donc! *(page 12)*
1 J'aime assez les grandes villes/Les grandes villes ne me déplaisent pas.
2 C'est extra! J'adore ce restaurant.
3 Non, je n'aime pas (du tout) cette musique.
4 Non, je n'aime pas tellement la danse moderne.
5 J'adore les escargots/J'ai horreur des escargots!

Essayez donc! *(page 13)*
1 Il (le Port Vieux) est plus pittoresque que la ville
2 Il (l'Hôtel du Palais) est plus luxueux que l'Hôtel du Centre
3 Elle (la plage du Port Vieux) est plus calme que la Grande Plage
4 Ils (les restaurants) sont moins chers qu'à Londres
5 Ils (les cinémas) sont aussi modernes qu'à Paris

Activités *(page 16)*
1 (exemples):
Mon mari adore le golf; il n'aime pas la pêche; il ne peut pas supporter le rugby.
Mes enfants aiment beaucoup la natation; ils adorent faire du surf; ils n'aiment pas tellement faire de la marche.
Je n'aime pas tellement la natation; je déteste le ski nautique; j'aime beacoup faire de la voile.
Nous aimons tous la danse folklorique.

2 (exemples):
Je pense que le ski nautique est un sport cher
Je pense que la danse moderne est plus violente que le karaté

3 1 On peut . . .
2 On peut . . .
3 On ne peut pas voir . . .
4 On peut . . .
5 On ne peut pas . . .

4 célèbres ... du ... personnalité ... de ... beauté ... plages ...
tempéré ... climatiques ... en ... merveilleux ... court ...
toujours ... vivre

A l'écoute   (*page 19*)
1 Ville très calme
2 Beauté de l'endroit
3 Ville de dimension humaine
4 Proximité du Pays Basque
5 La sympathie des gens

Chapter 2

Avez-vous bien compris?   (*page 22*)
1 Parce que c'est une région propre à l'élevage at à l'agriculture;
   parce que c'est calme.
2 Non, beaucoup plus durs/froids

Avez-vous bien compris?   (*page 22*)
1 faux
2 faux
3 vrai
4 faux

Avez-vous bien compris?   (*page 23*)
situation géographique
station thermale
chauffage domestique
période estivale
eau chaude

Essáyez donc!   (*page 24*)
1 (cassette)
2 (cassette)
vingt-cinq kilomètres
il y a vingt ans
elle a quatre-vingt six ans
vingt chiffres
est; nord-ouest; sud-ouest; dans le sud de l'Auvergne; j'habite dans
le nord-est.

Activités   (*page 29*)
1 1 Perpignan
    2 Paris
    3 Strasbourg
    4 Bordeaux

2   (Exemple) Super-Besse est situé à 1350 mètres d'altitude, dans
      un site agréable. La gare la plus proche est au Mont-Dore. Il y a une
      école de ski, 18 télésieges, 12 descentes faciles et 7 plus difficiles.

3 1 vrai
2 faux (Clermont-Ferrand n'est pas dans le Cantal)
3 faux (presque *sept* cents mètres)
4 faux (161 *mille*)
5 faux

4 Altitude: 750 mètres
Population   1300 habitants
Nombre de curistes par an: 1800
Température de l'eau chaude: 82 degrés
Gare SNCF la plus proche: St Flour (30 kilomètres)

5 On peut faire de la natation, du golf miniature, du tennis, de la pêche, des sports d'hiver, des sports nautiques, de la marche, des excursions en voiture ou à vélo; on peut faire du cheval.

A l'écoute *(page 32)*
1 A St Flour: les vieilles rues/ruelles; les boutiques du Moyen Age; la cathédrale; les musées; le monument au président Georges Pompidou; la vieille chapelle au Calvaire; les orgues basaltiques de la ville basse.
(The ancient narrow streets; the shops dating back to the middle ages; the cathedral; the museums/art galleries; the monument to President Pompidou; the old chapel at le Calvaire; the basalt 'organ pipes' of the lower town.)
2 Viaduc du Garabit : le lac de Grandval : Chaudes-Aigues : St Chély : la Margeride : Loubaresse
3 A peasant's cottage is maintained as a museum depicting life as it was in 1840
4 About 4 hours : une *balade*

Chapter 3

Avez-vous bien compris? *(page 35)*
1 Oui, elle sé lève vers six heures, une heure avant Christophe.
2 Non, le vendredi elle se lève à sept heures.
3 Non, le jeudi elle rentre vers sept heures du soir, plus tard que les autres jours.

Avez-vous bien compris? *(page 36)*

à l'extérieur	– in the outside world
en plus de ça	– in addition
faire les courses	– do the shopping
bien remplie	– very full
il faut naturellement	– of course one has to.

Avez-vous bien compris? *(page 38)*
Il se lève à deux heures du matin
Il travaille jusqu'à 9h30, 10h ou 11h.
Il mange vers midi, midi et demi.

Il se repose jusqu'à 19h.
Il mange à 19h.
Il se couche après le repas du soir.
Il reste au lit jusqu' à 2h du matin.

Essayez donc! (*page 39*)
Je dois manger à 7 heures / Il faut que je mange . . . etc
Vous devez/tu dois arriver avant minuit / Il faut que vous
arriviez/tu arrives . . . etc
Nous devons nous lever tôt/ Il faut que nous nous levions . . .
Ils/elles doivent finir ce soir / Ils faut qu'ils/elles finissent . . .

Essayez donc! (*page 41*)
Il faut que je tourne à droite
Il faut que je fasse les courses
Il faut que j'aille avec Catherine
Il faut que je finisse maintenant
Il ne faut pas que je parte tout de suite

Essayez donc! (*page 44*)
Demain *matin* . . .
Merci pour *cette soirée* . . .
. . . dans *trois jours*
. . . de *quatre ans*
. . . *la journée*

Activités (*page 45*)
1 A quelle heure est-ce que vous vous levez?
                   vous levez-vous?
Vous vous levez à quelle heure?
Est-ce que vous vous levez toujours à la même heure?
A quelle heure est-ce que vous partez?
Combien de temps est-ce que vous mettez pour aller à l'école?
                                    à votre travail?

2 Où est-ce que vous mangez à midi?
Vous travaillez combien d'heures par jour?
Vous rentrez à quelle heure habituellement?
Qu'est-ce que vous faites le soir?

3 Tu dois être à l'aéroport à 10h30. Tu as rendez-vous avec Claudine
à 12h45 au restaurant du Palais. A deux heures et quart tu as
rendez-vous avec l'adjoint au maire, à l'Hôtel de Ville. Tu dois être
aux Colonnes à 18h30 pour prendre l'apéritif. Et tu as noté qu'il
faut que tu téléphones au médecin, et que tu achètes des fleurs.
C'est qui, 'T'?!

4 passe . . . lève . . . doivent . . . matinée . . . faisons . . . aille . . .
vers . . . mettons . . . fait . . . faut . . . soir . . . écoute . . . regarde . . .
jusqu'à . . . devons

A l'écoute
1   I Il se lève

2 Il s'occupe des chèvreaux
3 Il prend un petit café
4 Il prend le tracteur
5 Il monte en haut du village
6 Il attache les chèvres
7 Il donne à manger aux chèvres
8 Il trait les chèvres
9 Il redescend
10 Il prend son petit déjeuner

Le mardi et le vendredi
Le matin à 6h, le soir à 5h

Chapter 4

Avez-vous bien compris? *(page 50)*
1 Je suis directeur d'un grand magasin
2 Excusez-moi, monsieur, quelle est votre profession?
3 Je suis employée comme standardiste à l'hôpital:

Avez-vous bien compris? *(page 52)*
On m'a demandé de . . .
Vous travaillez toujours?
J'y suis resté deux ans.
depuis que je suis né(e).
au bout de cinq ans.

Essayez donc! *(page 55)*
1 Elle est institutrice
Il est ouvrier
Elle est professeur
elle est chômeuse
Il est garagiste
Elle est douanière
Elle est pharmacienne
Il est mécanicien
Elle est boulangère
Il est cultivateur
Elle est avocate

Essayez donc! *(page 57)*
J'habite Biarritz depuis 1972
Avant j'ai habité Paris pendant sept ans
Voila/Ça fait/Il y a 15 ans que je suis dans le Pays Basque
J'ai pris ma retraite il y a 6 mois
Depuis ma retraite . . . etc

Essayez donc! *(page 59)*
j'ai écrit
j'écrivais

je faisais
j'ai fait
ils sont arrivés . . . je regardais

Activités   (page 59)
1   (Est-ce que) vous êtes né ici, monsieur?
. . . . . .
Vous habitez Paris maintenant?
. . . . . .
Vous avez toujours habité (à) Paris?
. . . . . .
(Est-ce que) vos parents sont revenus aussi?
. . . . . .
Oui, ils sont toujours vivants/non, ils sont morts/ mon père est
toujours vivant, etc.
. . . . . .
Depuis . . . ans.

2   (Exemple)
Je m'appelle Patrick Lemoine. J'ai 37 ans, et je suis né à Vichy. Je
suis marié depuis douze ans, et j'ai trois enfants, une fille et deux
fils. Il y a 11 ans nous nous sommes installés à Clermont-Ferrand.
Je suis instituteur, depuis 5 ans.

3   . . . depuis . . . J'ai commencé . . . j'ai rencontré . . . était . . .
nous avons decidé . . . Voilà . . . nous habitons . . . est restée . . .
pendant . . . elle a repris . . . il y a . . .

4   (Exemple) Je suis arrivé à Bordeaux par Air France à 10h30 le 7
juillet. J'ai pris un taxi jusqu'au centre ville. Je suis allé à la banque.
A midi j'ai mangé au restaurant 'la Grillade', et puis l'après-midi
j'ai fait des courses en ville. Le soir je suis allé au cinéma, puis je
suis rentré à mon hôtel, l'hôtel de la Gare. Le 8, je suis parti pour
Biarritz par le train de 7h14. Nous sommes arrivés à Biarritz avec
15 minutes de retard. Il pleuvait. Mais l'après-midi il a fait du soleil,
et je suis allé à la plage ou je me suis baigné. Ensuite je suis monté
voir le phare, d'où il y a / avait une vue splendide sur les Pyrénées.
Le 9, je suis parti en car pour visiter Bayonne. Il faisait très chaud.
J'ai acheté quelques cadeaux. Nous sommes rentrés à Biarritz à
18h. Le soir, j'ai fait une promenade / je me suis promené /
jusqu'au rocher de la Vierge. Quand je suis rentré à l'hôtel du
Palais, il y avait beaucoup de touristes anglais et américains.

A l'écoute   (page 61)
1   depuis 60 ans
2   Oui, beaucoup
3   Elle est veuve, depuis 31 ans.
4   son mari.
5   (Parce qu') elle devait distribuer des papiers dans la rue.

Chapter 5

Avez-vous bien compris? (*page 63*)
Je (ne) peux pas me tromper?
Je suis incapable de vous la situer.
Vous composez le numéro.
Vous payez la communication.
Je veux appeler en Angleterre.

Avez-vous bien compris? (*page 65*)
la lettre . . . le numéro . . . la communication . . . la tonalité . . .
le numéro.

Essayez donc! (*page 67*)
Une fois que vous avez décroché, vous mettez une pièce de 50
centimes.
Une fois que vous avez fait le 19, vous entendez la tonalité.
Une fois que vous avez entendu la tonalité, vous faites le 44 pour
l'Angleterre.
Une fois que vous avez fait le 44, vous composez l'indicatif de la
ville et le numéro de votre correspondant.

Essayez donc! (*page 69*)
1 Je l'envoie à mon directeur.
   Je lui envoie le télex.
2 Je les offre à ma mère.
   Je lui offre les plus belles fleurs.
3 Tu les transmets aux Duclerc.
   Tu leur transmets mes amitiés.
4 Vous me la passez.
5 Elle ne l'entend pas.
6 Tu les a mis.
7 Vous leur avez téléphoné?
8 Elle le leur a envoyé?

Essayez donc! (*page 70*)
1 Oui, je le connais.
   Non, je ne le connais pas.
2 Si, je la connais.
   Non, je ne la connais pas.
3 Si, je les connais.
   Non, je ne les connais pas.
4 Oui, je la connais.
   Non, je ne la connais pas.

Activités (*page 72*)
1 1 9 pm – 8 am. Weekends: reduced tariff on Sundays and public
          holidays.
       2 For Andorra and Monaco, the code is 16 instead of 19.
       3 the '0' at the beginning of the code for the town or locality.

2 1 Monsieur Ochida, vous décrochez, vous faites le 19; une fois que vous entendez la tonalité, vous faites le 81, puis l'indicatif de Tokyo et votre numéro chez vous.

2 Athènes: le 19 puis le 30.

3 Varsovie: le 19 puis le 48.

3 1 Oui, vous allez tout droit, il y a une banque à 100 mètres sur la droite.

2 Vous prenez la première rue à gauche, puis la deuxième à gauche; le cinéma Rex est tout de suite à droite.

3 Vous prenez la première rue à gauche, puis la deuxième à gauche; la boulangerie est à gauche, en face du cinéma.

4 Vous prenez la première rue à gauche, puis la deuxième à droite. Vous continuez tout droit pendant 200 mètres, et vous arrivez à la Grande Place. Il y a un hôtel à votre droite à 50 mètres.

5 Vous allez tout droit. Vous arrivez au port – c'est à 300 mètres. Il y a une station-service devant le port.

6 C'est assez loin. Vous allez tout droit, vous arrivez au port, vous passez devant la station-service. Au bout de 100 mètres vous tournez à gauche. Vous allez tout droit, et le bureau de tourisme est à 150 mètres a droite.

4 Oui, je l'ai
Oui, je les prends
Oui, je les ai fermés
Oui, je lui ai téléphoné
Oui, je l'ai sortie
Oui, je leur ai dit

A l'écoute   (*page 75*)
1 Des pièces d'un franc
2 Non
3 80 minutes
4 Oui, 120 minutes

Chapter 6

Avez-vous bien compris?   (*page 78*)
1 No
2 37–38
3 37
4 without

Avez-vous bien compris?   (*page 79*)
1 faux
2 faux
3 faux
4 faux
5 faux

Avez-vous bien compris? (*page 81*)
1 Parce que sa mère ne l'aime pas
2 Elle choisit une robe blanche
  moins décolletée
  de la même taille

Essayez donc! (*page 82*)
Je cherche
J'aimerais acheter
  une robe rouge
  des espadrilles noires
  des chocolats
  un bouquet de fleurs blanches

Essayez donc! (*page 83*)
Lequel des costumes préfères-tu?   Celui-ci? ou celui-là?
Laquelle des chemises . . .   Celle-ci? ou celle-là?
Lequel des chemisiers . . .   Celui-ci? ou celui-là?
Lesquelles des chaussures . . .   Celles-ci? ou celles-là?
Lequel des disques . . .   Celui-ci? . . . etc
Lesquelles des lunettes de soleil . . . Celles-ci? . . . etc
Lesquelles des espadrilles . . .   Celles-ci? . . . etc

Essayez donc! (*page 84*)
1 aille
2 peut
3 va
4 puisse
5 a
6 ait

Activités (*page 86*)
1 Bonjour, madame. Je voudrais offrir un cadeau à . . .
. . . . .
Je crois que j'aimerais choisir une eau de toilette.
. . . . .
Pour un homme/une femme.
. . . . .
Je préfère quelque chose de plus léger.
. . . . .
Celle-ci me plaît. Elle fait combien? / Combien coûte-t-elle?
. . . . .
Auriez-vous / avez-vous quelque chose de plus petit?
. . . . .
Oui, c'est le prix que je voulais mettre/payer.
Vous pouvez me faire un paquet-cadeau, s'il vous plaît?

2 Qu'est-ce que vous avez en rock des années soixante?
Lesquelles sont les cassettes les moins chères?
Avez-vous quelque chose que je puisse écouter dans la voiture?
Je préfère quelque chose de plus classique.

3 (Exemple)

Dans la chambre, je choisirais un rose pâle pour les murs. Le plafond serait blanc. Pour les rideaux je choisirais une couleur foncée, peut-être dans les tons fuchsia. Je voudrais une moquette gris clair. La porte et le bois peint seraient en blanc.

A l'écoute *(page 87)*

1 Non, pas tellement
2 Il n'a pas de préférence, pourvu qu'elle soit bien!
3 Non
4 un extrait de naissance
   un double de votre bulletin de salaire
   un papier sur l'honneur
   votre état de santé
   un extrait de casier judiciare

Chapter 7

Avez-vous bien compris? *(page 91)*

Autrefois c'était toute la haute société.
Autrefois on les connaissait (mieux).
Maintenant tout ça a disparu / les hommes d'affaires viennent seuls.
Autrefois les clients restaient plus longtemps / c'étaient des séjours plus longs.
Maintenant, nous ne connaissons pas les clients.
Maintenant, le client ne connaît pas l'hôtel.

Avez-vous bien compris? *(page 93)*

1 trois fois (samedi, mardi, jeudi) par semaine
2 depuis trente ans
3 au printemps (il y a des nouveax petits pois)

Avez-vous bien compris? *(page 95)*

1 une façon de s'amuser
2 de notre temps c'était beaucoup mieux
3 tous les dimanches
4 ça ne veut pas dire pour autant que . . .

Essayez donc! *(page 97)*

1 J'allais souvent au cinéma.
2 Je regardais la télévision tous les soirs quand j'étais jeune.
3 Je rencontrais mes amis / mes copains au marché.
4 Je ne vais plus au cinéma.
5 . . . et je ne regarde jamais la télévision.
6 . . . et je ne rencontre jamais personne au marché.
                              plus personne au marché.

Essayez donc!   (*page 97*)

1 (Oui, j'y vais)
2 Oui, j'y passe
3 Non, je n'y vais pas
4 Non, je n'y joue pas
5 Non, je n'y ai jamais travaillé.

Activités   (*page 99*)

1 En 1925
le village était petit
la grande route passait par le village
Il y avait le chemin de fer
Il y avait un château, et beaucoup d'arbres

Alors que maintenant
le village est beaucoup plus grand
la grande route ne passe plus par le village
Il n'y a plus de chemin de fer
Le château et les arbres ont disparu.

2 En 1950 la télévision était en noir et blanc, alors que maintenant
elle est en couleur.
En 1900 on n'avait pas toutes les machines qu'on a aujourd' hui.
En 1950 on ne pouvait pas téléphoner en automatique d'un pays à
un autre.
En 1900 on faisait du sport par plaisir; maintenant, c'est beaucoup
plus commercial.

3 1 Oui, elle y travaille toujours
2 Non, ils n'y dorment plus
3 Non, je n'y vais jamais
4 Non, ils n'y habitent plus
5 Oui, ils y vont toujours
6 Si, nous y passons souvent
7 Non, je n'y descends plus
8 Non, je n'y voyage plus
9 Non, je n'y passe jamais
10 Si, elle y travaille souvent

A l'écoute   (*page 100*)

1 Elle est pour
2 Oui
3 parce que le français n'est pas sa langue maternelle
4 Non, elle parlait basque, sauf à l'école
... pareil ... travaux ... l'hiver ... bêtes ... faut ... faisait ...
maïs ... tout ... maintenant

Chapter 8

(*page 104*)
1 Non
2 Non, elle va aller à Paris
3 Non, elle va faire ses études à Bayonne
4 Virginie

(*page 107*)
1 On peut peut-être aller au restaurant toutes les deux
2 Quand est-ce que tu es libre la semaine prochaine?
3 Ce serait possible de se voir un jour quelque part pour prendre un pot?
4 Je préférerais plus tard, vers huit heures.

Essayez donc! (*page 108*)
1 Je compte partir demain
2 J'ai l'intention d'aller en Normandie
3 François a l'intention de passer la nuit à l'hôtel
4 Nous comptons arriver sans bagages
5 Ils espèrent aller à la plage demain

Essayez donc! (*page 110*)
1 Je passerai mon permis après-demain
2 Je partirai pour Rome dans dix jours
3 Je viendrai vous voir demain
4 J'irai voir le médecin dans quatre jours
5 J'écrirai dans une semaine / dans huit jours
6 Je te donnerai ma réponse demain
7 Je verrai mes amis dans deux semaines / dans quinze jours
8 Je rentrerai d'Espagne dans dix jours

Essayez donc! (*page 112*)
Si j'avais le temps . . .
1 j'écrirais à mes amis
2 j'irais passer le weekend au bord de la mer
3 je travaillerais au jardin
4 je passerais plus de temps avec ma famille
5 je dormirais 10 heures sur 24
6 je jouerais de la guitare
7 je laverais la voiture
8 je lirais le journal
9 je consacrerais tous les soirs à apprendre le français!

Activités (*page 114*)
2 1 Oui, j'aimerais bien
2 Oui, ça me plairait (beaucoup)
3 Oui, ça me ferait plaisir
4 Oui, je voudrais bien
5 Oui, j'aimerais bien / beaucoup

3 J'aurais bien aimé, mais je ne suis pas libre vendredi: je dois aller à Bordeaux.

. . . . .

Oui, je n'ai pas de réunions. Ça me plairait beaucoup.

. . . . .

Ça m'aurait fait très plaisir, mais je suis déjà invité(e) mercredi soir

. . . . .

Oui, je suis libre les deux soirs. J'aimerais bien.

. . . . .

J'espère être de retour de Bordeaux avant 7 heures vendredi soir, mais je ne suis pas sûr(e). Il vaudrait mieux dire samedi.

. . . . .

C'est parfait.

. . . . .

Vous aussi.

4 Si vous n'avez pas le permis, il vaudrait mieux que je conduise
Si vous réussissez votre permis, vous pourrez partir tout seul pour la journée
Si vous aviez l'argent, vous acheteriez sans doute une petite voiture
Si j'avais une voiture, je voyagerais beaucoup plus
Si j'achète une voiture, je l'achète neuve ou d'occasion?

A l'écoute (*page 117*)
1 Il faudrait qu'elle soit ponctuelle, avenante, polie, aimable, honnête. Il faut aussi être de tenue correcte, et avoir les cheveux propres.
2 Il faut qu'elle donne à l'hôtelier les détails suivants: son nom, son âge, son adresse; si elle parle des langues; quelques détails de son expérience précédente; si elle a déjà travaillé.
3 48 heures.

Chapter 9

Avez-vous bien compris? (*page 122*)

	Victor	Guillaume	Monique
1 C'était sa première cure			
2 Il/elle était stressé(e)	pas vrai	pas ind.	pas ind.
3 Il/elle avait mal	pas ind.	vrai	pas vrai
4 Il/elle était en vacances	pas ind.	pas ind.	pas ind.
5 Il/elle allait payer sa cure	pas vrai	pas ind.	pas ind.

Avez-vous bien compris? (*page 125*)
Jean-Marc: . . . ça fait 4 jours que je suis ici . . . un accident de la route l'année dernière et j'ai fait dix mois d'hôpital . . . je n'aimerais pas vous donner tous les détails . . . de la hanche droite.
Germaine: . . . c'est ma quatrième année de cure à Vichy . . . je passe la matinée à la piscine et l'après-midi à me reposer. Je n'aime pas tellement être ici: il est difficile d'être optimiste quand on souffre.

(page 126)

1 . . . à cause de mon opération
2 . . . pour me déstresser
3 . . . pour s'occuper de moi
4 . . . parce que la première . . .
5 . . . à cause de . . .
6 . . . pour perdre . . .

Essayez donc! *(page 127)*

Je me suis cassé . . . le poignet, les dents, le cou, la figure, le dos, les doigts de pied, la cheville, le genou, le coude
J'ai mal . . . can be used with all the items.
Je me suis tordu . . . le poignet, le cou, le dos, la cheville, le genou

Activités *(page 129)*

1 J'habite (l'Angleterre etc)

. . . . .

Oui, je vais passer trois semaines ici

. . . . .

Non, je suis avec ma famille

. . . . .

Parce que nous ne connaissons pas / je ne connais pas / on ne connaît pas / la région; et à cause de la proximité de l'Espagne et des Pyrénées.

. . . . .

Moi, personnellement je suis ici pour me reposer et pour profiter du climat. Mes enfants ont choisi Biarritz parce qu'ils espèrent aller voir les Pyrénées, et aussi pour les plages qui sont sensationnelles pour faire du surf

. . . . .

Je faisais du surf dans le sud-ouest de l'Angleterre, mais l'année dernière, j'ai eu une opération / je me suis fait opérer/et le médecin m'a vivement recommandé de me reposer pendant un an.

2 J'ai eu un accident de ski. Je me suis cassé la jambe gauche et le bras droit. J'ai passé quelques semaines en clinique. Maintenant je dois me reposer.

Je suis homme d'affaires. Je souffre d'un manque d'activité physique, et je fume trop, Mon médecin m'a recommandé de faire une cure. Je dois perdre quelques kilos.

3 1 J'aurais aimé, mais ma soeur s'est cassé la jambe et je dois m'occuper d'elle
2 J'aurais aimé, mais je me suis tordu la cheville et je ne peux pas marcher
3 J'aurais aimé, mais on m'a recommandé de perdre quelques kilos, et je pars cet après-midi pour Vichy pour faire une cure
4 J'aurais aimé, mais hier j'ai perdu mes lunettes et quand je les cherchais je suis tombé et je me suis foulé la cheville
5 J'aurais aimé, mais la dernière fois que je suis allé au cinéma ça m'a donné un mal de téte

4 . . . grave . . . instrument . . . jour . . . pendant . . . exercice . . . natation . . . plus . . . jouons . . . perdons . . . étaient . . . couvrent . . . absorbent . . . besoin . . . faut . . . dûs . . . moral.

A l'écoute   *(page 131)*
1 une ordonnance
2 Non, souhaitable mais pas essentiel
3 Elle doit finir deux boîtes

4

	dose normale par jour	dose maximale
anti-biotiques	1 + 1	pas indiquée
gouttes	3	4
pastilles	5–6	10

5

– son adresse?	Oui
– son âge?	Non
– le prénom de son mari?	Non
– le prénom de sa jeune fille?	Non
– son nom de jeune fille?	Oui
– son salaire?	Non

Chapter 10

Avez-vous bien compris?   *(page 135)*
1 . . . besoin . . .
2 . . . formation . . .
3 . . . capitaux . . .
4 . . . contentent . . .
5 . . . adhérentes . . .

Avez-vous bien compris?   *(page 137)*
1 Oui, c'est son opinion
2 Non. Ils changent souvent d'opinion en vous connaissant mieux
3 Non. Les Basques ne sont pas différents dans ce domaine
4 Au contraire, les hommes sont prêts à lui parler de ces questions
5 Oui, c'est bien l'opinion de Raymonde

Essayez donc!   *(page 139)*
1 J'estime qu'un métier peut . . .
   Je doute qu'un métier puisse . . .
2 J'estime que la formation professionelle des femmes est . . .
   Je doute que la . . . . soit . . .
3 J'estime que les femmes acceptent . . .
   Je doute que les femmes acceptent . . .
4 J'estime que la vie professionnelle enrichit . . .
   Je doute que . . . . enrichisse . . .

5 J'estime que la vie d'un homme qui travaille est . . .
   Je doute que .... soit . . .

Essayez donc! *(page 140)*
1 Je viens de finir mon café
2 Elle vient d'écrire à ses parents
3 Il vient de me téléphoner
4 Nous venons d'arriver
5 Il venait de perdre tout son argent
6 Elle venait de poser sa candidature
7 Il vient de sortir
8 Elle venait de s'installer à Bayonne

Essayez donc! *(page 141)*
1 Je n'ai qu'un petit appartement.
2 Je ne regarde que deux ou trois émissions de télévision.
3 Je ne sors qu'une fois par semaine.
4 Je n'écoute que de la musique classique.
5 Je ne dors que six heures par nuit.

Essayez donc! *(page 142)*
1 J'en ai envie
2 Je les vois souvent
3 Je l'ai vu aujourd'hui
4 Elle n'en a pas
5 Vous en avez besoin?
6 Je les ai
7 J'en suis propriétaire
8 Elle en a 40
9 Il ne les voit pas souvent
10 Quand j'étais jeune, j'en profitais

Activités *(page 145)*
1 1 The declining proportion of women working in agriculture and
      in industries such as textiles
   2 The 'service' sector
   3 No, the opposite is true
   4 Under 25's; over 60's.

3 1 Oui, je les ai vus hier
   2 Non, je n'en ai pas envie
   3 Non, je n'en ai pas besoin
   4 J'en avais quatre
   5 Non, je les ai
   6 J'en ai quatre

A l'écoute *(page 146)*
1 Son mari (qui était fonctionnaire) a été/avait été nommé/muté
   en Normandie
2 Une vingtaine d'années/vingt ans
3 Elle a pris trois ans de congé quand ses enfants étaient petits

4 Parce qu'ils n'avaient pas les moyens/l'argent
5 Elle aimait être en contact avec toute la France et même
l'étranger; elle aimait moins ses conditions de travail, surtout
le bruit

Chapter II

Avez-vous bien compris? *(page 150)*
1 Non
2 Pour les rendre plus légers; pour qu'ils soient moins gras
3 Chaud
4 On peut le programmer facilement
5 Une formation agricole, mais aucune formation hôtelière

Avez-vous bien compris? *(page 153)*
1 Il faut des pommes de terre, du lard et de la tomme (extrait sec
de fromage)
2 Il faut du chocolat, de la meringue, des noisettes pilées, de la
glace à la vanille et de la chantilly
3 . . . trop gras
4 . . . conserver/congeler . . .

Essayez donc! *(page 155)*
La Tarte Tatin est un dessert qui est servi chaud. Elle est faite avec
des pommes et de la pâte brisée, et elle est cuite au four.
Le Navarrin est une sorte de ragoût, composé de mouton, de
carottes, de navets et d'oignons, tous cuits en cocotte. C'est un
plat qui est servi chaud et qui se mange en plat principal.
La Lotte, c'est un poisson, et pour ce plat la lotte est cuite en
cocotte avec de l'ail, du concentré de tomates, et des oignons. La
Lotte à l'Américaine est servie chaude avec une sauce blanche.
La Daube, c'est du boeuf cuit en cocotte avec des oignons, du lard,
et un bouquet garni, et servi chaud en plat principal.
La Gougère est une tarte faite avec du fromage, de la pâte brisée,
et du jaune d'oeuf. Elle est cuite au four et servie chaude en
entrée.
La Poire Belle Hélène est un dessert composé de poires servies
avec de la glace à la vanille et une sauce au chocolat chaude.
La Mayonnaise est une sauce qui se sert avec, par exemple, du
poisson, de la viande froide et des asperges. C'est un mélange
d'huile, d'oeuf, de sel et de citron.
La Piperade est un mélange de piments, de tomates, d'ail,
d'oignons, d'huile, et d'oeufs, cuits à la poêle, et servis avec des
tranches de jambon de Bayonne.

Essayez donc! *(page 156)*
1 1 Les truites sont élevées dans la région
2 . . . un plat régional qu'on sert comme un hors d'oeuvre
3 Cette sorte de cuisine ne s'improvise pas
4 L'extrait sec qu'on appelle la tomme

2 1 Ces pommes de terre sont cuites en cocotte
On cuit/fait cuire/ces pommes de terre en cocotte
2 Les plats auvergnats ne peuvent pas être congelés
On ne congéle pas/on ne peut pas congeler/les plats auvergnats
3 On sert le saumon feuilleté avec une sauce/Le saumon feuilleté
se sert avec une sauce.

Activités   (*page 158*)

1 1 Le Welsh Rarebit, c'est un plat très léger fait avec du fromage
qu'on fait dorer sur une tranche/tartine de pain grillé.
2 Le Shepherd's Pie, c'est un plat de viande hachée couverte de
purée; c'est cuit au four, et doré sous le gril.
3 Le Cornish Pasty? C'est un mélange de légumes (carottes, navets
etc) et de viande hachée, cuit au four dans de la pâte en forme
de coquillage préhistorique. Excellent servi chaud avec de la
bière anglaise.
4 Un Ploughman's Lunch, c'est un plat froid composé tout
simplement de pain de campagne servi avec du fromage, du
beurre et des oignons.
5 Le Trifle, c'est un dessert anglais, fait dans un bol avec des
couches successives de biscuit (ou de gâteau) trempé dans du
Xérès (sherry) ou un alcool; de la confiture ou des fruits en
compote; de la crème anglaise, et de la chantilly.

2 1 Il ne faut pas utiliser un oeuf qu'on a sorti directement du
réfrigérateur/du frigo.
Il ne faut pas mettre trop de sel.
Il ne faut pas verser trop vite l'huile.
2 On peut ajouter de la moutarde; des fines herbes; ou du
concentré de tomates.
3 On recommence à zéro, ajoutant la sauce tournée à la deuxième
sauce.

3 C'est quoi exactement, une omelette norvégienne?
. . . . .
Je n'ai pas envie d'un dessert froid.
. . . . .
Pourquoi est-ce que la glace ne fond pas?
. . . . .
Cela doit être délicieux. J'aimerais bien essayer.

4 1 Vous prenez du café?**
2 Ce sont des petits pois congelés?
3 Avec quoi est-ce qu'on mange ce poisson? Ce poisson, avec quoi
est-il servi?
4 Il me faut combien d'oeufs?
5 Ces truites ne sont pas de la région?
6 Pourquoi avez-vous modifié ce plat?
** These are sample questions: many others are possible.

A l'écoute   (*page 160*)
Pour un bar de 500 grammes:
Vous mettez le poisson dans un plat avec

un peu d'huile
un peu d'oignon
quelques rondelles de tomate
un peu de thym
un peu de laurier
du vin blanc
sel et poivre
Vous faites cuire au four pendant un quart d'heure

Chapter 12

Avez-vous bien compris! *(page 165)*
1 Monsieur Garrot était parachutiste, mais il ne l'est plus.
2 C'est surtout Madame Darris qui aime le contact humain; Monsieur Darris préfère son jardin.
3 Madame Bertrand n'aime pas les plaisanteries vilaines. Mais en général elle aime les plaisanteries.
4 C'est surtout à cause de son âge.

Avez-vous bien compris? *(page 168)*
1 Plan A
2 Le jardin est important pour Monsieur Darris, qui aime y travailler; et pour son fils et sa famille quand ils viennent en vacances. On peut manger dehors en maillot de bain.

Essayez donc! *(page 170)*
1 paresseux
2 compréhensif
3 égoiste
4 renfermé, timide
5 sensible
6 impatient
7 optimiste
8 autoritaire

Essayez donc! *(page 173)*
1 Je vais peindre l'extérieur moi-même
2 Je vais faire réparer le toit
3 Je vais faire changer le lavabo
4 Je vais retapisser le séjour moi-même
5 Je vais faire installer des placards dans les chambres
6 Je vais réparer les volets moi-même
7 Je vais faire installer une douche
8 Je vais planter des arbres au jardin moi-même
9 Je vais faire construire un sauna

Activités *(page 175)*
1 Les travaux:
1 installer une salle de bains etc
2 refaire votre toiture.

3 peindre les volets
4 ajouter une pièce

2 (Exemple)
Je ferais installer le chauffage central
Je ferais refaire le toit
Je ferais peindre l'extérieur de la maison

Je peindrais moi-même l'intérieur
Je ferais le jardin
J'isolerais les fenêtres

3 (On va être) cinq, avec nous deux. Il y aura mon collègue, John
Baillie et sa femme Anne, et un autre collègue James Howard.
. . . . .

Oui, c'est correct. JH vient tout seul à cause d'un problème chez
lui/parce qu'il a un problème chez lui.
. . . . .

(C'est que) la femme de James doit rester/est obligée de rester/à
la maison parce que son père, qui vit avec eux/habite chez eux/est
malade.
. . . . .

Il a 82 ans, mais en général il est très actif. Il est toujours gai et
chaleureux, mais il est peut-être un peu autoritaire et il a un côté
égoïste, peut-être à cause de son âge.
. . . . .

Elle est patiente et compréhensive, mais peut-être pas assez dure.
L'année dernière elle a eu/avait/des problèmes de stress, et elle a
fait une cure à Vichy. Ça lui a fait du bien.
. . . . .

James est très facile à vivre, tu n'as pas besoin d'être spécialement/
discret à ce sujet.

4 Il faut que je vous donne quelques détails sur l'appartement. Il est
au deuxième étage, et il a un balcon qui donne sur un petit parc
agréable, et un deuxième petit balcon d'où on peut voir la mer. Il y
a un séjour, un petit coin salle à manger, et deux chambres. C'est
un appartement qui me plaît beaucoup.

Quand est-ce que vous pourrez venir me voir? J'espère que vous
passerez quelques jours ici – la deuxième chambre est libre. J'ai
loué l'appartement jusqu'à la fin du mois, et je compte repartir le
31 août. A partir du 15, cela vous conviendrait?

A l'écoute   (*page 178*)
1 La gymnastique, le yoga, la natation, les cours de langue, le
chant choral.
2 Parce que c'est une coupure terrible, que beaucoup de
personnes supportent mal.
3 Président directeur général.
4 Par exemple on nous a amenés un jour à la plage, où on nous a
fait ramasser des morceaux de bois, et on nous a fait chercher

la forme la plus originale. Nous ne savions pas pourquoi. Ensuite on nous a fait ramasser des pignes dans les pins de Chiberta. Le professeur nous a expliqué comment créer des jolies choses, c'était très intéressant.

Chapter 13

Avez-vous bien compris? *(page 184)*

1 La partie a été facile?

. . . . .

Vous jouiez contre qui? Qui étaient vos adversaires?

. . . . .

Vous les connaissez depuis longtemps?

2 Ça fait longtemps que vous jouez avec Fanfan?

. . . . .

Et il est facile (comme partenaire)?

. . . . .

Qu'est-ce que vous faites quand il s'énerve?

. . . . .

Vous êtes content de la partie?

. . . . .

Avez-vous bien compris? *(page 187)*

1 Après chaque partie je me sens
     fatigué
     content (si j'ai bien joué)
     déçu (si j'ai mal joué)

2 Il y a des sensations   *terribles*
                  de violence

3 La balle? On la *voit*
            devine

4 J'aime beaucoup le bruit de la pelote contre *les murs*
                                    la pala

Essayez donc! *(page 188)*

1 impressionnés
2 déçu
3 fautif
4 heureuse
5 confiants
6 énervé
7 inquiète
8 fatigué

Essayez donc! *(page 190)*

1 . . . un sport qui est connu
2 . . . une variéte qu'on voit moins
3 . . . des joueurs qui pratiquent . . .
4 . . . une forme de pelote qui s'appelle . . .
5 . . . les instruments que les joueurs utilisent . . .

1 ... ce qui c'est passé?
2 ... ce que vous avez vu.
3 Ce qui m'amuse ...
4 ... ce qu'elle veut dire ...
5 ... ce que le joueur a dit.

Activités *(page 193)*

1 Chers amis,
     Une carte pour vous dire bonjour de Bayonne, où le temps passe trop vite! On est allé ce matin à une partie de pelote. Je n'ai pas compris le jeu, mais j'ai été/j'étais/très impressionné par sa rapidité. J'ai été un peu déçu parce que la plupart du temps je ne pouvais pas voir la balle/la pelote. Un des joueurs s'est énervé, mais ce n'était pas grave. Ils doivent être bien entraînés pour faire ça – moi je n'ais pas l'intention d'essayer!

Je vous embrasse tous les deux

John

2

J'essaie de	le calmer
Il fallait que	j'oublie mes difficultés
Je suis resté	dix jours sans jouer
La fatigue commençait	à se faire sentir
Je ne sais pas	ce qui m'a énervé
Je me sens	tout d'abord fatigué

3 1 C (or A)
     2 D
     3 A (or C)
     4 B

A l'écoute *(page 194)*
1 Il faudrait qu'elle fasse 1m80; qu'elle pèse 80 kilos.
2 Non, lui, il fait 1m70, et il pèse 63 kilos.
3 Il dit que les filles ont souvent peur.

Chapter 14

Avez-vous bien compris? *(page 199)*
1 ... aux films d'origine étrangère
2 Elle va quelquefois ...
3 ... un moyen de se renseigner
4 ... pour pouvoir donner conseil à ses clients
5 ... des gens de tout âge.

Avez-vous bien compris? *(page 201)*
1 vrai
2 faux

3 faux
4 faux (C'est le code postal)
5 vrai
6 faux
7 faux

Essayez-donc!   (page 203)
1 Je ne m'intéresse pas à l'hypnotisme
2 Ils s'intéressent à la pêche
3 Tout ce qui est oriental l'intéresse
4 Le jazz ne m'intéresse pas
5 Ils ne s'intéressent pas à la politique
6 Le ski, ça ne nous dit rien

Essayez donc!   (page 206)
Demain il fera (un temps) couvert partout
Mardi il y aura un risque de brouillard dans le nord
Mercredi il y aura des orages dans la région parisienne, des
éclaircies et des averses sur la côte atlantique, et des vents forts
sur la Manche.

Activités   (page 208)
2 1 Oui, il y a/vous avez/deux musées, le musée Bonnat et le musée
basque.
. . .
2 Si vous vous intéressez surtout à la peinture, je vous
recommande/je vous propose/le musée Bonnat, qui a des
magnifiques collections de tableaux.
. . .
3 Oui, de 10 heures à midi, et de 16 à 20 heures et jusqu'à 22
heures le vendredi; le samedi et le dimanche de 10 heures à midi
et 15 heures à 19 heures. Le musée est fermé le mardi.
. . .
4 L'adresse, c'est le 5, rue Jacques Laffitte, et le numéro de
téléphone, c'est le 59.08.52 à Bayonne.

3 1 Non. Le matin il y aura un temps gris et froid. L'après-midi il y
aura de la pluie.
2 Il y aura des éclaircies et des averses
3 Non, il y aura des averses fréquentes

A l'écoute   (page 212)
1 A parking ban is to be instituted in the Place de la Bienfaisance
2 There is to be a competitive test for the appointment of
shorthand typists for the police; closing date 6 April
3 Application forms for shooting permits are available from the
Mairie d'Aurillac, at 41 francs. Closing date 31 March
4 Reunion of former class-mates on 31 March
5 Blood donor session on 2 April, 16h–19h

Chapter 15

Avez-vous bien compris? *(page 216)*
1 Faux: elle l'a passé, mais elle ne l'a pas eu
2 Vrai
3 Faux
4 Faux
5 Vrai

Avez-vous bien compris? *(page 218)*
1 Non. On en fabrique aussi pour les commerçants.
2 Non
3 Non. Par exemple, cette année les souris ont eu beaucoup de succès
4 On prend deux boules, on les bourre de fibres, puis on met un petit bec, des yeux, des pattes
5 Non, c'est un travail délicat

Avez-vous bien compris! *(page 219)*
Ça me permet . . .
Ça m'a permis
        d'aller davantage vers les gens
        de mieux les comprendre
        de comprendre leurs différences par rapport à moi
        d'être plus réceptive
        de mieux comprendre mes enfants, et de les aider

Avez-vous bien compris? *(page 221)*
C'est une voiture
fiable
d'avant-guerre
19 chevaux
en très bon état
qui permet au conducteur de prendre son temps
qui a 54 ans
qui a été assemblée en 1930 à Bordeaux

Essayez donc! *(page 222)*
1 Le conducteur de la Ford nous a dit que les vieilles voitures le passionnaient
2 Bernadette a dit à Giscard qu'elle l'admirait énormément
3 Elles ont dit qu'elles avaient serré la main quatre fois à Chirac
4 Aline nous a dit qu'elle avait/a/un fils qui était/est/Cancer ascendant Lion.

Essayez donc! *(page 224)*
1 Leur maison est plus grande que la nôtre.
2 Son vélo est jaune; le mien est noir.

3 L'ours en peluche est à moi: le vôtre a les yeux d'une autre couleur.
4 Cette serviette n'est pas à vous/toi: elle est à moi.
5 Ces papiers ne sont pas à lui: les siens sont dans la voiture.

Essayez donc!   (*page 224*)
1 Je suis sur le point d'acheter un appartement
2 Je viens de lire un livre sur l'astrologie
3 Je suis sur le point de faire un voyage au Maroc
4 Mon frère est en train d'écrire un roman

Activités   (*page 226*)
1 1 Balance
2 Sagittaire
3 Verseau
4 Bélier
5 Gémeaux
6 Lion
7 Scorpion
8 Capricorne
9 Taureau
10 Poissons
11 Cancer
12 Vierge

2 1 *Balance*. Il a dit qu'il trouverait peut-être un job moins monotone que son poste au supermarché.
2 *Sagittaire*. Il a dit qu'il voudrait bien savoir qui allait lui écrire.
3 *Verseau*. Il a dit que que ça devait être le weekend qu'ils envisageaient de passer chez ses beaux-parents.
4 *Bélier*. Il a dit que le 6 était son anniversaire de mariage, et qu'il aurait peut-être un cadeau.
5 *Gémeaux*. Il a dit que ce n'était pas possible, parce qu'il était toujours souriant.
6 *Lion*. Il a dit qu'il n'avait jamais été en Egypte.
7 *Scorpion*. Elle a dit que le fait d'être seule lui permettrait de préparer ses examens en paix.
8 *Capricorne*. Elle a dit que c'était le moment de relancer son expédition pour étudier les ours du pôle nord.
9 *Taureau*. Elle a dit qu'elle allait laisser sa voiture au garage ces jours-là.
10 *Poissons*. Elle a dit qu'elle allait tomber amoureuse d'un Esquimau.
11 *Cancer*. Elle a dit qu'elle allait abandonner son projet d'acheter un appartement en Espagne, parce qu'elle ne voulait pas perdre son argent.
12 *Vierge*. Elle a dit qu'entre le 10 et le 14 elle aurait peut-être le temps d'être heureuse.

3 1 J'ai mal partout
2 Mon frère/ma soeur a un côté autoritaire

3 Qu'est-ce que vous faites dans la vie?
4 Je n'ai vu personne au restaurant.
5 On pourrait peut-être prendre un pot ensemble?
6 J'adore faire de la planche à voile.
7 Je dois me lever tôt demain matin.
8 J'allais au cinéma deux fois par semaine.

A l'écoute   (page 228)
1 Le premier janvier, 1908. Elle a habité chez deux tantes.
2 Elle ne parlait pas français. Ses tantes lui ont payé des leçons
  tous les après-midi.
3 Chez Burberry's presque 2 ans. A la banque, 15 ans. Donc 17 ans
  en tout.
4 Parce qu'elle avait un frère là-bas. Elle y est restée plusieurs
  mois.

Vocabulary

A

*s'abandonner   to let oneself go
l'abonné(e) (m/f)   telephone subscriber
l'abord (m)   access   tout d'abord   to begin with
*s'absenter   to go away; to stay away
absolument   completely
accablant   overwhelming
l'achat (m)   purchase
accompagner   to accompany
accroché   clinging to
l'accueil (m)   welcome
acheter   to buy
activement   actively
l'actualité (f)   current events
actuel   (f actuelle)   present
l'adhérent(e) (m/f)   member
adipeux (f adipeuse)   fatty
l'adjoint au maire (m)   deputy mayor
l'admirateur (f admiratrice)   admirer; fan
l'adversaire (m)   opponent
adorer   to love
*s'adresser à   to apply to
les affaires (f)   business
affectueux (f affectueuse)   affectionate
l'affiche (f)   poster
l'affluence (f)   affluence
l'afflux (m)   rush
affranchir   to pay postage
affreux (f affreuse)   awful
l'âge (m)   age
âgé   aged
*s'agir: il s'agit de   it consists of; it is about
agité   excited; tense
*s'agiter   to become agitated

agréable   pleasant
l'agriculteur (f agricultrice)   farmer
l'agro-alimentaire (m)   economic sector involving food and agriculture
l'aide: à l'aide de   with the help of
aider   to help
l'aide social (m)   welfare worker
l'aide-soignante (f)   auxiliary nurse
l'ail (m)   garlic
ailleurs   elsewhere   d'ailleurs   besides
aimable   kind; polite
aimer   to like, to love
aîné   elder, eldest
l'air (m)   air   ça a l'air de   it looks like
l'aisance (f)   ease
allaiter   to feed with milk; to suckle
allier   to combine
l'Allemagne (f)   Germany
l'allocation (f)   grant
alors   then   alors que   whereas
l'amalgame (m)   mixture
l'amélioration (f)   improvement
aménager   to fit out; equip
amer (f amère)   bitter
l'ami(e) (m/f)   friend
l'amitié (f)   friendship   amitiés   greetings
l'amour (m)   love
amovible   detachable
*s'amuser   to enjoy oneself
l'an (m)   year (see page 44)
ancien (f ancienne)   former; old (see page 112)
l'angliciste (m/f)   student of English
l'angoisse (f)   anxiety

*s'angoisser   to worry
l'animation (f)   liveliness; activity
l'animateur (m)   broadcaster
l'année (f)   year (see page 44)
l'anniversaire (m)   birthday, anniversary
l'annonce (f)   small advertisement
l'anonymat (f)   impersonality
l'antipathie (f)   antipathy
†apercevoir (pp aperçu)   to catch sight of
l'aperçu (m)   glimpse
†apparaître (pp apparu)   to appear
l'apparition (f)   appearance
appeler   to call
*s'appeler   to be called
apporter   to bring
†apprendre (pp appris)   to learn
l'apprenti (m)   apprentice
après   after
l'après-midi (f)   afternoon
approfondir   to deepen, extend
l'aptitude (f)   aptitude
l'arc en ciel (m)   rainbow
l'argent (m)   money
arranger   to arrange   cela m'arrange   it suits me
*s'arranger pour faire (qqch)   to manage to do (sth)
l'arrêt (m)   stop
arrêté   fixed; decided; gathered in
l'arrière (m)   back
l'arrière-pays (m)   hinterland
l'arrière-grand'mère (f)   great grandmother
l'arrière-grand-père (m)   great grandfather
*arriver à   to succeed in (see page 112)
l'artisan (m)   specialist tradesman
l'arthrose (f)   osteoarthritis
l'ascendant (m)   ascendant
l'asperge (f)   asparagus
assez   enough; quite
l'assistante sociale (f)   social worker
assister à   to attend
l'assurance (f)   insurance
assurer   to assure; insure
l'atout (m)   trump
attacher   to tie up
†atteindre (pp atteint)   to reach
attenant à   adjoining
attendre   to wait
attentionné   attentive
attirer   to attract
l'attrait (m)   charm
l'audace (f)   daring
au dessous   underneath
au dessus   above
augmenter   to increase
auquel (f à laquelle; pl auxquels, auxquelles)   to which
aussi . . . que   as . . . as
autant   as much; as many   pour autant   for all that   en faire autant   to do the same
l'auteur (m)   author
l'automne (m)   autumn
autoritaire   authoritarian
autre   other

autrement   otherwise
autrefois   formerly
avant   before
avantageux (f avantageuse)   profitable
avenant   pleasing
l'avenir (m)   future
l'aventure (f)   adventure
l'averse (f)   shower (of rain)
l'avion (m)   aeroplane
l'aviron (m)   oar; rowing
l'avortement (m)   abortion
l'avoué (m)   solicitor
avouer   to confess
l'avocat (m)   barrister
†avoir (pp eu)   to have,   avoir à faire (qqch)   to have to do (sthg.)

B

le bac (short for baccalauréat)   exam in final year at secondary school
la baguette   long thin loaf of French bread
*se baigner   to bathe; to have a bath
la baignoire   bathtub
le bain   bath
baisser   to lower; to come down
le bal   ball
la Balance   Libra
le balcon   balcony
la balade   walk
le ballon   balloon, glass
ballotter   to toss
la bande dessinée   comic strip
le bar   bass; sea perch
barbare   barbaric
bariolé   variegated
le barrage   dam
le bas   the lower part   en bas   down below; downstairs
basé sur   based on
le bateau (pl bateaux)   ship, boat
battre   to beat; defeat
BD   see bande dessinée
beaucoup   much; many; plenty of
le beau-père   stepfather; father-in-law
le bec   beak
le Bélier   Aries
la Belgique   Belgium
la belle-mère   stepmother; mother-in-law
ben = bien   well
bénéficier   to benefit
bénéfique   beneficial
la béquille   crutch
la berge   bank
le besoin   need
la bêtise   silliness; stupid mistake
le beurre   butter
le Biarrot (f Biarrote)   inhabitant of Biarritz
la bibliothèque   library

le bidet   bidet
le bidon   churn
le bienfait   benefit
bien sûr   of course
le billard   billiards
la bille   ball; marble
le billet   ticket; note
le bisou   small kiss
blanc (f blanche)   white
la blette   spinach beet
bleu   blue
*se blottir   to nestle
le boeuf   beef
†boire (pp bu)   to drink
le bois   wood
la boîte   box
le boîtier   case
le bol   bowl
bonjour   hello, good morning/afternoon
bon (f bonne)   good   de bonne heure   early
le bord   edge   à bord de   on board
la boue   mud
bouffer (colloquial)   to eat
bouger   to move
le boulanger (f boulangère)   baker
la boulangerie   baker's shop
la boule   (ball)
bouleverser   to bowl over, stagger
le bouquet   bunch
bourrer   to stuff
la bourse   purse; grant
la bousculade   hustle
bousculer   to shake up
le bout   end   au bout de   after
la bouteille   bottle
le bouton   button
le bras   arm
la brebis   ewe
la Bretagne   Brittany
bricoler   to do DIY
le bricoleur   Do-it-yourselfer
la brindille   twig
la brise   breeze
brisé   broken   pâte brisée   short crust pastry
la brochette   skewer; kebab
le brouillard   fog
le bruit   noise, sound
brun   brown; dark
le bulletin   report   bulletin de salaire   salary slip
le bureau   office; desk
la buvette   drinking place

C

ça = cela   it, that
le cabinet de toilette   small room with washbasin
la cabine téléphonique   telephone booth
câblé   cabled
cacher   to hide

le cadeau   present
le cadre   executive
le caillé   curds
la Caisse d'Assurance Maladie   Social Security pay office
le calvaire   calvary (stone monument)
calme   quiet
la camionnette   van
la campagne   country
le camping   camping
canaliser   to canalise
le canard   duck
le caniche   poodle
*se cantonner   to confine oneself
le Capricorne   Capricorn
le caractère   character, characteristics
cardiaque   cardiac
le carrelage   tiling, tiled floor
carrément   straightforwardly
la carte   map; menu   carte de visite   visiting card
casanier (f casanière)   stay-at-home
le casier   pigeon hole
casser   to break
la casserole   saucepan
la cause   cause   à cause de   because of
la cave   basement; cellar
ce (cet before vowel; f cette; pl. ces)   this, that; these, those.
ceci   this
cela   that
célèbre   famous
célibataire   single
la centrale d'achat   buying department
centraliser   to centralise
le centre de soins   health centre
certainement   certainly
la certitude   certainty
cesser   to cease
cet (f cette)   see ce
la chaîne   chain; range (of mountains)
la chair   flesh   en chair   plump
la chaleur   heat
chaleureux (f chaleureuse)   warm; friendly
la chambre   bedroom
la chance   luck
changeant   changeable
changer   to change
Chantilly: crème Chantilly   sweetened whipped cream
chaque   each
la charge: prendre en charge   to assume responsibility for, to take in hand
le chargement   load
charmant   charming
la chasse   hunting   chasse gardée   preserve, private territory
le chat   cat
la châtaigne   chestnut
chatoyant   iridescent
chaud   warm; hot
la chaudière   boiler
le chauffage   heating
le chauffeur (f chauffeuse)   driver

la chaussure   shoe
  ché pas = je ne sais pas   I don't know
le chef-lieu   chief town (of département)
le chemin   path; way
la chemise   shirt
le chemisier   blouse
  cher (f chère)   expensive; dear
  chercher   to look for
le cheval (pl chevaux)   horse
la cheville   ankle
le chevreau   kid (baby goat)
le chevrier   goat farmer
  chez: chez quelqu'un   at somebody's house
le chien   dog
le chiffre   figure (see page 26)
le Chili   Chile
la chistera   kind of racket used for pelota
le choc   shock
le chocolatier   chocolate-maker
  choisir   to choose
le choix   choice
le chômage   unemployment
le chômeur (f chômeuse)   unemployed person
  choquer   to shock
la chose   thing
la chouette   owl
le ciel   sky
  cintré   fitted   taille cintrée   nipped-in waist
le circuit   organised tour
  circuler   to move around
la cité   ancient part of a town; civic centre
  citer   to quote; mention
le citron   lemon
  clair   light; clear
  claquer,   to slam, clatter
le clavier   keyboard
la clinique   nursing home
la clôture   closure; fence
la cocotte   slow-cooking pot   la cocotte-minute
    pressure cooker
le coeur   heart   au coeur de   in the middle of
le coiffeur (f coiffeuse)   hairdresser
le coin   edge; corner
la collecte de sang   blood donor session
le collège   secondary school (from 11 to 15 years old)
la colline   hill
le coloris   colour
  combien   how much; how many
  combler   to fill
le combiné   receiver
  combiner   to combine
la commande   order   sur commande   to order
  comme   as; like; since
  commencer   to begin
le commerçant   tradesman
  communicatif (f communicative)   talkative
la communication   telephone call
  compensé: talon compensé   wedge heel
  complexé   confused; self-conscious
  composer   to dial; to make up
  compréhensif (f compréhensive)   understanding;
    tolerant (see page 174)
la compréhension   understanding

†comprendre (pp compris)   understand
  compris: y compris   including
  compter   to reckon on, to intend (doing sth); to
    count   compter sur   to rely on
le compte-rendu   account; report
le concentré de tomates   tomato purée
†concevoir (pp conçu)   to conceive; design
le concours   competitive exam
  concret (f concrète)   concrete
le concubinage   living together; cohabitation
  condamner   to condemn
le conducteur (f conductrice)   driver
†conduire   to drive
la confiance   trust   mettre en confiance   to inspire
    confidence
la confidence   confidence (imparted as a secret)
le confiseur   confectioner
  confortable   comfortable
le confrère   colleague
  confronter   to confront
  confus   sorry; embarrassed
le congé   leave from work
le congélateur   deep freeze
  congeler   to deep-freeze
le conjoint   spouse; husband/wife
†connaître (pp connu)   to know
  connu   well-known
  consacré   devoted to
le conseil   advice
  considérer   to consider
  constamment   constantly
  constater   to establish; to notice
†construire (pp construit)   to build
  consulter   to consult
  content   glad; satisfied
  continuer   to pursue
  contracté   tense
  contraignant   restraining
†contraindre (pp contraint)   to compel, restrain
la contrainte   constraint, coercion
  contrôler   to control
†convaincre (pp convaincu)   to convince
†convenir (pp convenu)   to be suitable
  convier à   to invite to
  coordonné   matching
le copain (f copine)   pal; friend
  copier   to copy
le copieur   copier, imitator
  cordonnier (f cordonnière)   shoemaker, shoe
    repairer
le corps   body
  corriger   to correct; rectify
la côte   coast (see page 15)
le côté   side   mettre de côté   to set aside; to save
    (see page 15)
la Côte d'Azur   French Riviera
  cotiser   to contribute
  côtoyer   to be near; to come into contact with
le cou   neck
*se coucher   to go to bed
le couche-tard (colloquial)   night owl
le coude   elbow
la couleur   colour

le couloir   corridor; passage
le coup   shot; knock   coup de foudre   love at first
    sight   coup d'oeil   glance
    couper   to cut
la coupure   interruption; loss
la cour   yard; court
le courant   flow; current   être au courant   to be
    in the know
le cours   course; class   en cours   in class   au
    cours de   in the course of; during
les courses   shopping
    court   short
    coûter   to cost
les couverts   cutlery
la crèche   day nursery
la crème   cream
    creux (f creuse)   hollow   période creuse   period
    of reduced business or activity
le cuir   leather
    †cuire (pp cuit)   to cook
la cuisine   kitchen
la cuisson   cooking
    curatif (f curative)   curative
la cure   cure; course of treatment (see page 127)
le curiste   patient taking a cure, taking the waters
le cylindre   cylinder

D

le/la dactylo   typist
    danser   to dance
la daurade   red mullet
    *se débrouiller pour faire (qqch)   to manage to do
    (sth)
    décéder   to die
la décennie   decade
la déception   disappointment
    †décevoir (pp déçu)   to disappoint
le déclin   decline
    décolleté   with a low neckline
    décontracté   relaxed
    décider   to decide   *se décider à   to make up
    one's mind to do (sth)
    †décrire (pp décrit)   to describe
    décrocher   to pick up the receiver
    dédier   to dedicate
le défaut   weakness
    défavorable   unfavourable
la défense   defence
    définitivement   finally, once and for all
la déformation   distortion
le défoulement   release (of emotions)
la dégénerescence   degeneration
le dehors   outside   en dehors de   apart from;
    outside
    déjeuner   to have lunch, breakfast

le délai   delay
le délinquant   delinquent
    demain   tomorrow
    demander à   to ask
    démarrer   to begin; to get going
    démodé   out of fashion
la dent   tooth
le départ   departure   au départ   at the beginning
le département   department (sub-division of
    France)
    dépendre de   to depend on
*se déplacer   to move; change location
    depuis   since
    dépressif (f dépressive)   subject to bouts of
    depression
    déprimé   depressed
    dérangeant   disturbing
    déranger   to disturb; put out (see page 70)
    déréglé   unsettled, disorientated
    *descendre   to come down   descendre de   to be
    descended from
la descente   slope   ski de descente   downhill
    skiing
    déshuiler   to remove excess oil
    désolé   sorry (see page 70)
    dessécher   to dry out
le dessert   desert
le dessin   drawing
    dessus   above   le dessus   the upper part
    déstresser   to remove stress
    détester   to detest
le détail: le commerce de détail   retail
*se détendre   to relax; stretch
le détenteur (f détentrice)   holder of
    devant   in front of   le devant   the front
la devanture   frontage, shop window
    †*devenir (pp devenu)   to become
    †devoir (pp dû)   to have to
    dévoué   loyal
    difficile   difficult
la diffusion   broadcasting
    digeste   easily digestible
    dimanche   Sunday
    dîner   to have dinner; supper
    dingue (colloquial)   cracked; crazy
    †*disparaître (pp disparu)   to disappear
    disponible   available
la direction   management
    discret (f discrète)   tactful
le dispensaire   dispensary
    dispenser   to dispense
le disque   record
    dissocier   to dissociate
†*se distraire (pp distrait)   to amuse, entertain oneself
les distractions (f)   entertainments
    distribuer   to distribute
le domicile   residence; home
la dominance   predominance
    dominer   to overlook
    dommage!   What a pity!
le don   gift
les données (f)   data
    donner   to give   donne un rendez-vous   to

260

make an appointment
dorer to brown (a dish)
dormir to sleep
le dos back
le douanier (f douanière) customs officer
la douceur softness, sweetness
la douche shower
la douleur pain
droit straight tout droit straight ahead
le droit law avoir droit à to be entitled to
la droite right à droite to the right
drôle funny
le duplex maisonette
la durée duration

E

l'eau (f) water eau de toilette toilet water
l'écart (m) gap à l'écart aside, apart
écailler to scale (a fish)
l'échange (m) exchange
l'échappatoire (m) way out, escape
*s'échapper to escape
l'échéance (m) expiry, time limit
l'échec (m) failure
l'échelle (f) scale à l'échelle de on the scale of
l'éclaircie (f) bright interval
†*éclore (pp éclos) to bloom
l'école (f) school
économiser to save up
*s'écouler to elapse
l'écoute (f) listening in être à l'écoute to be
  listening in
écouter to listen
l'écran (m) screen
†écrire (pp écrit) to write
effectivement (yes) indeed
efficace efficient
égal equal
également also; as well
l'église (f) church
égoïste selfish
l'élan (m) outburst
l'élevage (m) livestock rearing
élevé high
l'élève (m/f) pupil
l'Elysée (m) palace of the French President
embêter to annoy
émeraude emerald
l'emploi (m) employment; job
employer to employ
l'employeur (m) employer
ému touched; upset
encore more; still; yet
l'endroit (m) place
l'endurance (f) endurance

l'enfant (m/f) child
enfin at last; that is to say
enfumé smoky
l'ennui (m) boredom les ennuis worries
énormément very much
enregistrer to register; to record
enseigner to teach
l'enseignement (m) teaching
ensemble together
ensuite then; afterwards
l'entente (f) agreement
enthousiaste enthusiastic
entièrement entirely
l'entourage surroundings; circle of friends
entre between
entreprendre to undertake
l'entreprise (f) business concern; company
l'entraînement (m) training
l'entrevue (f) interview
envahi overgrown
envers towards
l'envie (f) desire avoir envie de to feel like
  (see page 128)
environ approximately
les environs (m) surroundings; neighbourhood
envisager to contemplate
*s'envoler to fly off
envoyer to send
épaissir to thicken
*s'épanouir to bloom; to blossom
l'épanouissement (m) blooming
épatant marvellous
épauler to help
éplucher to peel
l'époque (f) time; era (see page 99)
l'époux (m) husband
l'épouse (f) wife
éprouver to feel
l'équilibre (m) balance, emotional stability
l'ère era
l'escargot (m) snail
l'esclave (m) slave
l'espèce (f) species; sort une espèce de a kind
  of
espérer to hope
l'espoir (m) hope
estimer to reckon; think
estival summer
l'estomac (m) stomach
l'estragon (m) tarragon
l'essai (m) try; attempt
essayer to try (see page 191)
l'établissement (m) institution
l'étape stage (in journey)
l'été summer
éternuer to sneeze
étonnant astonishing
étonner to astonish
étranger (f étrangère) strange; foreign

étroit narrow
étroitement closely
eu see avoir

éventuellement *possibly; should the occasion arise; alternatively*
évidemment *of course*
l'évier (m) *sink*
éviter *to avoid*
évoluer *to evolve*
évoquer *to call to mind*
exclusivement *exclusively*
l'excursion (f) *tour*
exigeant *demanding*
expliquer *to explain*
l'exploitant *operator* exploitant agricole *farmer*
exprès *on purpose; deliberately*
extra (*short for* extraordinaire) *great, super*
l'extrait (m) *extract* extrait de naissance *birth certificate*

F

la fabrication *manufacturing; production*
la fabrique *factory*
fabriquer *to manufacture*
la fac (*short for* faculté) *university*
la face *front* en face de *opposite* faire face à *to cope with*
*se fâcher *to be angry*
facile *easy* facile à vivre *easy-going*
facilement *easily*
la facilité *easiness*
la façon *way* de toute façon *in any case*
façonner *to shape*
le facteur (f factrice) *postman; postwoman*
la faculté *university*
la faim *hunger*
†faire (pp fait) *to do* il fait bon *the weather is pleasant* faire faire (qqch) *to have (sth) done*
le fait *fact* en fait *in fact*
le fait divers *news item*
falloir *infinitive of* faut
le, la fan (*short for* fanatique) *fan*
faner *to toss (hay)*
la farine *flour*
fatal *inevitable*
la fatigue *tiredness*
fatigué *tired; unwell*
faucher *to mow*
faudrait *conditional of* falloir
faut: il faut (qqch) *(sth) is needed* il faut que *it is necessary that* (see page 39)
la faute *mistake*
fautif (f fautive) *faulty, incorrect, in the wrong*
faux (f fausse) *false* faux amis *false friends* (words which don't have the expected meaning)
féliciter *to congratulate*
la femme *wife; woman* femme de chambre *chambermaid*
la ferme *farm*
la fête *festival, festivity, birthday*

la feuille *leaf; sheet of paper* la feuille de maladie *record of payment made for medical treatment*
feuilleté: pâte feuilletée *flaky pastry*
feuilleter *to flip through*
fiable *reliable*
la fibre optique *optic fibre*
la ficelle *string*
*s'en ficher: je m'en fiche *I couldn't care less*
fidèle *loyal* clients fidèles *regular customers*
la fièvre *fever, high temperature*
la figure *face*
figurer dans *to appear in*
filer *to spin*
finalement *finally*
financier (f financière) *financial*
finir *to finish*
flamand *Flemish*
le flanc *side*
flâner *to stroll about*
la fleur *flower*
flotter *to float*
florissant *flourishing*
fluide *fluid*
la foi: ma foi! *indeed yes!*
le foie *liver*
le foin *hay*
la fois *time* une fois que c'est fait *once it is done*
le folklore *folklore, local culture*
foncé *dark*
foncer sur *to leap upon*
la fonction *function* en fonction de *according to*
le, la fonctionnaire *civil servant*
fonctionner *to work*
fondre *to melt*
la force *strength*
forcément *necessarily*
la forêt *forest*
la formation *training*
la forme *(good) shape*
le formulaire *form*
fort *strong, plump*
fortement *strongly*
la foudre *lightning* coup de foudre *love at first sight*
le fouet *whip*
fouiner *to browse*
fouler *to sprain* (see page 126)
le four *oven*
la fourche *fork*
la fourme *type of cheese*
le fourrage *fodder*
la fourrure *fur*
la fraîcheur *freshness, coolness*
frais (f fraîche) *fresh, cool*
la franchise *franchise; frankness*
la fréquence *frequency*
fréquenter *to frequent, to attend*
le fromage *cheese*
le fronton *pelota court*
le fumier *manure*
la fureur *fury*
furieux (f furieuse) *furious*

G

le, la gagnant(e) *winner*
    gagner *to win* gagner sa vie *to earn one's living*
le gamin *kid, child*
le gant *glove*
le garage *garage*
le garagiste *garage-man*
le garçon *boy; waiter*
    garder *to keep*
la gare *station*
    garni *garnished, decorated; served with vegetables*
    garnir *to garnish, decorate*
la gastronomie *gastronomy*
la gelée *frost*
    geler *to freeze*
les Gémeaux *Gemini*
le gendre *son-in-law*
    gêner *to inconvenience, embarrass*
    généreux (*f* généreuse) *generous*
le genou *knee*
les gens (*m*) *people*
    gentil (*f* gentille) *kind*
    gérer *to manage, run*
la girafe *giraffe*
la glace *ice, ice-cream*
la gorge *throat*
le goût *taste*
la goutte *drop*
la gouvernante *governess*
la gouttière *gutter*
la grand'mère *grandmother*
le grand-père *grandfather*
    gratuit *free of charge*
    grave *serious*
la grenouille *frog*
le grillage *railing*
    gris *grey*
    gros (*f* grosse) *big* commerce de gros *wholesale*
la groseille *red currant*
la guerre *war*
le guichet *counter, ticket-window*

H

    habitable *fit for habitation*
l'habitant(e) (*m/f*) *inhabitant; occupant*
l'habitation (*f*) *dwelling place*
    habiter *to live*
l'habitué(e) (*m/f*) *regular customer*
l'habitude (*f*) *habit* d'habitude *usually*
    habituellement *usually, as a rule*
    hacher *to chop*
la haie *hedge*

la hanche *hip*
la hargne *aggressiveness*
le hasard *chance* au hasard *at random* par hasard *by chance*
le haut *top*
    haut *high*
l'hébergement (*m*) *accommodation*
    hein? *eh? what?*
    hélas *alas*
    heureux (*f* heureuse) *happy*
l'hiver (*m*) *winter*
    hivernal *wintry*
    hollandais *Dutch*
l'honneur (*m*) *honour*
    honnête *honest*
les honoraires (*m*) *fees (for doctors, professors)*
la honte *shame* avoir honte *to be ashamed*
l'hôpital (*m*) *hospital*
l'horaire (*m*) *timetable*
l'horreur (*f*) *horror* avoir horreur de *to hate*
la hotte aspirante *cooker hood*
l'huître (*f*) *oyster*
l'humour (*m*) *humour*
l'hypermarché (*m*) *supermarket*
l'hypnotisme (*m*) *hypnotism*

I

    ici *here*
    idéal *ideal*
l'immeuble (*m*) *building, block of flats*
    immobilier: agence immobilière (*f*) *estate agency*
l'immobilité (*f*) *immobility*
    impeccable *perfect*
n'importe quoi *anything*
    impressionnant *impressive; awesome*
    imprévu *unexpected*
    improviser *to extemporise*
l'impulsion (*f*) *impulse*
l'incertitude (*f*) *uncertainty*
l'inconvénient (*m*) *drawback*
    inculquer *to inculcate*
l'indemnité (*f*) *indemnity* indemnité de chômage *unemployment benefit*
    indépendamment de *apart from*
l'indicatif (*m*) *dialling code*
    indiquer *to point out, to show*
    indiscret (*f* indiscrète) *tactless*
    indispensable *essential*
    inéluctable *inescapable*
    infime *tiny*
    infiniment *infinitely, greatly* merci infiniment *thank you ever so much*
les informations télévisées *television news*
l'ingénieur (*m*) *engineer*
    ingrat *ungrateful* l'âge ingrat *awkward age*
l'inquiétude (*f*) *anxiety*
l'inscription (*f*) *enrolment*

*s'inscrire   to register for, enrol
  inspirer   to inspire
*s'installer   to settle, to move in
  l'instituteur (f institutrice)   primary school
    teacher
  instruit   educated
  interdire   to forbid
  intéressant   interesting
  l'intérêt (m)   interest
  l'intermédiaire (m)   intermediary, go-between
  interrompre   to interrupt
  irriter   to irritate
  isoler   to isolate

J

  jaillir   to burst forth
le jambon   ham
le jardin   garden
  jauger   to size up
  jaune   yellow
le jeu (pl jeux)   game
  jeudi   Thursday
  jeune   young
la jeunesse   youth
la joie   joy
la joue   cheek
  jouer   to play
le jouet   toy
  jouir   to enjoy
le jour   day; daylight (see page 43)
la journée   day (see page 43)
  jovial   good-humoured
  juger   to judge
  juin   June
  juridique   legal
le jus   juice
  jusqu'à   until, up to
  juste   right, fair

L

  là   there
le lac   lake
  lâcher   to give up
le lainage   woollen garment
le lait   milk
  lancer   to launch; throw
la langue   tongue; language
le lapin   rabbit
le lard   smoked belly of pork
le lardon   cube of bacon
  large   wide
la larme   tear
le laurier   laurel

le lavabo   washbasin
  laver   to wash
la layette   baby-clothes
la lecture   reading
  léger (f légère)   light
  léguer   to bequeath
le légume   vegetable
le lendemain   the day after
  lentement   slowly
la lentille   lentil
la lettre   letter   les lettres modernes   literature
*se lever   to get up
la levure   yeast
la librairie   bookshop
  libre   free
  licencier   to dismiss
  lier   to bind
le lieu   place   avoir lieu   to take place
  limiter   to limit
le linge   laundry, linen
les loisirs   leisure activities
  longer   to keep to the side of
  longtemps   a long time
  lorsque   when
la loterie   lottery
le Loto   type of lottery
la lotte   turbot
  louer   to rent; to rent out
le loup   wolf
  lumineux (f lumineuse)   luminous
  lundi   Monday
les lunettes (f)   glasses   lunettes de soleil
    sunglasses
le lycée   secondary school (15 to 18 years old)

M

le magasin   shop   grand magasin   department
    store
  magistral   masterly; first-rate
  magnifique   great
  mai   May
le maillot (de bain)   swim suit
  maintenant   now
le maire   mayor
le maïs   maize
le maître   master   maître nageur sauveteur
    lifeguard
la maison   house; firm, business
  mal   badly   pas mal   not bad   pas mal de
    quite a number of
le mal   harm; hurt; difficulty   avoir mal   to feel
    pain   avoir du mal à   to find it hard to
la maladie   sickness, illness
le malheur   misfortune
  malheureusement   unfortunately
  manger   to eat
la manière   way, manner

la manifestation *demonstration*
le manque *lack*
  manquer *to miss* (see page 191)
  manuel (f manuelle) *manual*
la marche *walking*
le marché *market*
  marcher *to walk*
  mardi *Tuesday*
la marée *tide*
le mari *husband*
*se marier *to get married*
la marieuse *matchmaker*
le marin *sailor*
la marraine *godmother*
  marron *brown*
le masseur (f masseuse) (kinésithérapeute)
   masseur
le matériel *equipment*
le matin *morning* (see page 43)
la matinée *morning* (see page 43)
le mec (*colloquial*) *bloke*
le mécanicien *mechanic*
le médicament *medicine*
  méditer *to ponder*
  même *even; same, self* (see page 98)
  ménager (f ménagére) *connected with the house; housework*
  mener *to lead* mener une action *to carry out a project*
  menu *small, slim*
la mer *sea*
  mercredi *Wednesday*
la mère *mother*
la messe *mass, service*
la météo *weather forecast*
le métier *occupation, qualification*
  †mettre (pp mis) *to put*
le meunier *miller*
la mie *inside of a loaf (as opposed to crust)*
le miel *honey*
le mien (f la mienne) *mine*
  mieux *better*
le milieu *middle, centre*
  mille *a thousand*
  mince *slim*
  miraculeux (f miraculeuse) *miraculous*
la misère *misery*
le modèle *model, pattern*
  modérer *to moderate*
  moindre *lesser, smaller*
le mois *month*
la moissonneuse-batteuse *combine harvester*
la moitié *half*
la mollesse *slackness*
le monde *world*
  mondial *worldwide*
le moniteur (f monitrice) *instructor, coach*
la monnaie *small change*
le monopole *monopoly*
  montagneux (f montagneuse) *mountainous*
le montant *amount*
 *monter *to set up, to start, to climb*
  montrer *to show*

la moquette *carpeting*
  moral *moral*
le moral *morale*
la morale *morals*
  moralement *morally* (see page 128)
la mort *death*
  motiver *to motivate*
le moule *mould*
†*mourir (pp mort) *to die*
le mouton *sheep, lamb*
  mouvementé *lively, eventful*
le moyen *means*
  moyen (f moyenne) *average*
le mur *wall*
  muter *to transfer*
la mutuelle *mutual insurance company*
le musée *museum*
le musicien (f musicienne) *musician*

N

  nager *to swim*
la natation *swimming*
  nautique *nautical* ski nautique *water-skiing*
le navet *turnip*
le nègre *negro*
la neige *snow*
  nerveux (f nerveuse) *nervous*
  net (f nette) *neat; clear-cut*
  nettement *clearly, markedly*
  neuf (f neuve) *new* (see page 98)
le neveu *nephew*
la nièce *niece*
le niveau *level*
  nocturne *nocturnally*
  Noël *Christmas*
  noir *black*
la Norvège *Norway*
la noisette *hazelnut*
le nombre *number* (see page 26)
  nombreux (f nombreuse) *numerous*
le notaire *commissioner for oaths, notary*
  nouveau (f nouvelle) *new* (see page 98)
les nouvelles *the news*
la nuit *night, night-time* (see page 43)
le numéro *number* (see page 26)

O

  obliger *to compel, oblige*
l'observation (f) *observation*
†obtenir (pp obtenu) *to obtain*
l'occasion (f) *opportunity, bargain* d'occasion *second-hand*
*s'occuper (de) *to busy oneself (with), to take care (of)*

l'oedème (m)   oedema
l'oeil (m) (pl yeux)   eye
l'offre (f)   offer
†offrir (pp offert)   to offer
l'oignon (m)   onion
l'oncle (m)   uncle
l'onde (f)   wave
l'opération (f)   surgery, operation
opérationnel (f opérationnelle)   working, operational
l'orage (m)   storm
l'ordonnance (f)   prescription
l'ordre (m)   order
l'organisme (m)   institution, organisation
l'oreille (f)   ear
originaire (de)   native of
l'osier (m)   wicker
ou   or   ou . . . ou   either . . . or
où   where
oublier   to forget
l'ours (m)   bear
l'ourson (m)   cub
l'outil (m)   tool
ouvert   open, straightforward
l'ouvrage (m)   work, book
l'ouvrier (f ouvrière)   worker

P

la pala courta   type of pelota racquet
le palais   palace
pâle   pale
la paleta   pelota racquet
pané   fried in breadcrumbs
le panier   basket
Pâques   Easter
le paquet-cadeau   gift-package
par   by, through
le parachutiste   paratrooper
parce que   because
le parcmètre   parking meter
le parcours   distance covered, journey
par-dessus tout   above all
pardon!   sorry!
pareil (f pareille)   the same
paresseux (f paresseuse)   lazy
parfait   perfect
parfois   sometimes
le pari   bet
parler   to talk, speak
la parole   speech, word   donner sa parole   to give one's word   donner la parole à   to let somebody speak
la part   share, part   de ma part   on my behalf   à part entière   on an equal footing (see page 193)
le/la partenaire   partner

le parti   (political) party (see page 193)
la partie   match, game (see page 192)
particulier (f particulière)   private (see page 174)   en particulier   in particular
particulièrement   particularly
partiel (f partielle)   partial   à temps partiel   part-time
†*partir (parti)   to start, to leave   à partir de   starting from
le partisan   supporter
partout   everywhere
†*parvenir (pp parvenu)   to reach, to succeed
le pas   step
passagèrement   at times
le passant   passer-by
le passé   past
passer chez   to drop by at somebody's house
la passerelle   footbridge
la pâtisserie   pastry; baker's shop
le pâtissier (f patissière)   cake-maker, pastry-maker
la pâte   pastry (see page 157)
la patte   leg, foot of animal; paw
la paume   palm of hand
le pavillon   villa
payer   to pay (for)
le pays   country, region
le paysan   countryman
PDG (Président Directeur Général)   Managing Director
la pêche   fishing, angling
le pêcheur   fisherman, angler
†peindre (pp peint)   to paint
peiner   to distress, to make efforts
le peintre   painter
la pelote   pelota, ball used in pelota
la peluche   soft fur   le jouet en peluche   soft toy
pendant que   while
penser   to think
perdre   to lose
périphérique   peripheral
†permettre (pp permis)   to allow
le permis de conduire   driving licence
le persil   parsley
la personne   person
personne   nobody
la perspective   vista, view
la perte   loss
perturber   to disturb (see page 128)
la pervenche   periwinkle, traffic-warden
peser   to weigh
le petit-fils   grandson
la petite-fille   grand-daughter
pétrir   to knead
le pétrissage   kneading
peu   little   un peu   a little
le peuple   people
la peur   fear
le phare   lighthouse
le pharmacien (f pharmacienne)   chemist
le phénomène   phenomenon
la phrase   sentence
la pièce   room; piece   la pièce d'eau   pool, pond
le pied   foot

le piéton (*f* piétonne)   *pedestrian*
la pigne   *pine cone*
  piler   *to crush*
le piment   *red pepper*
le pin   *pine tree*
la pincée   *pinch*
la pioche   *pickaxe*
  pirate   *illegal, pirate*
  pire   *worse*   le pire   *worst*
la piscine   *swimming pool*
le pissenlit   *dandelion*
la piste   *track, run*   piste   *(skiing)*
le placard   *built-in cupboard*
la plage   *beach*
  †plaire (*pp* plu)   *to please, attract*   †*se plaire
    quelquepart   *to enjoy being somewhere*
la plaisance: port de plaisance (*m*)   *marina*
  plaisanter   *to joke*
la plaisanterie   *joke*
le plaisir   *pleasure*
la plaque de chauffage   *hot plate*
la planche   *board*
la planète   *planet*
  planter   *to plant*
  plat   *flat*
le plateau   *tray*
  plein   *full*   plein sud   *directly south*
  pliant   *folding*
  plier   *to fold*
le plomb   *lead*
  plonger   *to plunge, to dive*
la pluie   *rain*
la plupart   *most, majority*
  plusieurs   *several*
  plus   *more; plus*
le plus   *the most*
  plutôt   *rather*
la poêle   *frying pan*
le poids   *weight*
le poids lourd   *lorry*
le poignet   *wrist*
le point   *point*   sur le point de   *about to do
    something*   point de vue   *point of view,
    opinion; panoramic viewpoint*
la pointe   *point, tip*
la pointure   *shoe size*
la poire   *pear*
le pois (petit pois)   *pea*
le poisson   *fish*
le poissonnier   *fishmonger*
la politesse   *politeness*
  polonais   *Polish*
  polyvalente   *comprehensive; versatile*   salle
    polyvalente   *hall used for several purposes*
la pomme   *apple*
la pomme de terre   *potato*
la pompe   *pump*   le 'coup de pompe'   *bout of
    exhaustion*
le pompiste   *petrol station attendant*
  ponctuel (*f* ponctuelle)   *punctual*
le pont   *bridge*
le port   *harbour, port*
la porte   *door*

la portée: à la portée de   *within somebody's reach*
  poser une question à   *to ask*
la poste   *post office*
le potage   *soup*
  poudreux (*f* poudreuse)   *powdery*
le pounti   *dish made with prunes, cream and
    herbs*
  pour   *in order to, for*
  pourquoi   *why*
  pousser   *to push*
le poussin   *chick*
  †pouvoir (*pp* pu)   *to be able to*
les pouvoirs publics (*m*)   *authorities*
  pratiquement   *practically*
  pratique   *handy*
  précédent   *preceding, former*
  précis   *precise*
le prédélinquant   *pre-delinquent (in danger of
    lapsing into delinquency)*
le préjugé   *prejudice*
  premier (*f* première)   *first*
  †prendre (*pp* pris)   *to take*   †*s'y prendre   *to
    go about doing something*
  préretraite   *early retirement*
  près (de)   *near*   à peu près   *about*
  prestigieux (*f* prestigieuse)   *prestigious*
  prêt   *ready*
le prêt   *loan*
  †prévenir (*pp* prévenu)   *to warn*
la prévision   *forecast*
  †prévoir (*pp* prévu)   *to forecast*
la preuve   *proof*
  principal   *main*
en principe   *as a rule*
  pittoresque   *picturesque*
  privé   *private*
le privilège   *privilege*
  prochain   *next*
  proche   *close*
  procéder   *to proceed*
  †produire (*pp* produit)   *to produce*
le produit   *product*
le professeur   *teacher, professor*
la profession   *occupation, trade*
le profil   *profile*
  profiter de   *to take advantage of, make the most
    of*
  programmer   *to programme*
le progrès   *progress*
la promenade   *walk*
*se promener   *to walk, stroll*
  †promettre (*pp* promis)   *to promise*
  proposer   *to offer*
  propre   *suitable for*
le propriétaire   *owner*
  protéger   *to protect*
les provisions (*f*)   *supplies*
  prouver   *to prove*
  psychique   *psychological*
  PTT Poste, Télégrammes, Téléphones
    (Post Office and Telecommunications)
le public   *spectators*
  publicitaire   *advertising*

la publicité   *advertisement*
puis   *then*

Q

quand   *when, whenever*
quand même   *nevertheless*
le quartier   *district*
quel (*f* quelle)   *which, what*
quelquechose   *something*
quelquefois   *sometimes*
quelques   *a few, some*
quelque part   *somewhere*
la question   *question*   une question de   *a matter of*
quitter   *to leave*
quoi   *what*
quoique   *although*
quotidien (*f* quotidienne)   *daily (newspaper)*

R

la raccordement   *junction*
le ragoût   *stew*
raisonnable   *reasonable*
le ralentissement   *slowing down, falling off*
le rallye   *car rally*
ramasser   *to pick up*
le rangement   *storage*
*se rappeler   *to remember*
le rapport   *relation*   en rapport avec   *in contact with*   par rapport à   *with regard to*
la raquette   *racquet*
rassembler   *to bring together, assemble*   *se rassembler   *to come together*
le rateau   *rake*
ravi   *delighted*
le rayon   *radius; shelf, counter, department*
réagir   *to react*
la réalisation   *working out, realisation*
réaliser   *to work out, realise*
rebondir   *to bounce*
réceptif (*f* réceptive)   *receptive*
la recette   *recipe*
la recherche   *research*
réclamer   *to claim; to complain*
la récolte   *harvest*
recommander   *recommend*
recommencer   *to start over again*

reconnaissant   *thankful; grateful*
†reconnaître (*pp* reconnu)   *to recognise*
le recours   *recourse, resort*
rectifier   *to rectify, correct*
*redescendre   *to go (come) down again*
rédiger   *to compose, write*
réduit   *reduced*
la rééducation   *rehabilitation*
le réfectoire   *refectory*
la réflexion   *remark, critical comment*
*se référer à   *to refer to*
le régime   *diet*
le réglage   *adjustment, adjusting*
réglementer   *to regulate*
régler   *to settle, pay, regulate*
regrouper   *to regroup*
les reins (*m*)   *kidneys, back*
†rejoindre (*pp* rejoint)   *to join*
*se relâcher   *to slacken*
relancer   *to return, to fling back*
*se relater à   *to be related to*
relié   *linked*
le religieux, la religieuse   *members of Holy Orders*
les RLP (Radios Locales Privées)   *local private radio*
remarquer   *to notice*   faire remarquer   *to point out*
rembourser   *to refund*
remercier   *to thank*
la remise en forme   *getting in good shape again*
la rémunération   *pay*
remplir   *to fill*
la rencontre   *meeting*
rencontrer   *to meet*
le rendement   *output, profit*   à plein rendement   *at full capacity*
rendre   *to give back*   rendre facile (difficile, etc . . .)   *to make easy (difficult, etc . . .)*
renfermé   *withdrawn*
la renommée   *renown, fame*
le renseignement   *information*
rentable   *profitable*
répandre   *to spread*
le réparateur   *repairer*
la réparation   *repair*
*repartir   *to go away again*
répartir   *to distribute*
le repas   *meal*
†repeindre (*pp* repeint)   *to repaint*
repérer   *to locate*
répéter   *to repeat*
*se replier   *to turn in on oneself*
répondre   *to answer*
*se reporter à   *to refer to*
le repos   *rest*
reposant   *restful*
la reprise   *repetition*   à plusieurs reprises   *several times over*   la reprise d'activité   *resuming one's activities*
reprocher   *to reproach*
le réseau   *network*
le réservoir   *tank*
respiratoire   *respiratory*

*ressortir *to stand out*
la restauration *catering services*
*rester *to stay, remain*
le résultat *result*
résumer *to summarise*
rétablir *to restore*
†retenir (*pp* retenu) *to keep, retain*
la réticence *reticence*
retraité *retired*
*se retrouver *to meet again*
réussir *to succeed*
†revoir (*pp* revu) *to see again*
le rez de chaussée *ground floor*
rhumatisant *rheumatic*
le rhumatisme *rheumatism*
le rideau (*pl* rideaux) *curtain*
rien *nothing* de rien *you are welcome*
la rigueur *severity* tenir rigueur de *to refuse to relent towards someone*
le rôle *role, part*
le roman *novel*
la roue *wheel*
le rouleau *roll, roller*
rouler *to drive*
la route *road*
†rouvrir (*pp* rouvert) *to open again*
la rue *street*
le rythme *rhythm*

S

le Sagittaire *Sagittarius*
saisir *to grasp, understand*
la saison *season*
le salaire *wages*
salarié *wage earner*
la salle *room* salle de séjour *sitting room*
le salon *drawing room, lounge*
samedi *Saturday*
sanctionner *to sanction, approve*
le sang *blood*
la santé *health*
sarcler *to weed out*
†savoir (*pp* su) *to know*
la saucisse *sausage*
le saucisson *dry sausage*
le saumon *salmon*
sec (*f* sèche) *dry; unsympathetic*
le secrétariat *secretary's office; administration*
le secteur *sector*
le seigle *rye*
le séjour *stay*
sélectionner *to select*
selon *according to*
la semaine *week*
semer *to sow*
le semi-gros *wholesale; cash and carry*
le sens *meaning*

sensible *sensitive*
les séquelles (*f*) *after effects*
sérieux (*f* sérieuse) *serious, responsible*
serré *tight, close-fitting*
serrer les dents *to grit one's teeth*
servir à *to be used for*
seul *alone*
seulement *only*
si *if, whether*
sidéré *amazed*
le siège *seat*
le signe *sign*
sincère *sincere*
sinon *otherwise*
situer *to locate*
*se situer *to be situated*
le skieur (*f* skieuse) *skier*
la société *society, firm, company*
la soif *thirst*
*se soigner *to get medical treatment*
soigné *tidy*
le soin *care*
le soir *evening* (see page 43)
la soirée *evening* (see page 43)
soit *subjunctive form of 'être'*
le soleil *sun*
la somme *sum* en somme *in short*
sombre *dark*
le sondage *opinion poll*
le sort *chance, fortune* tirer au sort *to draw lots*
la sortie *way out, exit*
le souffle *breath*
souhaiter *to wish*
soulager *to relieve*
soulever *to heave, lift*
soupçonner *to suspect*
la soupe *soup*
le souper *late dinner*
souple *supple*
la souris *mouse*
sous *under*
le sous sol *underground*
†soutenir (*pp* soutenu) *sustain*
†*se souvenir (*pp* souvenu) *to remember*
souvent *often*
la SPA (Société Protectrice des Animaux) *society for the prevention of cruelty to animals*
*se stabiliser *to become stable*
le stage *training course*
le/la stagiaire *participant in a 'stage', trainee*
le standard *switchboard*
le/la standardiste *switchboard operator*
la station-service *service station*
le stationnement *parking*
le statut *status*
le/la sténo-dactylo *shorthand typist*
subitement *all of a sudden*
succéder *to succeed*
suffire: ça suffit *this (that) is enough*
suffisant *sufficient*
la suite *continuation* les suites *the consequences*
le sujet *subject*

la superficie *area*
supporter *to withstand, tolerate*
sur *on*
sûr *sure*
surchauffer *to overheat*
surface: la grande surface *supermarket*
surmonter *to overcome*
†surprendre (pp surpris) *to surprise*
la surveillance *supervision*
surveiller *to supervise, watch*
la sympathie *sympathy, attention*
sympathiser *to make friends*
sympathique *nice, friendly*
le syndicat d'initiative *tourist office*

T

la table *table*
le tableau *picture, painting*
la tablette *small table*
le tablier *apron*
la taille *waist, size*
tailler *to trim*
†*se taire (pp tu) *to be quiet*
le talon *heel*
tandis que *whereas*
tant *so much, so many* en tant que *as*
la tante *aunt*
tarder *to be late* il me tarde de (que) *I can't wait to (till)*
tarifer *to fix the prices*
le Taureau *bull, Taurus*
le téléphérique *cable car*
le télésiège *ski lift*
le téléski *ski hoist*
tellement *so much, really*
le témoin *witness* appartement témoin *show flat*
la tempête *gale*
temporaire *temporary*
le temps *time, weather*
tendre *tender; to hand out*
†tenir (pp tenu) *to hold*
tenter *to attempt, tempt*
terminale *last class of French secondary schools*
le terrain *ground*
terrible *terrible!; terrific!*
terriblement *terribly, terrifically*
terminé *finished*
le territoire *territory*
le terroir *locality (rural)*
tertiaire *tertiary* secteur tertiaire *economic sector involving services not goods*
la tête *head*
la thalassothérapie *sea water treatment*
thermal *thermal* station thermale *spa*
les thermes *thermal baths*
le thym *thyme*

tiède *lukewarm*
le tiercé *forecast on the first three horses*
le timbre *stamp*
le tirage *draw*
tirer *to draw* tirer au sort *to draw lots*
tirer avantage de *to draw a profit from*
le tiroir *drawer*
le titre *title*
le tissu *material*
la toile *cloth*
*tomber *to fall*
la tomme *sort of cheese made in Savoy & Dauphiné*
la tonalité *dialling tone*
tôt *early*
tordre *to twist (see page 126)*
le toubib *(colloquial) doctor*
toujours *always, still*
le tour *turn; tour*
la tour *tower block; turn*
la tournée *round*
tourner *to turn, revolve*
tout *all, whole* pas du tout *not at all*
tout à fait *wholly, absolutely*
tout à l'heure *a short while ago, just now*
tout au moins *at least*
tout de suite *at once*
le tracteur *tractor*
traîner *to hang about*
le trajet *journey, way*
†traire (pp trait) *to milk*
traiter *to treat*
le traitement *treatment*
la tranche *slice*
†transmettre (pp transmit) *to transmit*
transporter *to transport*
travailler *to work*
trépidant *hectic*
très *very*
le trinquet *pelota court*
triste *sad*
le troisième âge *senior citizens*
tromper *to deceive*
*se tromper *to make a mistake*
*se trouver *to be located*
le truc *thing, whatsit*
la truffade *dish made with 'tomme' and potatoes*
la truite *trout*

U

unique *single*
uniquement *solely, exclusively*
urbain *urban*
urgent *urgent*
l'usine (f) *works, factory*
utile *useful*
utiliser *to use*

V

les vacances (f) *holiday* les grandes vacances
   summer holidays
la vache *cow*
la vague *wave*
   vague *loose fitting*
†vaincre (*pp* vaincu) *to overcome, conquer*
la valeur *value*
†valoir (*pp* valu) *to be worth*
la vapeur *steam* pommes vapeur *steamed*
   potatoes
   vaudrait (*inf.* valoir)
   vaut (*inf.* valoir) il vaut mieux *it is better to*
la veillée *evening spent in company, sitting round*
   the fire
le vélo *bike*
le vendeur (*f* vendeuse) *shop-assistant*
   vendre *to sell*
   vendredi *Friday*
†*venir (*pp* venu) *to come*
le vent *wind*
la vente *selling, sale*
   vert *green*
le Verseau *Aquarius*
   verser *to pour*
le verso *the back (of a page)*
le vêtement *garment*
†vêtir (*pp* vêtu) *to clothe*
   vêtu de *dressed in*
le veuf *widower*
la veuve *widow*
le viaduc *viaduct*
   vibrer *to vibrate*
la viande *meat*
   vide *empty, blank*
   vieux (*f* vieille) *old*
la Vierge *Virgo*
   vite *quick(ly)*
la vigne *vineyard, vine*
la vignette *tax label*
   vilain *nasty*
la villa *country house*
la ville *town*
le vinaigre *vinegar*
   viril *manly*
   visible *visible*
le visiophone *telephone with video screen*
la vitesse *speed*
la vitrine *shop window*
   vivant *alive*
   vivifiant *bracing, tonic*
†vivre (*pp* vécu) *to live*
le voeu (*pl* voeux) *wish*
   voici *here is, here are*
   voilà *there is, there are* vous voilà *there you*
   are
   voilà un mois que *it has been one month since*
†voir (*pp* vu) *to see*
la voiture *car*
le voisin (*f* voisine) *neighbour*
la voix *voice*
à la volée *flying*

   voler *to fly*
†vouloir (*pp* voulu) *to want*
le voyage *journey*
   vraiment *really*

W

les WC *toilets*

Y

les yeux *plural of* l'oeil (*m*) *eye*

Z

zut! *damn!*

Grammar

As you will have realised from the French you have learned, the system of *agreement* is far more extensive in French than in English. For example, if we look at a typical English verb, such as *walk*, we find that it changes at only one point in the present tense so as to agree with the subject:

I	walk
You	walk
He/she/it	walks
we	walk
you	walk
they	walk

Indeed, if you take the full range of endings of this verb you find there are only three:

walks
walked
walking

Now let's look at the French verb for *to walk*:

marche	—je marche, il marche
marches	—tu marches
marchons	—nous marchons
marchez	—vous marchez
marchent	—ils marchent
marché	—j'ai marché
marchais	—je marchais
marchions	—nous marchions
marchiez	—vous marchiez
marchaient	—ils marchaient
marcherai	—je marcherai
marcherais	—je marcherais, tu marcherais
marcheras	—tu marcheras
marchera	—il marchera
marcherait	—il marcherait
marcherons	—nous marcherons
marcherez	—vous marcherez
marcheront	—ils marcheront
marcheraient	—ils marcheraient
marchant	

The number of different verb-endings in French underlines two important features about the language:

1 Very important *information* is often contained in the endings:

je marche   *—I walk, am walking*
je marchais   *—I was walking*
je marcherai   *—I shall walk*

2 Ironically, the written language contains many spelling variations in verb endings which are not audible in the spoken form:

marche, marches, marchent
marcher, marchez, marchais, marchait, marchaient,
    marché(e)(s) etc . . . . .

In *France Extra!* we have concentrated on the grammar of spoken French. If you are anxious to be able to *write* French accurately, you will need to devote quite a lot of your time to learning the grammatical spellings of verb endings and other forms of agreement. You will find a simple French grammar book a help with this task. A suitable example is 'Key French Grammar and Vocabulary' by Heather Mascie-Taylor, published by Arnold-Wheaton.

So, to sum up, if your prime concern is conversation, all the grammar you need for the spoken language occurs in the chapters of this book. You will find below notes on some of the written forms of grammar points which were covered mainly from a spoken standpoint in the chapters.

Perfect tense with être

A small number of verbs form their perfect tense with *être* instead of the usual *avoir*.

They are:

aller	—je suis allé, etc
venir	—je suis venu
revenir	—je suis revenu
devenir	—je suis devenu
arriver	—je suis arrivé
partir	—je suis parti
entrer	—je suis entré
rentrer	—je suis rentré
sortir	—je suis sorti
monter	—je suis monté
descendre	—je suis descendu
naître	—je suis né
mourir	—il est mort
rester	—je suis resté
tomber	—je suis tombé
retourner	—je suis retourné

When these forms are written, the past participles of verbs in this group must agree (singular/plural/masculine/feminine) with the subject of the verb:

Elle est partie *(fem sing)*
Elles sont arrivées *(fem pl)*
Ils sont restés *(masc pl)*

Don't forget the *je* and *nous* forms may refer to feminine subjects:

Je suis née en Bretagne, dit Josephine.
Nous sommes arrivées ensemble *(fem pl)*

In only one of the verbs above does this spelling difference affect the sound:

Il est mort ('t' *not pronounced*)
Elle est morte ('t' *pronounced because of final* 'e').

Agreement of the past participle with a preceding direct object

Here is a statement in the perfect tense:

Jean-Paul a vu Thérèse en ville.

Jean-Paul is the *subject* of the verb, Thérèse is the *direct object*. The order in which they occur is **SUBJECT – VERB – OBJECT**. If, however, the direct object of a verb in the perfect tense occurs *before* the verb in the sentence, the past participle has to agree with the direct object:

So when   **Jean-Paul a vu Thérèse**
becomes   **Jean-Paul l'a vue,**

an agreement is required because the object (Thérèse) is replaced by '*la*' which is put *before* the verb.

This sort of situation occurs most frequently:

1 with direct object pronouns (as in our example)

Tu as perdu tes cigarettes?
Oui, je les ai perdues

2 after relative pronoun *que*

La voiture que tu as achetée . . .
Les robes que vous avez choisies . . .

3 after *combien*, *quel* and *lequel*:

Combien de cigarettes avez-vous fumées?
Quelle cravate a-t-il achetée?
Lesquels des restaurants avez-vous fréquentés?

4 with reflexive verbs, since the reflexive pronoun is generally a direct object:

Elle s'est levée à 7 heures.
Ils se sont couchés à minuit.
'Je me suis reveillée très tard' dit Isabelle.

Verb table

Tenses of some common irregular verbs

	Present	Imperfect	Perfect	Future	Subjunctive
je	vais	(*j'*) allais	suis allé (e)	(*j'*) irai	aille
tu	vas	allais	es allé (e)	iras	ailles
il/elle	va	allait	est allé (e)	ira	aille
nous	allons	allions	sommes allé(e)s	irons	allions
vous	allez	alliez	êtes allé(e)s	irez	alliez
ils/elles	vont	allaient	sont allé(e)s	iront	aillent

Avoir

	Present	Imperfect	Perfect	Future	Subjunctive
je	ai	avais	ai eu	aurai	aie
tu	as	avais	as eu	auras	aies
il/elle	a	avait	a eu	aura	ait
nous	avons	avions	avons eu	aurons	ayons
vous	avez	aviez	avez eu	aurez	ayez
ils/elles	ont	avaient	ont eu	auront	aient

Boire

	Present	Imperfect	Perfect	Future	Subjunctive
je	bois	buvais	(*j'*)ai bu	boirai	boive
tu	bois	buvais	as bu	boiras	boives
il/elle	boit	buvait	a bu	boira	boive
nous	buvons	buvions	avons bu	boirons	buvions
vous	buvez	buviez	avez bu	boirez	buviez
ils/elles	boivent	buvaient	ont bu	boiront	boivent

Croire

	Present	Imperfect	Perfect	Future	Subjunctive
je	crois	croyais	(*j'*) ai cru	croirai	croie
tu	crois	croyais	as cru	croiras	croies
il/elle	croit	croyait	a cru	croira	croie
nous	croyons	croyions	avons cru	croirons	croyions
vous	croyez	croyiez	avez cru	croirez	croyiez
ils/elles	croient	croyaient	ont cru	croiront	croient

Devoir (and apercevoir, recevoir)

	Present	Imperfect	Perfect	Future	Subjunctive
je	dois	devais	(*j'*) ai dû	devrai	doive
tu	dois	devais	as dû	devras	doives
il/elle	doit	devait	a dû	devra	doive
nous	devons	devions	avons dû	devrons	devions
vous	devez	deviez	avez dû	devrez	deviez
ils/elles	doivent	devaient	ont dû	devront	doivent

Dire

	Present	Imperfect	Perfect	Future	Subjunctive
je	dis	disais	(j') ai dit	dirai	dise
tu	dis	disais	as dit	diras	dises
il/elle	dit	disait	a dit	dira	dise
nous	disons	disions	avons dit	dirons	disions
vous	dites	disiez	avez dit	direz	disiez
ils/elles	disent	disaient	ont dit	diront	disent

Dormir

	Present	Imperfect	Perfect	Future	Subjunctive
je	dors	dormais	(j') ai dormi	dormirai	dorme
tu	dors	dormais	as dormi	dormiras	dormes
il/elle	dort	dormait	a dormi	dormira	dorme
nous	dormons	dormions	avons dormi	dormirons	dormions
vous	dormez	dormiez	avez dormi	dormirez	dormiez
ils/elles	dorment	dormaient	ont dormi	dormiront	dorment

Partir, servir and *sortir* are like *dormir* except in the present tense, which is as follows:

je	pars	sers	sors
tu	pars	sers	sors
il/elle	part	sert	sort
nous	partons	servons	sortons
vous	partez	servez	sortez
ils/elles	partent	servent	sortent

Etre

je	suis	(j') étais	(j') ai été	serai	sois
tu	es	étais	as été	seras	sois
il/elle	est	était	a été	sera	soit
nous	sommes	étions	avons été	serons	soyons
vous	êtes	étiez	avez été	serez	soyez
ils/elles	sont	étaient	ont éte	seront	soient

Faire

je	fais	faisais	(j') ai fait	ferai	fasse
tu	fais	faisais	as fait	feras	fasses
il/elle	fait	faisait	a fait	fera	fasse
nous	faisons	faisions	avons fait	ferons	fassions
vous	faites	faisiez	avez fait	ferez	fassiez
ils/elles	font	faisaient	ont fait	feront	fassent

Mettre (and pemettre, promettre etc)

	Present	Imperfect	Perfect	Future	Subjunctive
je	mets	mettais	(j')ai mis	mettrai	mette
tu	mets	mettais	as mis	mettras	mettes
il/elle	met	mettait	a mis	mettra	mette
nous	mettons	mettions	avons mis	mettrons	mettions
vous	mettez	mettiez	avez mis	mettrez	mettiez
ils/elles	mettent	mettaient	ont mis	mettront	mettent

Ouvrir (and offrir)

	Present	Imperfect	Perfect	Future	Subjunctive
j'	ouvre	ouvrais	(j') ai ouvert	ouvrirai	ouvre
tu	ouvres	ouvrais	as ouvert	ouvriras	ouvres
il/elle	ouvre	ouvrait	a ouvert	ouvrira	ouvre
nous	ouvrons	ouvrions	avons ouvert	ouvrirons	ouvrions
vous	ouvrez	ouvriez	avez ouvert	ouvrirez	ouvriez
ils/elles	ouvrent	ouvraient	ont ouvert	ouvriront	ouvrent

Pouvoir

	Present	Imperfect	Perfect	Future	Subjunctive
je	peux	pouvais	(j') ai pu	pourrai	puisse
tu	peux	pouvais	as pu	pourras	puisses
il/elle	peut	pouvait	a pu	pourra	puisse
nous	pouvons	pouvions	avons pu	pourrons	puissions
vous	pouvez	pouviez	avez pu	pourrez	puissiez
ils/elles	peuvent	pouvaient	ont pu	pourront	puissent

Prendre

	Present	Imperfect	Perfect	Future	Subjunctive
je	prends	prenais	(j') ai pris	prendrai	prenne
tu	prends	prenais	as pris	prendras	prennes
il/elle	prend	prenait	a pris	prendra	prenne
nous	prenons	prenions	avons pris	prendrons	prenions
vous	prenez	preniez	avez pris	prendrez	preniez
ils/elles	prennent	prenaient	ont pris·	prendront	prennent

Savoir

	Present	Imperfect	Perfect	Future	Subjunctive
je	sais	savais	(j') ai su	saurai	sache
tu	sais	savais	as su	sauras	saches
il/elle	sait	savait	a su	saura	sache
nous	savons	savions	avons su	saurons	sachions
vous	savez	saviez	avez su	saurez	sachiez
ils/elles	savent	savaient	ont su	sauront	sachent

Venir

	Present	Imperfect	Perfect	Future	Subjunctive
je	viens	venais	suis venu(e)	viendrai	vienne
tu	viens	venais	es venu(e)	viendras	viennes
il/elle	vient	venait	est venu(e)	viendra	vienne
nous	venons	venions	sommes venu(e)s	viendrons	venions
vous	venez	veniez	êtes venu(e)s	viendrez	veniez
ils/elles	viennent	venaient	sont venu(e)s	viendront	viennent

Tenir is like **venir** except that the perfect tense is formed with **avoir**

Voir

je	vois	voyais	(j') ai vu	verrai	voie
tu	vois	voyais	as vu	verras	voies
il/elle	voit	voyait	a vu	verra	voie
nous	voyons	voyions	avons vu	verrons	voyions
vous	voyez	voyiez	avez vu	verrez	voyiez
ils/elles	voient	voyaient	ont vu	verront	voient

Vouloir

je	veux	voulais	(j') ai voulu	voudrai	veuille
tu	veux	voulais	as voulu	voudras	veuilles
il/elle	veut	voulait	a voulu	voudra	veuille
nous	voulons	voulions	avons voulu	voudrons	voulions
vous	voulez	vouliez	avez voulu	voudrez	vouliez
ils/elles	veulent	voulaient	ont voulu	voudront	veuillent

1 Regular verbs in -er

je	parle	parlais	(j') ai parlé	parlerai	parle
tu	parles	parlais	as parlé	parleras	parles
il/elle	parle	parlait	a parlé	parlera	parle
nous	parlons	parlions	avons parlé	parlerons	parlions
vous	parlez	parliez	avez parlé	parlerez	parliez
ils/elles	parlent	parlaient	ont parlé	parleront	parlent

2 Regular verbs in -ir

je	finis	finissais	(j') ai fini	finirai	finisse
tu	finis	finissais	as fini	finiras	finisses
il/elle	finit	finissait	a fini	finira	finisse
nous	finissons	finissions	avons fini	finirons	finissions
vous	finissez	finissiez	avez fini	finirez	finissiez
ils/elles	finissent	finissaient	ont fini	finiront	finissent

	Present	Imperfect	Perfect	Future	Subjunctive
j'	entends	entendais	(j') ai entendu	entendrai	entende
tu	entends	entendais	as entendu	entendras	entendes
il/elle	entend	entendait	a entendu	entendra	entende
nous	entendons	entendions	avons entendu	entendrons	entendions
vous	entendez	entendiez	avez entendu	entrendrez	entendiez
ils/elles	entendent	entendaient	ont entendu	entendront	entendent

Index: French life

Useful addresses

Material about Bayonne, Biarritz and the Basque region:

Office de Tourisme
Syndicat d'Initative
Place de la Liberté
64100 Bayonne

Material about l'Auvergne:

Office de Tourisme de St Flour
2 Place d'Armes
15100 St Flour

Material about other French towns and regions:

French Tourist Office
178 Piccadilly
London W1

Travel to France:

French Railways (SNCF)
179 Piccadilly
London W1

Teaching aids/information

Stanford International Map Centre
12–14 Long Acre
London WC2E 9LP
(IGN and Michelin maps)

Travel & Transport Film Library
Melbury House
Melbury Terrace
London NW1 6LP
(Write for catalogue of films on travel and transport
in France.)

Institut Français
15 Queensbury Place
London SW7 2DT
(teaching aids, film strips, library)

Sopexa
Food from France
14 Berkeley Street
London W1X 5AD

Institut Français d'Ecosse
13 Randolph Crescent
Edinburgh EH3 7TX
(teaching aids, film club, film strips)

Centre Charles Péguy
16 Leicester Square
London WC2
(film club, library)

(Central Bureau for Educational Visits and exchanges)
43 Dorset Street
London WH1 3FN

and

3 Bruntfield Crescent
Edinburgh EH10 4HD

CILT
(Centre for Information on Language Teaching and
Research)
Regent's College
Inner Circle
Regent's Park
London NW1 4NS

Cultural Counsellor
French Embassy
22 Wilton Crescent
London SW1

French Consulate
129 Queen Street
Cardiff

French Consulate
14 Wellington Park
Belfast 9

'Authentik'
Learning Resources Centre
Trinity College
Dublin 2
Eire
(Authentik French newspaper extracts with
exercises: Specimen copy £1 post free from
'Authentik' CILT, PO Box 608, London NW1 4SU.
(1985 price).)

Acknowledgement is due to:

JEAN PIERRE ARTEON 61, 76, 78, 105, 160, 163, 228, 229; MAIRIE D'AURILLAC 213; CAMERA PRESS 182 (Photo: Nicole Herzog Verrey), 197 (Photo: Yves Coatsaliou); NICOLE CHURCH 37, 47, 132, 135, 150; FRENCH GOVERNMENT TOURIST OFFICE 24 (right), 94; OLIVIER GLEIZES 22; HOTEL DU PALAIS, BIARRITZ 89; INSTITUT DE THALASSOTHERAPIE LOUISON BOBET, BIARRITZ 121; MINISTERE DES PTT, PARIS 102; PICTUREPOINT–LONDON 34, 167; REX FEATURES 186; JEAN RIBIERE 10, 119, 181, 195; H. ROGER-VIOLLET 100; BARRY SMITH 24 (left); STUDIO PHOT-IMAGE 185; SYNDICAT D'INITIATIVE, BIARRITZ 7; SYNDICAT D'INITIATIVE, CHAUDES-AIGUES 23; SYNDICAT D'INITIATIVE, ST FLOUR 20.

Acknowledgement is also due to:

BAYARD PRESSE JEUNE for the article 'Femmes au travail' from *Phosphore* no. 29, June 1983.

Illustrations by John Shackell.

Maps and diagrams by John Gilkes.